소통하는 보고서 최소원칙

Copyright ⓒ 2020 published by SuperGraphic Company

All rights reserved. No part of this book may be reproduced, stored in a retrieval system, or transmitted in any form or by any means, electronic, mechanical, photocopying, recording, or otherwise, without prior permission in writing from the publisher.

저작권자 ⓒ 정경수
이 책의 저작권은 저자에게 있으며 출판권은 큰그림(슈퍼그래픽)에게 있습니다.
이 책은 저자와 큰그림(슈퍼그래픽) 사이의 저작권 계약에 의해 출판되었습니다.
서면에 의한 저자와 출판사의 허락 없이 내용의 일부를 인용하거나 발췌하는 것을 금합니다.
이 책에 사용된 사이트와 프로그램, 로고는 해당 회사가 상표나 저작권을 가지고 있습니다.

소통하는 보고서 최소원칙

1판 1쇄 인쇄	2020년 2월 22일
1판 1쇄 발행	2020년 2월 28일
지은이	정경수
펴낸곳	큰그림(슈퍼그래픽)
펴낸이	윤정
책임편집	정도환
디자인	박상화
그래픽	데코앤데코
등록번호	제2-5081호
등록일자	2009년 2월 23일
ISBN	979-11-87201-32-8 13320
주소	서울시 중구 필동2가 93번지 2층
전화	02-2264-6422
팩스	0505-116-6422
이메일	sgpress@hanmail.net

'큰그림'은 슈퍼그래픽 SuperGraphic의 출판 브랜드입니다.
잘못 만들어진 책은 구입하신 곳에서 바꾸어 드립니다.
값은 뒤표지에 있습니다.

이 도서의 국립중앙도서관 출판예정도서목록(CIP)은 서지정보유통지원시스템 홈페이지(http://seoji.nl.go.kr)와 국가자료공동목록시스템(http://www.nl.go.kr/kolisnet)에서 이용하실 수 있습니다.(CIP제어번호: CIP2020005014)

Report Writing Principles for Communication

소통과 발전을 위한 보고서 작성·사용 가이드

소통하는 보고서 최소원칙

정경수 지음

큰그림
SUPER GRAPHIC COMPANY

보고서 사용률을 높여라

이런 가정을 해보자. 모든 사람이 태어나는 순간 통장에 100억 원이 입금된다. 통장에는 100억 원이 있는데 돈을 쓰려고 평생을 노력해도 10억 원 정도만 쓸 수 있다. 돈을 쓰려고 엄청나게 노력한 사람도 15억 원 정도만 썼다고 한다. 85~90억 원은 써보지도 못하고 통장에 고스란히 남는다. 내 통장에 엄청난 돈이 있는데 쓸 수 없다면 어떨까?

아인슈타인은 수많은 물리학 연구를 하고 과학계에 큰 업적을 남겼지만 두뇌의 15퍼센트만 썼다고 한다. 보통 사람은 평생 동안 노력해도 두뇌를 10퍼센트 정도만 쓴다고 한다. 아인슈타인이 평생 두뇌를 15퍼센트 사용했다는 이야기는 과학적으로 근거가 없다. 두뇌계발, 두뇌능력을 사용하는 게 끝이 없다는 걸 강조하기 위해서 지어낸 이야기다.

보고서는 직장에서 일상적으로 쓰는 문서다. '○○○에 관한', '연구 조사'라는 타이틀 없이 쓰는 업무일지도 일종의 보고서다. 주간업무보고서, 월간보고서, 시장조사보고서, 매출현황보고서 등 보고서의 종류는 많다. 보고서를 쓰는 이유는 회사·조직에서 정확하게 소통하고 기록으로 남기기 위해서다. 업무에 따라서 하루에 여러 개의 보고서를 쓰는 사람도 있고 수행한 일에 관해서 정해진 양식에 간략하게 적는 식으로 쓰는 사람도 있다. 주위를 둘러보면 일상적으로 쓰는 보고서를 귀찮게 생각하는 직장인이 많다. 회사에서 쓰라고 하니까, 일을 했다는 증거를 남기기 위해서 형식적으로 써서 제출한다.

통장에 입금된 100억 원 그리고 평생 동안 10퍼센트만 사용하는 두뇌는 보고서와 무슨 관련이 있을까? 나는 이 물음표에 '사용'이라는 해답을 제시한다. 우리가 쓰는 보고서는 과연 얼마나 사용할까? 보고서를 써서 철해두고 사용하지 않으면 폐지나 다름없다. 업무일지, 시장조사보고서, 출장보고서, 연구조사보고서, 기업·기관에서 발행하는 보고서는 '사용'하기 위해서 작성한다. 통장에 100억 원이 있어도 10억 원밖에 쓰지 못하는 것처럼 보고서를 보관만 하면 안 된다. 철해서 책장에 보관하는 기록물이 아니라 '소통'하기 위해서 보고서를 '사용'해야 한다. 그래야 시금보다 발전한다. 보고서는 업무 기록, 소통, 점검, 관리 기능을 한다. 관리자 또는 감독관처럼 일을 점검하고 동기부여, 즉 격려하는 역할을 보고서가 하게 만들어야 한다.

일상적인 보고서는 쓰기가 어렵지 않다. 특정한 목적으로 쓰는 보고서는 쓰는 데 상당한 시간과 노력, 수고를 요한다. 대형 프로젝트 완료보고서, 시장조사 보고서, 대규모 사업을 수행하기 위한 예측 보고서 등은 논리, 사실, 합리, 다수의 편익 등 고려할 사항이 많다. 단순히 몇 단어로 이루어진 보고서가 있고 수십, 수백 페이지에 이르는, 작성자의 노력이 깃들어 있는 보고서가 있다. 모든 보고서는 정신적 노동의 결과물이며 작성자 외에 읽는 사람, 사용하는 사람이 있어야 제 기능을 한다.

보고서 작성과 사용에 관한 지식을 제공하고 제대로 사용하기 위해서 무엇을 해야 하는지 생각하게 만들기 위해서 이 책을 펴냈다. 보고서를 형식적으로 쓰는, 쓰기 귀찮은 문서가 아니라 쓰고 읽고 개선하는 채널로 활용하는 방편을 제공한다. 보고서에 관한 다수의 책이 '작성'에 초점을 맞췄다면 이 책은 보고서 작성부터 사용까지 광범위하게 설명하며 일부 내용은 내가 회사에서 겪은 일을 바탕으로 한다. 읽기 수준으로 보면, 입문서에 해당한다. 보고서 '작성', '사용', '방법론'을 분리해서 설명하기보다 보고서를 둘러싼 이야기를 직장인이 공감할 수 있게 썼다. 보고서 작성에서 기초라고 할 수 있는 논리, 설명, 설명에 대한 방법론을 자세히 설명하지 않는다. 직장인과 학생 모두 하나의 주제에 집중해서 수행한 일과 수집한 자료, 의견을 논리적으로 서술하는 데 필요한 정보·지식을 제공하는 것이 이 책의 목표다.

보고서 '작성'과 '사용'을 목표로 이전보다 보고서를 잘 쓰고 사용해서 더 나은 방향으로 나아가도록 도와주는 것이 이 책의 기능이다. 논리에 대한 이론, 글로 설명하는 방법론을 깊이 다루지 않지만 이 책을 계기로 보관하는 문서가 아니라 특수한 기능을 하는 결과물로써, 보고서를 작성하고 사용하기 바란다.

이 책은 총 일곱 개의 장으로 구성했다. 각각의 장은 그 자체로 독립적이다. 큰 주제인 보고서를 중심에 두고 작은 주제는 소통, 사업, 설명과 설득, 보고, 핵심, 관리, 작성법으로 구분했다. 일곱 개의 작은 주제는 '작성'과 '사용'이라는 키워드를 중심으로 회사·조직에서 구성원이 일상적으로 경험하는 일을 소재로 서술했다. 차례에 관계없이 각 장을 아무데나 읽어도 괜찮다. 각 장의 내용은 다른 장을 이해하는 데 도움을 주므로 모든 내용을 적어도 한 번은 읽어보기 바란다. 나는 《문서작성 최소원칙》, 《아이디어 기획서 최소원칙》에 이어서 이 책을 썼다. 후배 사원에게 문서작성에 관해서 설명하면서 모아둔 자료에 기초했고 경험을 덧붙여서 원고를 썼다. 문서를 작성하면서 직장인이 공통적으로 경험하는 여러 가지 문세와 분서를 작성하고 이해하고 사용하는 방법을 글로 정리한 것으로 생각하고 읽어주었으면 좋겠다.

《소통하는 보고서 최소원칙》은 '소통하고 발전하기 위한 보고서 작성 및 사용'이라는 부제처럼 보고서를 쓰고 사용하는 방법을 정리했다. 회사에서 시켜서 억지로 쓰는 보고서가 아니라 발전의 동력 역할을 하는 보고서를 작성하고 사용하기 바란다.

정경수

차 례

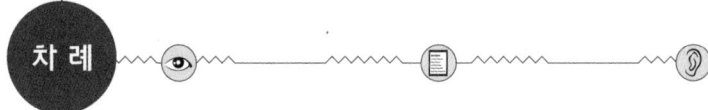

소통하는 보고서 최소원칙
Report Writing Principles for Communication

	머리말	4
	차례	8

	① 보고서는 소통을 위한 문서다	13
	보고서가 조직을 바꾼다	15
	소통은 어렵다	19
	확실한 소통을 위해 보고서를 쓴다	22
	소통하는 보고서의 구조와 구성요소	25
	논리를 만드는 문장	32
	요약으로 시작해서 제안으로 끝낸다	37
	작성자의 의견을 반드시 넣는다	41

보고서에 사업의 방향과 속도가 있다   47

명분과 실리를 보고서에 담는다   49
가슴 뛰는 비전과 열정에 기름을 붓는 목표   52
보고서, 업무를 추진하는 동력   58
실행력을 보여주려면 그 일을 실제로 해야 한다   65
보고서로 일하는 속도를 확인한다   69
진행 상황 보고와 업무 관리   73
보고서가 생산성을 높인다   77

 설명과 설득 그리고 요약   81

간략하게 설명하기 VS 구체적으로 설명하기   83
구체적인 설명을 간결한 문장으로 쓴다   87
간략하게 설명해야 하는 내용   90
보고서는 ○○부터 쓴다   95
지식의 저주를 경계한다   102
사실과 의견은 명확하게 구분한다   107
작성자 의견은 숫자로 나타낸다   113
보고서의 모방과 인용   117

할 일·한 일·결과 보고   121

완료한 일과 앞으로 할 일에 관한 보고   123
실행한 일은 반드시 보고서에 쓴다   127
업무를 지시한 상사에게 직접 보고한다   131
피해 상황, 나쁜 결과, 손실액은 반드시 보고서에 쓴다   137
복잡한 상황을 보고하는 방법   140
결과를 한 문장으로 쓴다   145
문제만 보고하지 말고 해결책을 제시한다   149

핵심이 한눈에 보이게 쓴다   153

일목요연한 보고서   155
첫 단락에 핵심을 넣는다   160
꼭 필요한 메시지만 남기기 위해서 스토리보드를 만든다   164
의미 있는 내용만 보고서에 쓴다   169
알아두면 도움이 되는 세 가지 효과   173
표와 그림을 넣는 방법   178
한눈에 들어오는 시각 자료 만들기   183
요약하기   188
구두 보고에서 지켜야 할 것들   192

보고서가 업무를 관리한다   199

일정을 관리하는 보고서   201
실수와 문제, 개선책을 간략하게 적는다   206
인정욕구를 충족한다   211
80퍼센트 완성 단계에서 할 일   215
일에 관한 확신과 조언을 얻는다   220
보고서를 읽은 사람에게 피드백을 받는다   224
긍정적인 관점에서 피드백을 달라고 요청한다   229
보고서와 보고자료는 다르다   233

보고서 문체와 작성법   239

보고서 문체는 무미건조해야 하는가   241
쉬운 표현으로 쓰고 긴 문장은 적당한 길이로 나눈다   244
업무보고서 작성하기   248
시장조사보고서와 출장보고서 작성하기   251
회의보고서와 완료보고서 작성하기   253
매출보고서와 결산보고서 작성하기   255
사업성 평가·예측 보고서 작성하기   259
보고서 양식과 구성 요소   266
맺음말   268
참고문헌   270

일러두기

- 도서명은 《 》, 영화, 예술작품, 방송 프로그램, 간행물, 논문 제목은 〈 〉로 표시했다.
- 참고문헌에서 원문 그대로 인용한 글은 본문에서 ' '와 " "로 표시했다.
- 주석은 단락 끝에 숫자로 표시했고, 참고문헌에 저자, 도서명·기사 또는 글 제목, 출판사·매체, 발행연도, 참고한 페이지 번호를 표시했다.
- 참고도서에서 서술한 내용을 맥락상 이해를 돕기 위해 부연설명하거나 표, 그래프, 도식으로 재구성했다.
- 책에 사용한 아이콘은 freepik.com에서 디자인했다.

1

보고서는 소통을 위한 문서다

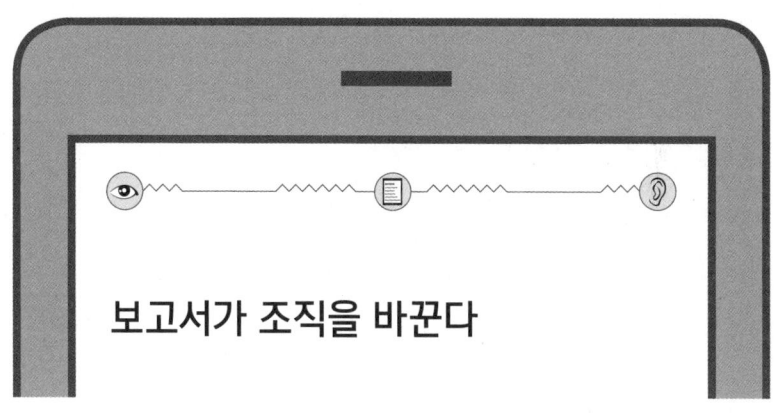

보고서가 조직을 바꾼다

직장인은 일과 중에 상당한 시간을 보고서 작성에 할애한다. 하지만 보고서 작성을 중요한 일로 생각하지 않는다. 일상적으로 쓰는 보고서는 억지로 써야 하는 숙제처럼 여긴다. 아이디어를 보여주는 기획서, 설득과 입찰을 목적으로 하는 제안서는 준비를 철저히 해서 써야 한다고 생각해서 쓰기가 어렵다고 말한다. 보고서는 형식과 구성이 정해져 있고 과거에 한 일을 중심으로 쓰기 때문에 다른 업무용 문서와 비교해서 쓰기가 쉽다고 생각한다.

한 일, 할 일, 현재 상황 등을 설명하기 위해서 보고서를 쓴다. 읽는 사람이 원하는 내용, 알고 싶어 하는 내용을 넣어서 형식에 맞게 쓰면 된다. 정해진 형식에 채워 넣기만 하면 보고서 쓰기는 어렵지 않다. 단, 보고서 구성요소를 적절한 형식과 논리에 맞춰서 써야 잘 썼다는 평가를 받는다. 연극의 3요소가 희곡, 배우, 관객인 것처럼, 보고서의 구성요소는 읽는 사람,

항목, 구조화한 논리다. 수집한 자료를 모두 집어넣거나 시간순으로 사건, 상황, 한 일 등을 나열하면 누구에게도 필요하지 않은, 누구도 읽고 싶지 않은 형식적인 보고서가 나온다.

결론부터 말하면, 보고서는 기획서, 제안서, 결산서 등의 문서보다 결코 쓰기 쉬운 문서가 아니다. 잘 쓴 보고서는 업무에 도움이 된다. 보고서는 형식이 정해져 있어도 형식에만 맞춰서 '형식적'으로 쓰면 안 된다. 업무일지도 보고서다. 업무일지, 즉 일일보고서만 써도 하루에 보고서를 하나 쓰는 것이다. 하루에 두세 개 이상 보고서를 쓰는 직장인도 있다. 하루에 하나만 쓰든, 여러 개를 쓰든 보고서를 쓰는 목적에 관해서 직장인은 진지하게 생각하지 않는다. 보고서를 빨리 쓰고 다른 일을 해야 한다는 생각에 정해진 형식에 내용을 채워 넣는 데 급급하다.

보고서는 일을 하는 시점을 기준으로 두 종류로 나눈다. 앞으로 할 일을 준비하는 보고서와 진행 또는 완료한 일을 정리하는 보고서다. 두 가지 보고서의 공통점은 미래에 더 나은 결과를 만들기 위해서 한 일과 할 일을 정리한다는 것이다. 읽는 사람이 원하는 정보를 이해하기 쉽게 정리한 보고서만 목적을 달성한다. 보고서의 목적은 '정보 제공'이고 기능은 '행동 촉구'다. 읽는 사람이 머릿속에 선명하게 그릴 수 있게 설명해야 하므로 "읽은 사람이 정보를 '이해'할 수 있게 보고서를 써야 한다"라고 가르친다. 이해하기 쉽게, 짧은 문장으로, 논리적으로 쓰라는 가르침은 보고서 작성자가 지켜야 하는 기본 원칙이다.

여기서 '이해'의 뜻을 정확히 짚고 넘어가야 한다. 읽는 사람이 이해하기 쉬운 보고서를 쓰는 것이 작성자가 할 일이다. 업무용 문서에서 '이해'는 두 가지 의미로 해석한다. 첫째, 글자 그대로의 정보를 이해하는 것이다. 둘째, 의의$^{정보의 가치, 글의 속뜻}$를 이해하는 것이다. 정보를 이해하는 것이 일차적인 이해라면 의의^{속뜻}를 이해하는 것은 한 걸음 더 나아간 것이다. 보고서를 읽고 정보를 이해했다면 보고서가 가진 기능의 절반만 수행한 것이다.

정보를 이해하는 것과 의의를 이해하는 것은 다르다. '정보를 이해했다'는 머릿속 어딘가에 정보를 넣었고 필요한 상황에 꺼내서 사용할 수 있는 상태를 말한다. 보고서를 읽은 상사들은 자기가 제대로 이해했는지 확인하기 위해서 작성자에게 자기 언어로 다시 설명한다. 자기 언어로 설명해서 작성자가 동의하면 보고서의 정보를 제대로 이해한 것이다. 의의를 이해하는 것은 정보뿐만 아니라 작성자의 주장, 의견까지 받아들인 상태다. 작성자의 의견을 수용한 상사는 "무엇을 해야 하나?", "어떻게 하는 게 좋겠나?"라고 묻는다. 다음에 할 일을 묻는 것은 정보의 가치를 이해했을 때 나오는 반응이다.[1]

보고서가 목적$^{정보 제공}$과 기능$^{행동 촉구}$을 수행하려면 읽는 사람의 눈높이에 맞추고 할 일, 방향을 제시해야 한다. 눈높이를 맞추면 의미, 중요성, 가치처럼 숨은 뜻을 전달하기 수월하다. 이해하기 쉬운 형태$^{짧은 문장, 쉬운 표현}$로 쓰고 논리적으로 구성하는 것도 정보를 전달하는 방법이다. 기획서, 제안서는 행동하기 위해서 쓴다고 알고 있다. 반면, 보고서는 기록, 즉 정보 전달 기능만 하면 된다고 생각하는 사람이 많다. 이것은 잘못된 생각이다.

직장인은 기업에서 일반적으로 통용하는 양식에 서론, 본론, 결론으로 구분해서 보고서를 쓴다. 서론에 배경을 쓴다. 전체 내용을 간략하게 소개하고 해당 주제에 관해서 보고서를 쓰는 목적을 설명한다. 본론에서 현재 상황을 알린다. 지금까지 어떤 일을 했고 무엇을 얻었는지를 쓴다. 결론에는 성과를 제시하고 성과의 양과 질을 설명하는 데 초점을 맞춘다. 성과에 대한 총평을 쓰고 보고서를 끝낸다.

일반적으로 보고서 마지막에 성과와 총평을 쓰고 끝낸다. 이렇게 쓰면 반쪽짜리 보고서다. 성과를 제시하고 끝내는 게 아니라 앞으로 할 일, 과제 등을 제시해야 한다. "지금까지의 결과는 이렇다. 앞으로 더 잘하려면 어떻게 하겠다"라는 행동을 촉구하는 내용으로 보고서를 끝내야 한다. 다시 말해서, 행동을 끌어내는, 다음에 할 일을 제시하는 보고서가 잘 쓴 보고서다.

업무를 추진한 배경과 현재 상황을 분석하고 모두가 이해할 수 있게 정리했다고 하더라도 앞으로 할 일과 더 발전하기 위한 실천 사항이 없으면 반쪽짜리 보고서가 된다. 결론에 성과 분석 자료만 보여주고 끝낸다면, 다음에 똑같은 일을 할 때 이전에 쓴 보고서는 참고 자료로 활용할 수 없다. 앞으로 어떻게 개선하겠다는 내용이 없으면, 똑같은 시행착오를 되풀이한다.

보고서 마지막에는 '다음에 이렇게 하겠다'라는 행동을 촉구하는 결론과 작성자 의견을 넣는다. 단순히 어떤 일을 했다는 내용으로 보고서를 끝내지 말고 다음에 할 일, 다음 사업으로 이어지는 화두를 제시한다. 완료한 일을 알리는 데서 마치지 말고 앞으로 할 일을 도모해야 지속해서 발전할 수 있다.

소통은 어렵다

경영진, 관리자, 실무자는 한 직장에서 같은 목표를 달성하기 위해서 일한다. 그런데 모두 생각이 다르다. 하는 일, 핵심을 바라보는 관점, 일하는 방식 등이 다르다. 어떤 사람은 사소한 실수도 용납하지 못할 정도로 철저하고 또 어떤 사람은 주요 내용과 상관이 없으면 넘어간다. 평상시에는 사람마다 생각이 다른 부분을 인정한다. 하지만 매출이 떨어지거나 상사에게 싫은 소리를 듣거나, 개인적으로 신경 쓸 일이 많아서 예민한 상태에서는 다르다. 사소한 실수까지 체크하던 사람이 모든 걸 놓아버린 듯 괜찮다고 할 때도 있다. 반대로 큰 문제가 아니면 괜찮다고 넘기던 상사가 작은 실수를 한 부하 직원을 여러 사람 앞에서 꾸중하기도 한다.

정보·의견을 전달하는 사람, 전달받는 사람 모두 기분과 상황, TPO[time, place, occasion]에 따라 수용하는 방식이 달라진다. 의사소통을 방해하는 요인[변수]

이 매우 다양하기 때문에 소통 방식을 몇 가지로 단정할 수 없다. 그래서 소통이 어렵다. 전달하는 수단이 말이든 글이든 상관없이 조직 내 여러 사람, 특히 윗사람과 소통하려면 소통 능력을 키워야 한다. 직장 생활에서는 소통을 잘하면 일을 잘하는 사람으로 평가한다.

직장 생활뿐만 아니라 사회생활도 소통이 전부다. 1인 기업가, 프리랜서 중에는 혼자 일하니까 '소통할 필요가 없다'라고 생각하는 사람이 있다. 대부분의 프리랜서가 겉으로는 혼자 일하는 것처럼 보여도 실제로는 그렇지 않다. 작업실에서 누구의 도움도 없이 혼자 일한다면 소통이 필요 없을 수도 있다. 결과를 만들기까지 어느 누구와도 소통하지 않고 일하는 사람은 없다. 프리랜서는 일을 맡긴 사람이 원하는 바를 파악하고 그에 맞춰서 결과물을 만드는 능력은 기본으로 갖추고, 다른 사람의 의중을 파악하는 능력, 자기 생각을 전달하는 능력을 키운다.

직장에서 의사소통의 도구는 글과 말이다. 혼자 일하는 1인 기업가도 보고서 또는 문서를 남겨야 한다. 조직 사회에서는 언제나 말보다 글이 우선한다. 정보 제공을 글로 하고 지시한 사항을 실행하고 결과를 알리는 도구도 글이다. 묵묵히 열심히 일하면 동료와 상사가 알아주던 시대는 지금까지 없었다. 그런 시대가 지나갔다고 하는데 처음부터 그런 시대는 없었다.

요즘은 정말 묵묵히, 열심히만 하면 얼마 못 가서 직장에서 쫓겨난다. 상사들은 어떤 일이 어떻게 진행되는지 시시각각 알려주는 직원을 좋아한다. 일이 잘 됐든 잘못됐든 일단은 알려야 한다. 직장에서 실무 능력이 뛰어난 직원보다 상사에게 보고를 잘하는 직원이 더 빨리 승진하는 경우가 많다.

상사는 보고를 잘하는 직원을 곁에 둔다. 그러면 회사가 돌아가는 상황을 빨리 파악할 수 있기 때문이다. 업무가 진행되는 상황을 시시각각 상세하게 알려준 직원은 다음에 비슷한 일을 할 때 책임자가 되기도 한다. 모두 그런 건 아니지만, 다른 직원이 담당한 일을 보고하는 사람이 진행한 것처럼 전달될 때도 있다. 그렇게 표현하지 않았는데 상사는 그렇게 알아듣는다. 보고서로 소통하는 것은 어렵다. 어려운 소통을 잘하는 방법은 보고서에 핵심을 쓰고 자주 보고하는 것이다.

확실한 소통을 위해 보고서를 쓴다

보고서를 쓰고 읽는 의사소통은 말하기와 듣기보다 훨씬 느리다. 문서를 쓰고 읽으려면 사람(작성자, 독자), 도구(펜, 컴퓨터, 종이, 프린터 등), 공간(사무실, 책상 등), 시간이 필요하다. 경제성 측면에서 보면, 말하기와 듣기가 가장 탁월한 의사소통 방법이다. 그런데 말로 소통하는 것은 위험하다. 실제로 말로 의사소통하는 것을 두려워하는 직장인이 있다.

공공기관·정부부처에서 일하는 사람일수록 문서로 기록해서 증거를 남기려고 한다. 반드시 기록으로 남겨야 하는 의사소통이 있다. 하지만 아주 사소한 내용까지 기록하려고 한다면 시간과 공간, 도구 등을 사용해야 하고 상황에 관한 보고 시점은 늦어진다. 일분일초가 시급한 상황에 문서를 만드느라 시간을 지체해서 사고가 걷잡을 수없이 커지는 일이 종종 있다.

계획한 대로 업무를 진행하면 의사소통은 원활하다. 얼굴만 봐도 상황을 알아차릴 정도로 순조롭게 진행되는 일에 관한 보고는 신속하다. 잘 진행하는 일은 의사소통이 필요 없을 수도 있다. 대체로 직원은 상사에게 좋은 소식은 빨리 전달하려고 한다. 계획대로 실행되지 않는다는 사실은 빨리 보고하려고 하지 않는다. 어떻게든 문제를 해결한 후에 순조롭게 진행되는 상황을 보고하려고 한다. 하지만 뜻대로 문제가 해결되지 않을 경우에는 보고서를 책임 회피 수단으로 이용한다.

상품이 출시된 후에 마케팅 담당자가 기획 단계부터 잘못돼서 실적이 오르지 않는다고 보고하기는 쉽다. 하지만 마케팅 시기를 놓쳤다고, 마케팅 방법이 적절하지 않았다고, 책임이 자신에게 있다고 인정하는 보고서를 쓰는 경우는 드물다.

의사소통이 원활하고 개방적인 조직에서도 솔직한 보고서를 기대하기는 어렵다. 회사처럼 계층이 확실한 조직에서 소통의 신뢰에는 한계가 있다. 상사는 보고서를 보고 부하직원을 판단하고 부하직원은 상사를 재판관, 채점자로 보는 경향을 벗어나기 어렵기 때문이다.

솔직한 보고서를 쓰지 못하게 만드는 것은 자기방어다. 종종 자기가 맡은 일에서 문제가 생기면 보고하지 않고 혼자서 또는 부서 내부에서 바로잡으려고 하는 경우가 있다. 회사 차원에서 조직적으로 대응하는 것과 담당자 혼자 힘으로 대응하는 것은 다르다. 혼자서 바로잡으려고 애쓰는 동안, 걷잡을 수 없는 문제로 확대될 수도 있다.

자기 실수를 곧바로 인정하는 사람은 거의 없다. 멀리 보지 않고 근시안적으로 생각한다. 당장 문제가 된 상황만 넘기려고 한다. 하지만 현재의 불쾌

함을 피하기 위해 문제가 생길 수도 있는 미래를 선택하는 것은 매우 어리석은 결정이다.[2]

지금의 작은 문제가 나중에 어떻게 확대될지는 알 수 없다. 눈앞에 발생한 사건이 작은 문제인지 큰 문제인지 구분할 수 없다면 신속하게 상사에게 알리고 사실대로 보고서를 써야 한다.

소통하는 보고서의 구조와 구성요소

모든 보고서에는 글을 쓰는 구조와 항목이 정해져 있다. 구조에 맞춰서 항목에 내용만 넣으면 무난한 보고서를 쓸 수 있다. 보고서의 기본 구조는 우선 앞부분에 결론을 쓴 다음 서론, 본론, 결론을 쓴다. 결론을 맨 앞과 맨 뒤에 배치해서 두 번 보여준다. 이것을 '양괄식', '수미쌍관법'이라고 한다. 결론을 두 번 보여주는 것이 보고서의 기본 구조다. 맨 앞에 결론을 넣지 않고 서론 즉, 배경과 개요로 시작하면 핵심이 나오기 전에 읽는 사람은 집중력이 떨어진다. 집중력이 소진된 후에 본론과 결론이 나오면 제대로 의사결정을 하기 어렵다. 때문에 보고서뿐만 아니라 모든 문서는 결론부터 쓰라고 가르친다.

회사에서 쓰는 모든 문서는 결론부터 쓴다. 학교에서 글을 쓸 때, 서론-본론-결론 또는 기-승-전-결로 쓰라고 배웠다. 하지만 업무용 문서, 특히 보고서는 이런 순서로 작성하면 안 된다. 마지막에 결론을 쓰면 끝까지 읽어야 핵심을 알 수 있기 때문이다. 나는 논문 맨 앞에 초록을 쓰는 방식을 보고서에 차용해서 맨 앞에 요약을 쓴다. 요약-결론-서론-본론-결론 순서로 쓰면 요약과 결론에 핵심을 반복해서 보여주어 읽는 사람이 핵심을 기억한다. 요약은 제일 앞에 다섯 줄 정도[A4용지, 10포인트 기준]로 쓴다. 다섯 줄로 요약하는 이유는 집중력을 발휘하지 않고도 내용을 이해할 수 있는 분량이기 때문이다. 요약을 쓴 다음 일반적인 보고서 구조에 따른다. 요약-결론-서론-본론-결론 순서로 쓰면 핵심을 확실하게 전달할 수 있다. 보고서 분량이 많을 때는 결론 앞에 넣는 요약이 더 빛을 발한다.

마지막에 쓰는 결론에는 의견과 건의사항, 아이디어 등을 덧붙인다. 잘 쓴 보고서에는 작성자의 생각이 들어있다. 독창적인 생각이 아니어도 괜찮다. 일하는 방법에 대한 개선이나 관행처럼 하는 비효율적인 업무에 대한 의견을 제시하면 된다. 부정적인 의견을 보고서에 넣는다면, 여러 가지 상황을 고려해서 실천할 수 있는 해법까지 제시한다. 실천적 해법이 없으면 읽는 사람은 "그래서 뭘 어쩌라고"라는 반응을 보인다.

내용에 따라서 글을 쓰는 구조, 즉 보여주는 방식을 다르게 해야 한다. 내용을 기준으로 글쓰기 구조를 여섯 가지로 분류한다.

일어난 일을 순서대로 보여줄 때는 시간의 경과에 따라 진행한 일을 쓴다. 진행하는 과정, 계획대로 진행되는 상황을 알리는 보고서는 시간 순서로 쓴다. 출장보고서도 1일차, 2일차, 3일차처럼 시간 순서로 쓰는 사람이 많다. 어떤 업무를 언제 추진했는지를 보여주는 보고서는 시간 순서로 쓰면 된다. 최근에 일어난 일에서 역순으로 거슬러 올라가면서 설명하는 보고서도 있다. 어떤 일이든지 시간 순서로 일어나지만 보고서에는 시간 순서보다 중요한 순서대로 보여주는 것이 더 좋다.

비교 구조는 SWOT처럼 대조적인 특징을 보여줄 때 효과적이다. 비교하는 주체와 비교한 특징 가운데 가장 의미 있는 항목을 제일 먼저 보여주고 상대적으로 덜 중요한 항목 또는 특징을 뒤에 배치한다.

순차 구조는 절차를 보여주는 보고서에 적합하다. 처음부터 끝까지 진행 순서와 일정을 보여줄 때 순차 구조를 이용한다. 사업 시행 여부를 결정하는 보고서는 진행 순서와 일정, 자원 조달 방법 등이 중요하다. 여러 개의 사업을 동시에 진행할 때는 절차를 개별 사항과 공통 사항으로 나눈다. 공통 사항에서 인력 배치, 자본의 투입 여부를 검토할 수 있도록 다른 사업과 관련 있는 업무를 하나로 묶어서 설명한다. 예를 들면, 인허가 절차를 하나로 묶어서 같은 시기에 진행하고, 여러 사업 부문에서 컨설팅이 필요하면 동시에 컨설팅을 받을 수 있게 사업 부문 사이에 일정을 조정한다. 드라마나 영화를 찍을 때는 극의 전개 순서에 따라 촬영하지 않는다. 극의 시작과 끝이 같은 장소에서 이루어진다면 시작과 끝을 한 번에 찍는다. 그래야 효율이 향상되기 때문이다. 보고서도 마찬가지다. 업무 효율이 향상되는 구조·순서에 따라 보고서를 쓴다.

인과 구조는 어떤 일의 결과로 일어난 사건, 또는 사건의 원인으로 일어난 일을 설명할 때 사용한다. 일반적으로 원인을 밝힌 다음 원인에 의해 나타난 결과를 설명한다. 원인이 중요하면 원인을 분석을 앞에 넣는다. 결과가 중요하면 결과에 대해서 설명한 후에 원인을 쓴다. 원인이 결과에 어떤 영향을 주었는지 밝힌다.

분류 구조는 범주가 다른 항목을 구분해서 설명하는 보고서에 적합하다. 새로운 사업 또는 상품, 서비스를 기획·제안할 때 참고 사례를 기준에 따라 분류하고 특징·장단점을 보여준다. 분류 구조로 쓴 보고서에서 나열하는 순서는 어떤 방식이든 상관없다. 하지만 올바른 기준에 따라 분류해야 효과적으로 설명할 수 있다.

내용을 기준으로 분류한 글쓰기 구조

시간 순서 구조	일의 진행사항이나 순서에 따라 진행 상황을 알리는 보고서에 적합하다. 시간 순서로 정리하되 중요한 내용은 강조해서 보여준다.
비교 구조	비교하는 주체와 비교한 특징 가운데 가장 의미 있는 항목을 제일 먼저 보여주고 덜 중요한 항목 또는 특징을 뒤에 배치한다.
순차 구조	절차를 보여주는 보고서에 적합하다. 첫 번째부터 마지막까지 진행 순서와 일정을 보여줄 때 순차 구조를 이용한다.
인과 구조	어떤 일의 결과로 일어난 사건, 또는 사건의 원인으로 일어난 일을 설명할 때 사용한다. 결과를 먼저 보여주고 원인을 분석해서 설명할 수도 있다.
분류 구조	범주가 다른 항목을 구분해서 설명하는 보고서에 사용한다. 분류 구조에서 항목을 나열하는 순서는 어떤 방식이든 상관없다. 하지만 올바른 기준에 따라 분류해야 효과적인 설명이 가능하다.
가치판단 구조	찬성과 반대, 장점과 단점, 실용과 무용을 보여줄 때 사용한다. 결론에서 판단 결과, 의견을 명확하게 제시한다.

찬성과 반대, 장점과 단점, 실용와 무용을 보여주는 보고서는 가치판단 구조로 서술한다. 사업 추진을 도모하는 보고서는 찬성, 장점, 실용 등의 가치를 먼저 보여주고 반대, 단점, 무용에 해당하는 항목은 나중에 보여준다. 반대로 사업 추진을 반대하는 보고서는 반대 의견과 사업의 단점, 실시 후에 나타나는 부작용 등을 먼저 제시한다. 작성자의 의견과 논리에 따라서 먼저 보여줄 것과 나중에 보여줄 것을 구분한다. 한쪽 의견을 강력하게 보여주려면 결론에서 한 번 더 써서 강조한다.

본론에 해당하는 사례와 결과는 여섯 가지 글쓰기 구조 가운데 가장 적절한 구조를 선택한다.

회사에서 많이 쓰는 보고서는 문제 해결 보고서와 목표 달성 보고서다. 문제 해결 방안과 목표 달성 계획을 수립하기 위해서 쓴다. 이 보고서는 회사마다 다른 이름으로 부르고 주요 내용은 해결 방안과 계획이다.

문제 해결 보고서는 현황-문제점-해결 방안-기대 효과 순서로 쓴다. 해결 방안과 기대효과가 결론이다. 해결 방안은 하나만 제시하기보다 두 가지 이상 제시하고 최선책^{가장 좋은 해결 방안}과 차선책^{대안}을 제시한다. 기준을 정해서 두 가지 이상의 해결 방안을 비교하고 각각의 장단점을 분석한다. 작성자의 의견과 제안을 넣고 제안한 해결 방안대로 실행했을 때 예상되는 결과를 보여준다. 결과는 반드시 정량적으로 표현한다. 시행 전과 비교해서 사고 건수 70퍼센트 감소 예상, 동기 대비 구매량 3배 증가 예상과 같이 숫자로 예상치를 나타내고 그렇게 예상한 근거를 제시한다.

목표 달성 보고서는 계획을 보여주기 위해서 쓴다. 목표 제시-현황-목표와 현재의 차이-목표 달성 방안 및 전략-일정 계획-목표 달성 지표 제시-달성 후 포상 순서로 쓴다. 이 보고서의 결과는 목표 달성 방안과 일정 계획이다. 보고서 도입부에 목표를 제시하고 현재 상황을 설명한다. 목표와 현재의 차이를 줄이기 위해 실천해야 하는 일(행동)이 목표 달성 방안이다. 목표 달성을 위해 역량을 집중하면 현재 진행 중인 다른 일을 미루거나 중단할 수도 있다. 목표 달성 보고서에는 전략이 필요하다. 전략은 중요한 일과 덜 중요한 일을 가려내고 목표 달성을 위한 실천 방안을 마련하는 것이다. 목표 달성 기한을 정하고 어느 정도까지 성과가 나오면 목표를 달성했다고 판단할 것인지 지표를 제시한다. 마지막으로 목표를 달성한 후에 포상과 혜택을 밝힌다.

소통을 영어로 '커뮤니케이션'이라고 한다. 커뮤니케이션 이론 가운데 구성주의가 있다. 구성주의 이론에서 보면, 보고서를 쓰는 목적은 정보교환이 아니다. 구성원이 같은 방향을 바라보게 만드는 것이 보고서의 목적이자 기능이다. 보고서를 통해서 구성원이 같은 목표를 공유하려면 내용을 제대로 이해하는 데 방해가 되는 요소는 제거한다. 기승전결, 서론-본론-결론은 내용을 전개하는 틀이다. 시간 순서, 비교, 순차, 인과 등의 구조로 쓰는 이유는 읽는 사람이 내용을 쉽게 이해하도록 하기 위해서다.

보고서의 구성요소는 4~6개 단락으로 나누고 각각의 단락에는 하나의 핵심과 주장을 논리적인 근거와 함께 정리한다. 하나의 단락에 여러 가지 주제를 넣으면 안 된다. 하나의 주제에 뒷받침 자료를 넣어서 단락을 구분하면 주제는 명확해진다. 사실과 의견도 명확하게 구분하고 주제에 부합하는 조사 결과와 객관적인 자료를 넣는다. 단락마다 주제를 나타내는 제목을 쓴다.

결론까지 쓴 다음 맨 앞에 요약을 쓴다. 요약은 맨 앞에 넣지만 제일 마지막에 쓴다. 왜냐하면 보고서를 완성하는 단계에서 결론을 내리기 위해 정리한 사항을 모두 고려해야 하기 때문이다. 전체 내용을 검토해서 요약을 쓴다. 요약은 말 그대로 요점만 간추린 것이므로 두세 단락으로 정리한다. 보고서 내용과 결론을 간략하게 전달해서 읽는 사람의 머릿속을 환기시키는 것이 요약의 기능이다.

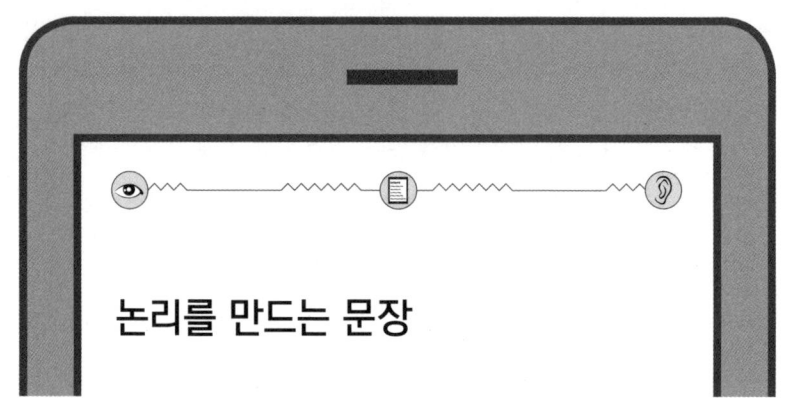

논리를 만드는 문장

일을 하면서 이룬 성과는 보고서를 쓰면서 정리한다. 일을 하는 과정과 성과는 보고서를 썼을 때 비로소 정보가 된다. 현재 상황 또는 종료한 일을 설명하고 좋은 성과, 기대에 못 미치는 성과, 예상한 대로 달성한 성과 등으로 구분한다. 일을 하는 중간에 중간보고서, 완료 시점에 결과 보고서를 작성한다.

일일보고서, 주간보고서, 월간보고서는 하루, 한 주, 한 달을 정리하는 보고서다. 프로젝트를 진행하면서 계획의 적정성, 개선할 부분을 설명할 때는 중간보고서를 쓴다. 계획한 대로 이상 없이 진행되는 일도 아무 문제없이 진행된다는 사실을 알리기 위해서 중간보고서를 쓴다. 수시로 보고하는 사항은 보고서에 자세히 설명하지 않는다. 반면, 문제를 해결해야 하거나 작성자가 이렇게 했으면 좋겠다는 의견을 덧붙일 때는 어떤 문제인지, 해결책은 무엇인지, 그렇게 하면 무엇이 좋은지, 필요한 자원^{비용, 인력, 시간 등} 등을 넣는다. 여기에는 논리가 필요하다. 이미 진행한 일에 대한 보고서를 쓸 때에도 논리에 따른다. 현재 상황을 설명하는 보고서는 육하원칙에 따라 쓰면 논리가 완성된다. 구체적인 실천 방안, 문제 해결 방안은 그 해결 방안이 왜, 어떻게, 얼마나 효과가 있는지 설득하기 위해 논리가 필요하다. 논리가 부족하다는 평가를 받은 보고서는 대부분 비약이 심하거나 근거가 부족하다.

논리 비약은 세 가지다.

논리 비약

논리 비약 종류	특징
대표성의 비약	특수한 사실을 보편적인 사실처럼 설명한다.
유사성의 비약	전혀 유사하지 않은 성질·형태를 보조관념으로 만들어서 설명한다.
인과관계의 비약	관계가 없는 내용을 억지로 연결해서 인과관계를 만든다.

대표성의 비약을 예로 들면, '영국인은 신사적이다', '프랑스인은 감성이 풍부하다', '한국인은 급하다', '중국인은 느긋하다'처럼 몇 사람의 특징을 집단 전체의 특징으로 표현하는 것이다. 특수한 사실을 보편적인 사실처럼 설명하면 안 된다. 유사성의 비약은 원관념과 보조관념 사이에 이미 존재하는 유사한 특징을 과장해서 유사성을 만들어내는 것이다. 성질이나 형태가 전혀 유사하지 않은 것 사이에 유사성을 만들어내면 논리적으로 맞지 않다.

예를 들면, '내 마음은 호수'라는 은유 표현을 작성자는 적절하다고 생각하더라도 인간의 상상력에 호소하는 표현은 보고서에 적절하지 않다. 인과관계의 비약은 보고서 작성자가 자주 하는 실수다. 모든 일에는 원인과 결과가 있다. 어떤 현상이나 사실을 설명하고 그 결과로 "이런 결과가 생겼다"라고 서술하거나 결과를 설명하고 어떤 원인에 의해서 발생했는지 밝히는 순서로 정리한다. 인과관계로 보고서를 쓸 때는 원인과 결과를 정확하게 일치시켜야 한다. "지난해 연말부터 판매량이 급감했다. 이런 이유로 올해는 기호상품 매출이 감소했다."라고 쓰면 인과관계가 성립할까? 지난해 연말 기간 판매량과 한해의 매출은 인과관계가 성립하지 않는다. "경기 하락으로 소비가 위축되어 기호상품 판매량이 줄었다."는 인과관계가 성립한다. 보고서 전체의 논리도 중요하고 한 문장 안에서 인과관계도 중요하다. 특정 부분을 확대해서 해석하거나 관계가 없는 내용을 억지로 연결하는 오류는 보고서의 신뢰를 떨어트린다. 정보를 효과적으로 전달하려고 억지 논리를 만드는 일은 없어야 한다.

논리를 만들기 어려워하는 직장인에게 문서작성 교육에서 권하는 것은 스토리보드다. 스토리보드에 핵심을 나타내는 키워드를 담아서 맥락에 맞게 배치하는 방법으로 논리를 만든다. 보고서에도 스토리보드를 적용한다. 문제 해결 또는 현황을 효과적으로 전달하기 위해서 핵심을 일관성 있게 배치하여 스토리라인을 만든다. 탄탄한 논리를 만드는 과정을 벽돌을 쌓아서 집을 짓는 일에 비유한다. 스토리라인은 집을 설계하는 작업이다. 구성원의 동선을 고려해서 방, 거실, 욕실, 주방 등을 배치하고 집의 구조를 완성한다. 보고서의 스토리라인도 마찬가지다. 스토리보드에 쓴 핵심을 이해하기 쉽게 배치해서 논리와 구조를 만든다.

보고서의 핵심을 단락별로 하나의 문장으로 만든다. 완전한 문장으로 만들고 하나의 스토리로 이어지도록 배치하면 스토리라인이 완성된다. 스토리라인을 완성하면 보고서를 절반 이상 작성한 것이나 마찬가지다.

핵심을 요약한 문장 또는 결론을 맨 앞에 쓰면 읽는 사람의 이해도가 높아진다. 유명 작가들은 작품을 시작하는 첫 문장을 고민한다. 독자는 첫 문장, 첫 단락, 첫 페이지를 읽고 계속 읽을지 결정하기 때문이다. 톨스토이의 〈안나 까레니나〉와 헤밍웨이의 〈노인과 바다〉 첫 문장은 이렇다.

"행복한 가정들은 모두 비슷해 보이지만 불행한 가정들은 저마다 이유가 있다."

"그는 멕시코 만류에서 조각배를 타고 홀로 고기잡이 하는 노인이었다"

첫 문장에 소설의 전체 내용이 들어 있는 건 아니지만, 강력한 여운을 남기는 첫 문장이 소설을 더 읽고 싶게 만든다. 감명 깊게 읽은 문학 작품의 첫 문장은 시간이 지난 후에도 기억에 남는다.

보고서도 마찬가지다. 첫 문장에 핵심을 넣는다. 핵심을 한 문장으로 표현한 다음 근거와 전후 관계를 서술한다. 가장 중요한 메시지 하나만 전달하면 보고서는 제 기능을 했다고 볼 수 있다.

첫 문장에 긍정적인 메시지를 배치하면 읽는 사람은 다음에 오는 정보도 긍정적으로 처리할 가능성이 높다. '결정에 상당한 시간이 걸린다'와 '작은 부분까지 꼼꼼히 검토한다'는 표현은 읽는 사람이 전혀 다른 의미로 받아들인다.

내용을 배치하는 순서도 읽는 사람에게 영향을 준다. 《스마트하게 일하라》에는 다음 세 가지 질문을 생각하고 내용을 배치하라고 했다.[3]

- 읽는 사람 입장에서 어떤 내용을 먼저 보는 것이 전체 내용을 이해하는 데 도움이 될까?
- 읽는 사람에게 공감을 얻으려면 어떤 내용이 먼저 나오는 게 유리할까?
- 읽는 사람이 자세히 알아야 하는 내용과 간단히 설명해도 되는 내용은 무엇인가?

보고서를 요약-결론-배경-진행 사항-분석-결론 순서로 쓰는 이유도 이와 같은 순서가 논리를 만드는 메시지 배열이기 때문이다. 업무를 추진한 배경을 정리하고 어떤 계획으로 진행했으며, 진행하는 과정에서 발생한 문제와 해결한 방법, 그렇게 해서 얻은 결과, 최종적으로 얻은 성과를 결론에 제시한다. 여기에 '다음에 어떻게 하겠다'라는 작성자의 의견을 근거와 함께 넣는다.[4]

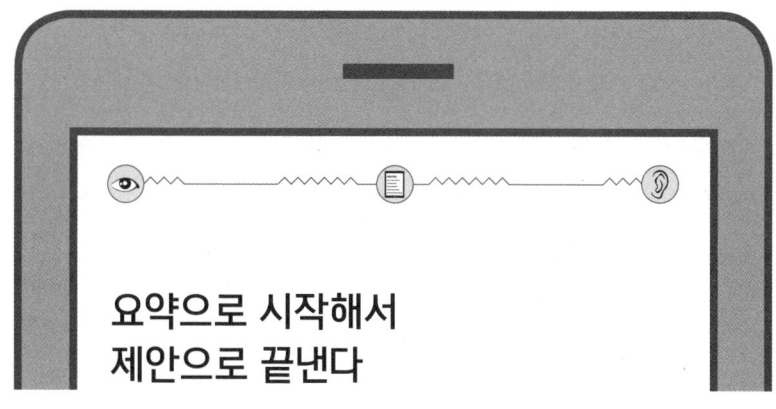

요약으로 시작해서
제안으로 끝낸다

무엇을 어떻게 진행하는지, 진행하였는지 설명하기 위해서 보고서를 쓴다. 여기서 '무엇'은 출장, 회의, 영업, 일정, 시장조사 등 업무에서 설명해야 하는 모든 내용을 포괄한다. 보고서는 설명문의 구성서론, 본론, 결론으로 쓰되 본론에는 무엇에 관한 '결과'를 쓴다. 결론에는 지금까지 한 일로 얻은 것성과과 앞으로 할 일, 의견, 실행할 수 있는 더 좋은 방법 또는 실행할 수 없지만 더 좋은 방법 등을 쓴다.

서론, 결과, 결론 순서로 쓰는 보고서의 맨 앞에 반드시 들어가야 하는 내용은 요약이다. 한두 페이지 분량의 보고서에는 별도로 요약을 넣지 않아도 된다. 조사·진행 결과가 수십, 수백 페이지 분량이 되는 보고서도 있다. 이런 보고서는 맨 앞에 요약을 넣고 그다음에 본문을 쓴다.

보고서 작성은 업무에 필요한 기술이다. 이 기술의 핵심은 정보의 효과적이고 효율적인 전달이다. 문서를 읽는 사람은 첫 문장, 첫 단락, 첫 페이지에 주목한다. 보고서 맨 앞에 요약을 배치하는 이유는 적어도 첫 페이지만큼은 주목해서 보기 때문이다. 요약에는 꼭 전달해야 하는 내용을 넣는다. 제한된 지면, 집중력을 유지하는 짧은 시간에 내용을 전달하는 게 요약의 목적이다.

문장을 개조식으로 쓰고 요약했다고 말하는 사람이 있다. 단순히 문장을 줄여서 표현하는 것은 요약이 아니다. 요약에는 세 가지 기술이 필요하다.

1. 구조화
2. 독자 맞춤
3. 내용 압축

표현만 줄이는 것은 형식적인 요약이다. 구조화, 독자에게 맞춘 스토리텔링, 전체 내용을 이해하기 쉽게 한 문장으로 만들어야 제대로 된 요약이다.

보고서 앞에 넣는 요약문을 만들기 위해서 첫 번째로 할 일은 '구조화'다. 구조화는 내용을 정리하고 의미에 맞게 단어, 문장을 배치하는 작업이다. 5페이지 정도의 보고서는 전체 내용을 10~20개 문장으로 표현할 수 있다. 보고서 한 페이지에 단락이 세 개라면 한 단락을 한 문장으로 정리한다. 그러면 5페이지 분량의 보고서는 약 15개 문장으로 정리된다. 정리한 15개 문장이 모두 핵심은 아니다. 정리한 문장을 나열하지 말고 비슷한 내용끼리 묶는다. 몇 개의 묶음이 된다. 하나의 묶음이 큰 줄기이고 정리한 각각의 문장은 잔가지다. 전달할 주제^{묶음}별로 상세 항목^{문장}을 구분한다. 묶음이 두 개 이상이면, 묶음 사이에 연결고리를 만든다. 문장을 일정한 형식^{시간, 인과관계, 문제·}

해결방안 등에 따라 연결고리를 이용해서 묶음을 배치한다. 비슷한 내용을 하나의 묶음으로 정리하면 읽는 사람은 내용문장을 이해하고 보고서의 구조묶음 사이의 관계를 통해서 목적과 의미를 알 수 있다.

두 번째로 할 일은 '독자 맞춤'이다. 요약 단계에서 필요한 독자 맞춤은 읽는 사람이 원하는 정보를 요약 문장에 넣는 것이다. 문제 해결방안어떻게을 알고 싶은 독자에게는 "3대 개선 과제와 해결방안입니다."를 첫 문장으로 쓰고 도입부에 해결방안을 제시한다. 해결방안을 실행한 후에 예상되는 결과를 알고 싶은 사람이 보고서를 본다면 실행 후 얻는 이익을 보여주는 문장, "해결방안 실행 후 얻을 수 있는 예상 이익은 12억 원입니다."로 시작한다. 요약을 시작하는 첫 문장에 보고서를 읽는 사람이 원하는 정보를 넣는다. 결론부터 보여줘야 한다는 가르침 때문에 보고서의 결론을 요약이 시작하는 부분에 그대로 넣는 작성자도 있다. 요약의 첫 문장에는 결론을 넣지 않아도 된다. 결론부터 쓰라는 가르침은 유효하지만 얽매일 필요는 없다. 무엇So What이 궁금한 상사도 있고, 어떻게How to가 궁금한 상사도 있다. 추진 배경Background, 취지Meaning가 궁금한 상사도 있다. 보고서를 읽는 사람이 원하는 내용을 요약의 맨 앞 문장에 배치한다.

세 번째로 할 일은 '내용 압축'이다. 사안에 관해서 여러 차례 회의를 하고 중간 보고를 통해서 인지하고 있는 정보는 간략하게 쓴다. 회사에서 쓰는 보고서는 대부분 이전에 쓴 보고서에서 업데이트한다. 같은 내용을 반복해서 보고할 필요는 없다. 보고서를 읽는 사람에게 새로운 정보, 호기심을 유발하는 정보 위주로 내용을 압축한다. 압축하는 방법은 간단하다. 일반적인 내용, 이미 알고 있는 상황, 당연한 정보는 요약에서 제외한다. 압축하는 문장에서 삼가야 하는 표현이 있다. '개선한다' '추진한다' '최적화한다' '강화한다' '철저히 한다' 등은 불필요한 표현이다. 의지를 표현하는 말이지만 전달력은 떨어진다. 전달력을 높이려면 눈에 보이듯 선명하게 나타내야 한다. 어떤 내용이든지 숫자로 쓰면 내용을 읽는 사람이 양적인 정보를 처리하는 수고를 덜어준다. '수많은', '약 1,000개'보다 '1,064개'가 더 정확하다. '매출 신장'보다 '전년 동기 대비 37퍼센트 늘어난 매출'로 표현해야 한다. 단순히 글자 수를 줄이는 건 요약이 아니다.

보고서의 맨 앞에 나오는 요약, 첫 단락의 주제, 첫 문장 모두 중요하다. 주제를 몇 개의 단락으로 나눠서 각 단락의 첫 문장에 핵심을 넣는다. 첫 문장을 모아서 구조화하고 독자 맞춤, 내용 압축 과정을 거쳐서 요약을 완성한다. 보고서를 읽는 사람의 관점에서 중요한 항목, 필요한 내용으로 범위를 좁혀야 이후에 나오는 내용에 집중하게 만들 수 있다.

정보를 빨리 이해하면 의사결정 시간이 줄어든다. 요약을 먼저 읽고 본론을 읽으면 머리에서 배경지식과 연결해서 내용을 더 빨리 이해한다. 보고서를 검토하는 시간은 단축되고 기업에서는 신속한 의사결정을 할 수 있다. 그만큼 변화에 빠르게 대응할 수 있다.

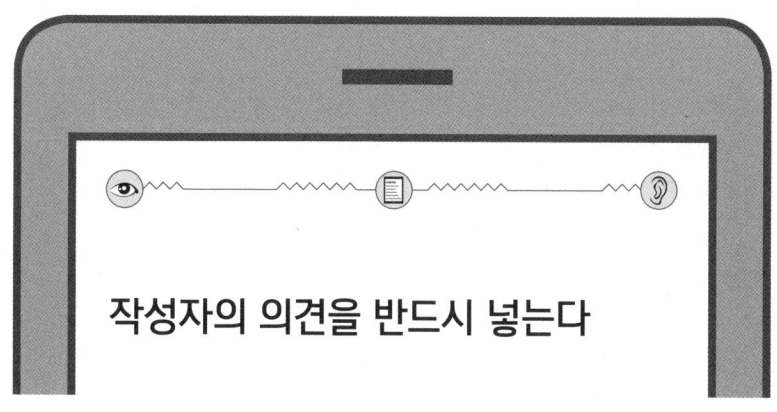

작성자의 의견을 반드시 넣는다

보고서 마지막에는 제안과 작성자의 의견을 넣는다. 짧은 보고서는 작성자 의견으로 제안을 대체한다. 담당자는 현재 일하는 방식에서 개선할 부분이 무엇인지 안다. 담당자가 직접 일하는 방식을 만들었어도, 일을 하면서 개선할 부분이 생긴다. 만약 개선할 부분이 없다면, 업무 방식과 절차가 완벽하거나 작성자가 일하는 동안 아무런 생각도 하지 않은 것이다.

개선할 부분이 하나도 없는 경우는 없다. 작성자는 문제의 소지가 있는 부분, 개선할 부분, 더 효율적으로 바꾸는 방법을 조사한 자료^{불량률, 실수가 증가하는 이유 등}와 함께 쓴다. 이것이 보고서 마지막에 쓰는 제안이다.

업무에 필요해서 작성하는 보고서는 회사, 직종, 일에 따라 그 종류가 셀 수 없이 많다. 《글쓰기 훈련소》에는 보고서를 세 가지 유형으로 분류했다.[5]

보고서의 세 가지 유형

보고서 유형	종류
현황 보고서	업무보고서(일일보고서, 주간보고서, 월간보고서), 회의보고서, 진행 상황 보고서, 분기 보고서, 연간보고서, 출장보고서 등
체험 보고서	세미나, 콘퍼런스, 전시회 등을 참관 후 작성하는 보고서
기획 보고서	조사보고서, 연구보고서, 계획보고서, 분석보고서, 결과보고서, 실적보고서, 평가보고서, 경기동향보고서, 경영전략보고서 등

현황 보고서는 회사에서 자주 쓴다. 업무 진행 상황을 알리는 보고서는 읽는 사람이 이미 내용을 알고 있는 경우가 많다. 따라서 주요 내용과 특이사항만 적는다.

일상적으로 쓰는 현황 보고서 외에 체험 보고서, 기획 보고서가 있다. 체험 보고서는 전시회, 콘퍼런스, 출장을 다녀와서 직접 보고 듣고 느낀 소감을 전달한다. 체험 보고서를 쓰는 목적은 특정 사실을 알리기 위해서다. 기획 보고서는 현재 상황을 좀 더 깊이 있게 분석하고 전략·방향을 제시하기 위해서 쓴다. 세미나·전시회·발표회에 다녀와서 보고 듣고 느낀 점을 쓰면 체험 보고서다. 여기에 경쟁사 현황과 트렌드를 분석하고 국내외 참고자료까지 조사해서 우리 회사의 방향과 전략 등을 덧붙이면 기획 보고서가 된다. 기획 보고서에는 분석과 전략이 들어간다. 명칭은 보고서지만 기안서·기획서와 비슷한 기능을 한다. 기획 보고서에서 나온 아이디어를 개발해서 새로운 사업을 시작하는 경우가 종종 있다.

주요 내용이 수행한 일이면 현황 보고서, 보고 들은 일이면 체험 보고서, 분석이 들어갔다면 기획 보고서로 분류한다. 시점을 기준으로 보면, 현황 보고서와 체험 보고서가 과거의 일을 전달하고 기획 보고서는 과거에 추진한 일, 경험에 기초해서 앞으로 할 일과 나아갈 방향을 제시한다.

유형에 관계없이 모든 보고서는 정해진 구성에 따라 쓴다. 보고서 시작 부분에 현재 상황을 알리고 본문에 주요 내용을 쓴다. 문제 해결이 필요하면 개선안, 새로운 사업을 추진한다면 추진방법, 기대효과를 결론에 쓴다. 문서를 많이 쓰는 직장인·공무원은 보고서라는 말만 들으면 머릿속으로 현황, 배경, 문제점·추진방법·계획, 결론을 정리한다. 대부분의 보고서는 현황–배경–문제점–결론 순서로 쓴다. 보고서 작성법을 설명하는 교육에서도 이렇게 쓰라고 가르친다. 겉으로 드러나지 않지만 잘 쓴 보고서와 그저 그런 보고서를 나누는 요인이 있다. 그것은 '작성자의 의견'이다.

《엔지니어를 위한 보고서 작성 기술》에는 보고서에 쓰는 의견을 표현하는 방법을 추론, 판단, 의견, 가설, 이론으로 구분해서 정의했다.[6]

의견은 보고서 주제와 관련 있는 작성자의 생각이나, 보고서를 사실과 논리에 따라 써야 한다고 배워서 작성자 개인의 의견 또는 제안을 넣지 않는 사람이 있다. 의견이 빠졌다면 보고서는 완성했다고 볼 수 없다. 의견을 넣는 이유는 신문기사와 뉴스 마지막에 전문가 의견을 넣는 이유와 같다. 기자는 사실을 확인하고 전달하는 역할만 한다. 사례와 자료를 분석해서 기사를 쓰지만 기자가 전문가는 아니다. 기사 결론 부분에 전문가 의견을 넣는 이유는 기자가 의도한 방향으로 결론을 내리기 위해서다.

보고서 의견 표현 방법

보고서 의견	표현 방법
추론(Inference)	어떤 전제에 근거한 추리의 결론 또는 중간적인 결론
판단(Judgment)	사물의 상태·내용·가치의 진위를 가려내어 결론을 내린 생각
의견(Opinion)	상기의 의미에서의 추론이나 판단 또는 일반적으로 자기 나름대로의 생각, 느낌을 통해 도달한 결론의 총칭
가설(Hypothesis)	진위 여부는 알 수 없으나 테스트 결과를 보고 판단하기로 하고 잠정적으로 주장하는 생각. 정당한 절차를 거쳐 선입관을 갖지 않고 조사한 결과가 가설을 지지하면 가설은 이론으로 승격
이론(Theory)	증명할 수 있는 사실은 상당히 많이 있으나 아직 만인에게 용인될만한 수준까지 도달하지 않은 가설

보고서도 논리와 사실에 기초해서 주요 내용을 쓴다. 그리고 작성자 주관에 따라 결론을 쓴다. 보고서에서 전달하는 느낌이나 인상은 작성자 의도에 따라 한쪽으로 치우치게 할 수 있다. 작성자의 생각을 철저하게 배제한 보고서는 없다. 보고서를 쓰는 사람의 시각으로 판단한 결론은 의사결정에 중요한 영향을 미친다. 이런 이유로 작성자는 반드시 자기 의견을 결론에 넣어야 한다.

방향^{결론}을 정해놓고 보고서를 작성할 때도 있다. 방향을 정하고 사실과 이슈, 트렌드를 끼워 맞춰서 보고서를 쓰는 형식이다. 이렇게 쓰는 대표적인 유형이 증권사 애널리스트 보고서다. 증권사 보고서는 대체로 매수 의견으로 방향을 정해놓고 쓴다. 애널리스트가 보고서에 부정적 의견을 쓰면 손실을 우려한 투자자가 자금을 회수해서 주가 하락으로 이어지기 때문이다. 증권사 애널리스트는 보고서에 매수, 중립, 매도 의견을 표시한다. 2008년 JP모건의 매수, 중립, 매도 의견 비중은 각각 41퍼센트, 44퍼센트, 15퍼센트로 나타났다. 같은 해 Fn가이드 조사에 따르면 우리나라 애널리스트 보고서에서 매도 의견은 0.1퍼센트였다. 매도 의견이 거의 없다는 의미다.[7]

증권사 보고서를 예로 들었지만 기업도 마찬가지다. 결론을 정해놓고 쓴 보고서가 공식적으로 배포될 경우, 작성자 의견은 매우 큰 파장을 일으키기도 한다. 현실적으로 보고서 작성자는 경영자가 설정한 방향을 바꾸기는 어렵다. 하지만 객관적인 지표와 자료를 분석한 결과 '주의가 필요하다', '추이를 보면서 이후에 결정해도 늦지 않다', '나쁜 결과를 얻은 선례가 다수다' 등의 비판적 의견을 제시할 수는 있다. 정해진 방향과 다른 방향의 의견을 제시하는 것은 가능하다. 보고서는 의사결정에 기초 자료로 활용한다. 사업을 어느 정도 추진하다가 애초에 방향을 잘못 설정했다는 사실이 드러나면 보고서 작성자도 책임을 져야 한다. 만약, 주의 의견이나 경영자가 설정한 방향과 다른 방향을 제시했다면 '통찰력 있는 사람'으로 평가될 수 있다. 짧게 몇 줄이라도 작성자의 의견을 써야 한다.

작성자는 지금 실행하는 방식과 다른 대안을 의견으로 제시하는 것도 바람직하다. 대안은 아이디어다. 아이디어는 분석을 통해서 나온다. 보고서 마지막에 대안을 넣으면, 다양한 관점에서 분석하고 경우의 수를 생각했다는 사실을 보여줄 수 있다. 여기서 한 가지 주의할 점이 있다. 작성자가 제시한 의견·대안은 객관적인 정보, 사실과 구분해야 한다.

의견은 객관적인 사실로 밝혀지지 않은 개인의 생각이다. 하지만 공식적인 문서, 즉 보고서에 쓰는 작성자의 의견은 모든 사람이 인정하는 이론, 법칙, 통계 등의 근거를 제시하므로 공유할만한 가치가 있다.

보고서는 구성에 따라 서론, 본론, 결론에 각각 목적^{Why}, 주요 내용^{What}, 성과 또는 결론^{Message} · 의견^{Opinion} 순서로 쓴다. 사실과 자료에 근거해서 쓰는 보고서도 결론 단락의 마지막에는 의견을 넣는다.

보고서 유형과 구성

	업무용 문서	현황 보고서	체험 보고서	기획 보고서	기획서·제안서
기 (서론)	목적 (Why)	현황 (Issue)	목적 (Why)	목적 (Why)	목적 (Why)
승 (본론)	주요 내용 (What)	배경 (Why)	체험 내용 (What)	주요 내용 (What)	분석 (Analysis)
전 (본론)	결론(Message)	문제점 (Problem)	결론 (Message)	분석 (Analysis) 전략 (How)	주요 내용 (What) 전략 (How) 기대효과 (Effect)
결 (결론)	의견 (Opinion)	해결책 (Solution) 의견 (Opinion)	의견 (Opinion)	결론 (Message) 의견 (Opinion)	결론 (Message) 의견 (Opinion)

출처 : 임정섭 지음, 《글쓰기 훈련소》, (경향미디어, 2009)

2

보고서에 사업의 방향과 속도가 있다

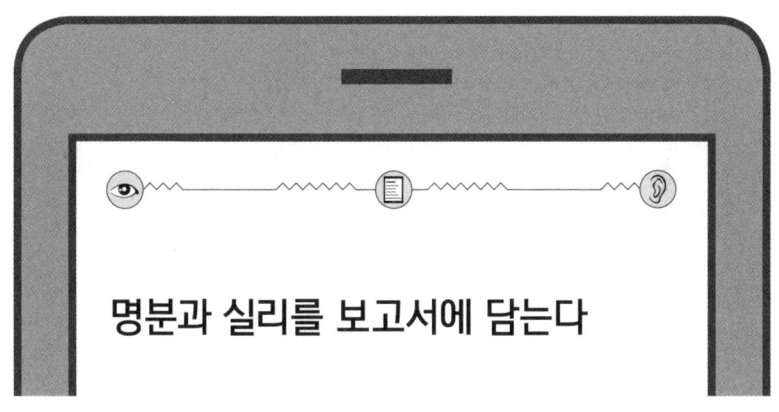

명분과 실리를 보고서에 담는다

기업이 존재하는 이유는 '이윤 극대화'다. 이윤을 추구하는 기업은 정상적인 방법으로 더 많은 이익을 얻으려고 노력한다. 여기서 말하는 정상적인 방법은 합법적인 방법과 의미가 조금 다르다.

　기업은 사람들로 하여금 '돈만 좇는 기업'으로 인식하지 않게 하고, 정당하게 이윤을 추구하는 기업으로 이미지를 구축하기 위해 여러 가지 노력을 한다. '공익'을 추구하는 기업 이미지를 만드는 역할을 보고서가 한다. 대외적으로 배포하는 보고서, 즉 보도자료는 기업 이미지 제고가 목적이다. 보고서는 정보 전달 기능과 함께 '명분을 만드는' 역할을 담당한다.

　기업에서는 매출이 신장됐다는 보고서만큼 사회에 보탬이 되는 일을 한다는 보고서를 중요하게 생각한다. 명분 때문이다. 명분은 사람들의 마음을 움직이는 힘이 있다. '사회에 공헌하는 기업'이라는 이미지로 여론이 움직이면 매출은 저절로 올라간다.

설령, 당장 매출이 오르지 않아도 명분은 마땅히 지켜야 할 도리와 본분이다. 명분을 만드는 건 어렵지 않다. 상식적으로 해서는 안 되는 일을 가려내고 해야 하는 일을 마땅히 실천하면 된다. 기업에서는 마땅히 해야 할 일을 하면서 동시에 많은 사람에게 도움이 되는 일을 진심으로 한다는 사실을 근거와 함께 알린다. 이런 사실을 알리는 역할을 보고서가 한다. 기업, 개인, 나라 모두 명분보다는 실리에 따라 움직인다. 실상은 이렇다고 해도 보고서에는 '명분'과 '실리' 두 단어가 같은 비중이거나 명분이 더 큰 비중을 차지해야 한다.

실무를 담당하는 보고서 작성자의 눈에는 명분이 잘 보이지 않는다. 현재 맡은 일을 잘 마치는 것만 목표로 하기 때문이다. 경영 컨설턴트는 "나무만 보지 말고 숲을 보라"라는 말로 넓을 시야를 가질 것을 주문한다. 안목을 수평적으로 넓히면 전체를 볼 수 있지만 눈높이는 이전과 같다. 실리와 명분을 함께 챙기려면 적당한 눈높이에서 바라봐야 한다. 높은 위치에서 조망하는 관점을 '헬리콥터 뷰'라고 한다. 헬리콥터 뷰는 너무 높지도, 너무 낮지도 않은 높이에서 상황을 본다는 의미다. GE는 인재교육에서 헬리콥터 뷰를 강조한다. 너무 높은 곳에서 보면 자세히 볼 수 없다. 너무 낮은 곳에서는 속속들이 볼 수 있지만 상황을 전체적으로 볼 수 없다. 너무 높지도 너무 낮지도 않은 눈높이에서 봐야 실리와 명분이 한눈에 들어온다. 작성자는 현재 진행 중인 일, 앞으로 계획하는 일을 자기가 속한 부서 외에 회사와 사회에 미치는 영향까지 고려해야 한다. 그러려면 관리자 또는 경영자의 관점이 필요하다.

실무 담당자는 맡은 일에만 집중해서 전체를 보지 못한다. 자기 일 외에는 다른 생각을 할 여유가 없다. 정신적으로 여유가 없어도 보고서를 쓸 때는 시야를 수평·수직으로 확장해야 한다. 수평으로 바라보면 자기가 할 일, 동료가 할 일만 보인다. 위에서 내려다보면 여러 가지 사업이 보이고 그 사업을 담당하는 부서와 다른 부서의 관계, 기업의 궁극적인 목표, 사회에 도움이 되는 부분이 보인다.

시야를 넓히면 실리와 명분이 보인다. 그러면 맡은 일을 지배할 수 있다. '일을 지배한다'는 다음에 할 일, 그다음에 할 일, 궁극적인 목표에 이르는 계획을 세운다는 뜻이다. 시야를 넓혀서 다음 일, 그다음 일이 무엇인지 알면, 지금 눈앞에 있는 일을 끝내는 데만 초점을 맞추지 않는다. 일이 끝난 뒤에 할 일, 개선할 부분, 기업의 요구와 사회에서 원하는 것 등을 생각하면 실리와 명분을 동시에 얻을 수 있다.

가슴 뛰는 비전과
열정에 기름을 붓는 목표

다음 질문에 대답해보기 바란다.

"일상적으로 보고서를 쓰면서 비전을 생각해 본 적이 있는가?"

회사에는 비전과 목표가 있다. 모든 보고서에는 분명한 목표가 있다. 작성자는 목표를 명확하게 인식하고 보고서를 쓴다. 경영자와 관리자, 사업을 추진하는 실무자는 문서를 통해서 같은 목표를 바라본다. 경영자, 관리자, 실무자가 서로 다른 목표를 바라본다면 기업은 앞으로 나아갈 수 없다. 목표는 직급과 하는 일에 따라 차이가 있다. 경영자, 관리자, 실무자는 각각 할 일이 다르다. 이들은 업무적으로 각자의 목표가 있고 조직에서 공유하는 목표가 따로 있다.

기업에는 목표보다 상위 개념이 있다. 그것은 비전이다. 비전은 목표를 공유하게 만드는 힘이다. 하지만 목표와 비전이라는 상투적인 말로 실무자의 의욕을 고취시키기는 어렵다. 직장인뿐만 아니라 경영자도 비전의 의미를 완벽하게 이해하지 못하기 때문이다. 비전을 확실하게 설명하는 말이 있다.

"비전은 몽골 소년의 외침처럼 명확하다."

비전은 뜬구름이 아니다. 목표는 명확해야 하고 비전은 약간 두루뭉술해도 괜찮다는 생각을 한다면 다음 일화에서 비전의 뜻을 다시 정립하기 바란다.

게르^{몽골인의 이동식 집} 지붕 높이의 얕은 언덕에 올라가 벌판을 바라보던 소년이 외쳤다. "아버지, 삼촌이 와요!" 사흘 후에 소년의 삼촌이 왔다.

비전에는 두 가지 요소가 명확히 있어야 한다. '언제까지' '무엇을 이룬다^{한다}'는 내용이다. 비전이 모호한 기업에 분명한 목표는 있을 수 없다. 목표 위에 비전이 있다. 그럼, 비전보다 상위 개념은 무엇일까? 바로 '미션'이다. 미션은 간절히 원하는 것, 이루고 싶은 꿈이다. 이루고 싶지만, 현실적으로 이루기 어려운 꿈이 바로 미션이다. 정리해보면, 가장 높은 곳에 미션^꿈이 있고 그 아래 비전이 있다. 그리고 목표가 있다.[1]

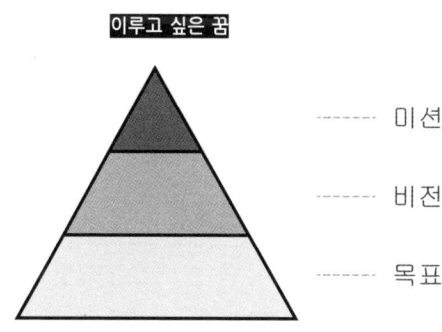

보고서에는 목표와 비전을 쓴다. 꿈같은 미션이 아니라 실현 가능한 비전을 보고서에 써야 한다. 작성자는 몽골 소년의 시력을 가지고 초원이 한눈에 보이는 위치에 있어야 한다. 멀리까지 바라볼 수 있는 위치가 관리자, 경영자의 직급을 의미하지는 않는다. 기업의 비전과 목표가 명확하다면 직원은 맡은 일에서 비전과 목표를 찾을 수 있다. 기업과 개인의 비전, 목표가 같은 방향을 향한다면 보고서에도 분명한 목표가 드러난다.

보고서에서 밝히는 목표는 두 가지다. 첫째, 목표 달성과 직접 연결되는 커미트Commit 목표다. 둘째, 비전을 실현하기 위해 공표하는 스트레치Stretch 목표다.

목표의 종류	특징	책임 여부
커미트 목표	지금 하는 일과 직접 연결되는 목표	달성하지 못하면 책임져야 한다.
스트레치 목표	비전을 실현하기 위한 목표	달성하지 못해도 책임은 없다.

비전을 실현하기 위한 목표를 '스트레치Stretch 목표'라고 한다. 스트레치 목표는 비전을 향해 전진하는 공격적인 목표다. 스트레치 목표를 달성하면 보상이 주어진다. 탄력을 받으면 언제든지 목표를 상향 조절할 수 있다. 하지만 달성하지 못해도 책임을 묻지 않는다. 반면, 커미트Commit 목표는 설정한 수준까지 반드시 달성해야 한다. 목표를 달성하지 못하면 책임을 진다. 자리에서 물러나거나 보수가 줄어드는 것을 감수해야 한다.[2]

커미트 목표는 기필코 달성해야 한다. 스포츠 경기에서 상대팀의 공격을 막아내는 수비와 같다. 스트레치 목표는 정해놓은 수준 이상의 목표, 즉 실력을 월등히 넘어선 목표다. 끊임없이 노력해야 비로소 달성할 수 있는 목표다. 스포츠 경기에서 좋은 분위기에 힘을 얻어서 더 많은 점수를 내는 공격과 같다. 보고서에는 이 두 가지 목표를 드러내야 한다.

'목표는 명확하고 구체적이어야 한다.'라는 말을 자주 한다. 이 말대로 명확하고 구체적인 목표를 설정한다.

"이번 달 매출은 얼마, 이익은 얼마, 목표 초과 달성 시 인센티브 지급"

"올해 매출은 두 배로 올리고, 지출은 절반으로 줄인다."

매출이나 이익은 결과로 나타나는 숫자일 뿐 목표는 아니다. 직접 통제할 수 없기 때문이다. 한 달 평균 매출이 1억 원인 회사에서 성수기 월 매출 목표를 3억 원으로 정한다고 그 목표를 달성할 수 있을까?

목표를 정하는 데는 원칙이 있다. SMART 원칙에 따라 구체적인 목표를 정하면 목표에 도달하는 과정을 측정할 수 있다. 보고서를 통해서 구체적인 목표를 달성하는 과정을 확인·기록할 수 있나.

SMART 원칙에는 다섯 가지 특징이 있다.

목표보다 높은 위치에 비전이 있고 목표만큼 비전도 선명해야 한다. 당장 실행해야 하는 목표만큼 구체적이지 않아도 방향은 정해져야 한다. 조직에서는 모든 구성원이 같은 곳을 바라보도록 정확한 방향 또는 어느 한 지점을 정하고 비전을 설정한다.

비전의 개념을 이해하려면 정부나 기업에서 주최하는 '비전선포식' 행사를 보면 된다. 비전을 모두에게 알려서 같은 방향을 바라보도록 하는 게 행사의 목적이다. 비전선포식 행사가 일회성 퍼포먼스처럼 보일 수도 있다. 하지만 비전선포식을 한다는 건 먼 미래까지 내다보고 기획했다는 사실을 알리는 것이다.

구분	특징
Specific(구체성)	목표가 명확해야 한다. 명확한 목표는 무엇을 해야 하는지, 무엇을 하려고 하는지 정확히 알려준다.
Measurable(측정 가능성)	측정할 수 있어야 관리할 수 있다. 단계별로 성공 여부를 구체적으로 측정할 수 있어야 한다.
Attainable(달성 가능성)	자신의 능력을 최대한 발휘해서 달성할 수 있는 목표를 세운다. 또는 최선을 다하면 완성도를 월등히 높일 수 있는 정도의 목표를 정한다.
Relevant(연관성)	목표가 미래에 개인적인 비전을 향하도록 정한다. 단계별로 설정한 목표는 모두 비전을 향해 있어야 하고 현재 상황에서 실행할 수 있는 목표, 다음 상황, 그다음 상황에 실행할 수 있는 목표를 단계적으로 정한다.
Time-bound(시간제한)	목표에는 마감 시한을 정한다. 마감 시한이 없다면 몽상이다. 시간 계획을 세우고 기한 내에 달성할 수 있는 목표를 정한다.

비전선포식 행사에서 내세우는 슬로건을 보면 비전의 뜻을 명확하게 이해할 수 있다. 저출산 극복 의지를 담은 충청남도는 '아이 키우기 좋은 충남', 포항시설관리공단은 '시민 행복을 창출하는 효율적 시설관리', 경상북도문화관광공사는 '문화관광을 통한 일자리 창출 실현'이라는 비전을 내

세운다. 비전은 문장보다 짧다. 짧은 한 마디에 핵심 가치를 명확하게 표현하고 목표가 한 방향으로 전진하게 만든다.

명확한 비전은 세 가지 요건을 충족한다. 첫째, 생생하게 그릴 수 있다. 둘째, 구성원, '나' 자신과 관련이 있다. 셋째, 실현 가능성이 있다.[3]

비전은 숫자로 표현한 목표보다 더 선명해야 한다. '아이 키우기 좋은 충남', '문화관광을 통한 일자리 창출 실현'은 듣자마자 바로 이해가 된다. 비전을 들었을 때, 개인과 아무런 관계가 없다면 비전이 가리키는 방향을 바라보지 않는다. 비전을 이루었을 때 개인에게 이익이 있어야 같은 방향을 바라본다. 실현 가능성이 없으면 한낱 꿈에 지나지 않는다. 어떻게, 언제까지, 얼마나 등은 목표에서 밝히더라도, 비전이 공허한 말잔치나 희망사항처럼 보이면 안 된다. 이룰 수 있다는 생각만으로 가슴을 뛰게 만들어야 한다.

명확한 비전이 있어야 달성 가능하고, 측정할 수 있는 목표가 나온다. 비전이 목표 보다 위에 있다. 보고서는 목표를 달성하기까지 과정을 보여준다. 비전을 실현 가능한 목표로 바꾸고 실행 의지를 높인다. 비전이 가슴을 뛰게 만들어야 목표를 이룬다. 이것이 보고서에 비전을 넣어야 하는 이유다.

보고서, 업무를 추진하는 동력

업무를 본격적으로 실행하는 단계에서는 톱니가 맞물려 돌아가듯이 업무와 인력, 자원 사이에 빈틈이 없어야 한다. 시작 단계부터 계획이 어긋날 수도 있고 진행 과정 중에 변동 사항이 생기기도 한다. 때로는 이전에 완료한 단계로 돌아가서 다시 일을 해야 한다.

진행하던 일을 모두 백지상태로 되돌려서 계획부터 다시 세워야 하는 일도 있다. 언제 어떤 변수가 작용할지 모르는 일을 진행할 때는 다음 세 가지 사항을 확실히 정한다.

- 업무를 기록한 보고서(서류) 관리 및 행정업무 담당자
- 진행 상황을 보고하는 실무자
- 변동 사항을 승인하는 사람(책임자)

세 가지 사항에는 공통적으로 문서와 사람이 있다. 담당자, 실무자, 책임

자는 보고서를 통해서 일을 관리한다. 사안이 급하면 구두로 보고할 수도 있다. 구두로 보고한 내용은 반드시 보고서에 쓴다. 요즘은 구두보고를 스마트폰으로 녹음한다. 녹음한 내용을 파일로 저장하고 문서로 써서 기록을 남긴다. 구두 보고는 전달한 사람과 전달받은 사람만 내용을 안다. 회람은 불가능하다. 업무와 관련된 모든 내용을 보고서에 정리하기는 어렵지만 여러 분야에서 업무를 진행하는 관계자가 알아야 하는 내용은 회람과 보관할 수 있도록 모두 문서로 만든다. 업무 진행 상황과 부서 담당자가 공유해야 하는 정보는 보고서를 써서 보관할 필요가 있다.[4]

일정에 쫓기는 실무자는 보고서를 쓸 여유가 없고 쓰기가 귀찮다. 보고서 작성은 업무 외에 일이라고 생각하고 형식적으로 대충 쓴다. 이왕 쓰는 보고서를 꼼꼼하게 쓰면 좋지만, 형식적이라도 쓰는 게 어딘가. 기업에서는 보고서를 억지로 쓰더라도 필요한 내용을 반드시 기록하게 하려고 문서 전문가에게 의뢰해서 형식form을 만든다. 한 일을 반드시 문서로 남겨야 하는 이유는 팀원, 업무 관계자가 앞으로 할 일이 무엇이고, 필요한 것, 완료한 일을 알아야 하기 때문이다.

보고서는 프로젝트의 행정적 운영을 원활하게 하는 수단이다. 일부 기업에서는 보고서 쓸 시간이 부족한 실무자를 위해서 그룹웨어 또는 플랫폼에 꼭 필요한 내용을 입력할 수 있게 필수 입력 항목을 만든다. 이런 시스템을 구축해서 일관된 방법으로 기록하고 문서를 보관하고 업무 진행률, 인력, 자원 등에 대한 정보를 공유한다.

업무 진행 보고서에 써야 하는 항목필수 입력 사항은 다음과 같다.

- 업무 요약

- 실무자 및 관계자 연락처

- 업무 기록: 진행 상황, 변동 사항

- 특이 사항

- 일정

- 자원 및 재무 사항

- 회의 결과

- 완료 사항

- 소통 내용

- 검토 사항

업무 진행 보고서를 쓸 때마다 모든 항목에 내용을 써야 하는 건 아니다. 업무 요약, 실무자 및 관계자 연락처, 일정 등은 기획·계획 단계에 이미 정해졌다. 여기에 변경되거나 새로운 이슈가 있으면 업데이트한다. 협업을 한다면 공용문서로 설정해서 부서별 실무자가 수정할 수 있게 관리·공유한다. 날짜, 작성자를 입력해서 최신 버전과 이전 버전을 구분해서 저장한다. 일주일마다 업데이트하면 작성하는 주차별로, '3월 4주 보고서: 주요 내용' 처럼 제목을 입력해서 저장한다. 여러 명의 실무자가 관리자에게 업무 보고를 하고 관리자는 보고서를 검토하고 주요 사안을 취합한다. 관리자가 부재 중이면 실무자 가운데 경력이 제일 많은 사람, 해당 업무에 이해도가 가장 높은 사람이 보고서를 검토하고 주요 사안에 관해서 피드백한다.

각각의 항목은 관계자에게 알릴 필요가 있는 내용으로 간략하게 적는다.

나는 여러 가지 일을 처리하고 보고서에 쓸 내용을 정할 때 뉴욕 타임스 슬로건 "All the News That's Fit to Print"를 떠올린다. 여기서 'Fit to Print'는 '지면에 적합한'으로 해석하는데 나는 '알릴 가치가 있는'이라고 생각한다. 보고서 형식에 맞추면 일관성 있게 쓸 수 있다. 여기에 '알릴 가치가 있는' 내용을 쓰면 핵심을 담은 보고서가 완성된다. 개별 업무마다 알릴 가치 있는 내용을 썼다면, 이것을 취합해서 보고서를 만들었다면 나중에 유사한 업무를 진행할 때 도움이 된다.

앞에서 나열한 항목에 어떤 내용을 써야 하는지 살펴보겠다.

첫째, 업무 요약에는 프로젝트 제목과 목표를 쓴다. 사업의 목표는 기업의 궁극적인 목표와 같은 방향이 되도록 정한다. 실제로 이익이 없어도 기업 이미지 관리 차원에서 또는 이후에 사업을 도모하기 위해서 시범적으로 추진하는 업무도 있다. 이런 업무는 전략과 방향이 중요하다. 나중에 본격적으로 추진하는 일에 어떤 영향을 어떻게 줄지 예상해서 정리한다.

둘째, 실무자 및 관리자 연락처에 담당 부서와 담당자, 지원 부서와 담당자, 관계자 연락처를 정리한다. 인력을 충원하거나 변동이 생기면 업데이트한다. 수정한 연락처 정보는 담당자, 업무 관계자에게 전달한다.

셋째, 업무 기록에는 계획과 다르게 진행되는 일을 중심으로 쓴다. 계획할 때 기대한 성과를 일정에 맞춰서 달성하는지, 일정에 변동은 없는지 등 실제로 확인한 내용을 쓰고 변동 사항과 자원^{인력, 비용, 시간 등}을 정리한다. 계획보다 빨리 끝나는 일은 별로 없다. 대부분 계획보다 늦어진다. 늦어진 만큼 투입되는 자원은 늘어난다. 일정에 변동이 있으면 기한에 업무를 끝내지 못한 이유와 이후 업무에 미치는 영향, 어떤 조치를 취해야 계획한 기한에 맞춰서 끝낼 수 있는지 등을 쓴다. 여러 팀에서 협업하며 업무를 진행할 때는 일정이 바뀌면 그 내용을 즉시 알린다. 계획보다 업무가 늦어지는데 이를 알리지 않으면, 다음 공정을 진행하는 팀에서는 일을 시작할 준비를 하고 기다린다. 이뿐만 아니라 시간을 비용으로 계산하는 재무팀에서는 업무가 완료될 때까지 쓰는 비용과 기대 이익 등을 계획 단계에 정리했기 때문에 일정에 변동이 있으면 예상 비용과 이익도 바뀐다. 일정에 관한 변동 사항은 업데이트하여 실무자 외에 업무 관계자가 회람할 수 있게 공유한다.

넷째, 특이사항에는 계획에는 없었던 일인데 꼭 해야 하는 일, 예상하지 못한 일, 갑작스럽게 변경된 사항 등을 적는다. 실무자는 특이사항이라고 생각하지만 경험이 많은 사람은 대수롭지 않은 일인 경우가 많다. 실무자가 보기에 조금이라도 이상한 내용은 여러 부서의 담당자가 회람하는 보고서에 쓰고 필요하다면 경험이 많은 담당자나 관리자에게 조언 또는 피드백을 요청한다. 대형사고가 일어나기 전에 그와 관련된 수많은 경미한 사고와 징후들이 반드시 존재한다. 이것이 하인리히 법칙이다. 실무자는 조금이라도 이상한 징후를 발견하면 특이사항에 간략하게 정리한다. 비슷한 사고·문제가 여러 번 발견되면, 관리자에게 그 일이 일어난 상황을 자세히 알리고 어떤 조치를 취할지 결정한다.

다섯째는 일정, 자원 및 재무 사항이다. 계획한 일정에 따라 어떤 업무가 어떻게 진행되는지 보여주는 부분이다. 각각의 업무는 마감일이 정해져 있다. 실무자는 매일 또는 업무 진행 상황에 따라 업데이트하고 관리자는 계획과 보고 내용을 대조한다. 업무 보고서에는 성과와 앞으로 할 일, 일정이 나타난다. 자원 및 재무 사항은 어떤 자원이 어떻게 사용되는지, 업무 진행에 앞서 미리 지불하는 선급금이나 전도금 사용 내역과 증빙서류를 정리한다. 장기 프로젝트는 완료한 후에 수입과 지출을 정리하면 항목을 누락하거나 증빙 자료를 분실해서 곤란한 상황에 처한다. 업무 진행 보고서에 재무 사항을 정리하고 재무팀과 일정 기간마다 정산하면 내역을 누락하거나 증빙 자료를 분실하는 일을 줄일 수 있다.

여섯째, 회의 결과에는 업무 진행 중에 실무자 회의와 협력업체, 거래처 담당자와 회의한 내용을 정리한다. 회의 결과는 회의 시간, 참석자, 회의 결론, 조치 사항을 빠짐없이 적는다. 회의 결과 추진하기로 한 일, 보류한 일, 합리적으로, 일관성 있게 진행하는 방안, 합의한 내용을 적는다. 회의 결과, 새로운 일을 추진하기로 했다면 담당 부서와 책임자를 정한다. 회의 결과는 장황하게 정리하기보다 결정된 사항과 조치를 통해서 바뀐 부분 등을 누락하지 않으면 된다. 회의 결과와 조치 사항은 나중에 완료 보고서를 쓸 때도 필요하다. 상세하게 써두면 도움이 된다.

일곱째, 완료 사항에는 완료된 업무를 적는다. 업무를 완료한 담당자[책임자]를 쓰고 업무 내용을 간단히 정리한다. 계획대로 실행했다면 어떤 업무를 누가, 언제 완료했는지 쓴다. 계획과 다른 부분이나 변경된 사항이 있으면, 바뀐 내용을 위주로 기록한다.

여덟째, 소통 내용과 검토 사항을 쓴다. 업무 관계자와 주고받은 내용을 기록한다. 이메일, 메신저로 전달받은 내용, 전화로 지시받은 내용 등을 기록한다. 이견이 있어서 회의를 한다면 회의 일정과 참석자를 쓴다. 검토 사항은 업무 전반에 걸쳐서 검토가 필요한 부분을 정리한다. 계획에는 없지만 추가로 해야 하는 일, 일정이 변경되어 이후 업무에 영향을 주는 일 등을 위주로 쓴다.

업무 보고서는 매일 쓰는 게 원칙이다. 필요하다면 하루에도 두세 번 수시로 업데이트한다. 매일 쓰는 게 귀찮다고 미뤄두었다가 몰아서 쓰면 제대로 정리할 수 없다. 매일 규칙적으로 쓴 보고서는 훑어보기만 해도 업무가 어떻게 진행되었고, 무엇이 변경되었는지, 앞으로 할 일은 무엇인지 파악할 수 있다. 팀원이 흩어져서 일하는 경우, 정기적으로 소통하며 각자 진행 상황을 보고하고 계획대로 결과물·성과가 나오는지 확인한다. 이후에 일정과 변동 사항에 관해서도 각자 의견을 교환하고 보고서에 기록한다. 업무 진행 상황은 주요 내용과 상세 내용으로 구분해서 완료하는 시점까지 업데이트한다. 계획하는 시점부터 완료할 때까지 진행 상황을 보고서로 쓰면, 업무를 점검할 수 있다. 나중에 완료 보고서도 수월하게 쓸 수 있다.

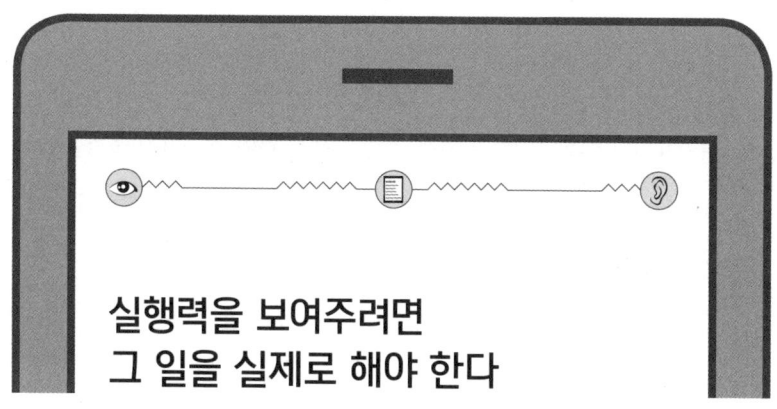

실행력을 보여주려면
그 일을 실제로 해야 한다

업무 보고서를 쓰면서 이런 생각을 한다.

"사업이 팍팍 추진되는 상황을 보고서에서 보여줄 수 있다면 얼마나 좋을까?"

주간·월간보고서에 전체 공정 가운데 어느 단계를 진행하는지, 몇 퍼센트 완료했는지 등을 표시하지만 완료하기 전까지는 진행률이 제자리인 것처럼 보인다.

어떤 일이든지 누군가는 그 일을 '시작'해야 진행된다. 시작을 가로막는 것이 있다. 좋은 아이디어만 있으면 된다는 생각이다. 실무를 담당해본 사람은 이미 알고 있다. 그저 그런 아이디어라도 일단 해보고 된다, 안 된다를 판단해야 한다는 사실을.

혁신, 장기적인 계획, 전략. 이런 단어는 보고서를 치장하는 요소일 뿐 기능이나 역할은 없다. 피부 건강과 상관없이 예쁘게만 보이면 된다는 생각으로 짙은 색조 화장을 하는 것처럼 겉보기에만 그럴듯한 보고서는 허울뿐이다. 좋은 아이디어를 짜내려고 생각만 하기보다 '과연 효과가 있을까?'라고 의구심이 들어도 실행하는 편이 낫다. 거의 모든 성공의 비결이 바로 꾸준한 실행이기 때문이다.

아이디어가 아무리 좋아도, 전략과 장기적인 계획을 세워도 실행하지 못하는 이유는 두 가지다.

첫째는 시작하는 사람의 부재, 둘째는 완벽주의다.

《세스 고딘의 시작하는 습관 Poke the box》에는 어떤 일을 시작하게 하는 요소를 설명한다. 일을 시작하게 하는 요소는 아이디어, 함께 일하는 사람들, 일을 할 장소, 원재료, 유통, 현금, 마케팅 등이다. 세스 고딘은 일곱 가지 요소를 전부 투입해도 잘 알려지지 않은, 가장 핵심적인 한 가지가 빠지면 일을 시작할 수 없다고 했다. 그가 주장한 핵심적인 한 가지는 '하자'라는 말이다. 실행력을 가진 사람실무자, 리더 등이 '하자'라고 말하지 않으면 실행력은 발휘되지 않는다. 실행력은 '시작하는 사람'에게서 나온다. 주장하고 밀어붙이고 설득하고 착수하는 사람이 없으면 아이디어가 아무리 좋아도, 장기적인 전략과 구체적인 계획이 있어도 사업은 계획대로 진행되지 않는다.

실행을 가로막는 두 번째 요인은 완벽주의다.

"완벽을 목표로 삼기보다는 우선 일을 마쳐라."

실리콘밸리의 격언이다. 어떤 일이든지 끝냈을 때 성과가 나온다. 완벽하게 하려고, 사소한 부분에 집착하거나 머리로만 생각하면 일은 끝나지 않는다. 논리적인 사고를 어설프게 몸에 익혀서 '완벽한 과정'만 지나치게 추구하면 성과는 나타나지 않는다. 과정에 집착하면 '할 일'만 늘어난다. 이런 것을 '프로세스 메타볼릭 신드롬'이라고 한다. 머리로 생각만 했기 때문에 보고서에 '한 일'을 쓸 수도 없다.

계획이 다소 미비해도 실행하면서 방법을 찾으면 성과가 나온다. 우선 일을 해야 보고서에 실행한 일을 쓸 수 있다. 업종과 관계없이 쇠퇴의 길을 걷는 기업에는 공통점이 있다. 계획만 무성하다는 것이다. 아이디어 개발과 융합보다 실행에 주안점을 두어야 한다. 20여 년 전, 금융위기를 겪으면서 기획위원회 정부개혁실장은 이런 말을 했다.

"말만 무성했지 실천하지 않는다[No action, Talking only]"

당시 신문 기사에는 관료가 목마에 채찍질하는 삽화가 있고 "'이렇게 하겠다'는 계획만 나오고 있을 뿐 '실천'에 옮겨진 게 별로 없다."라는 글이 있다. 달라진 게 없는 정부 조직을 비판하는 삽화다.

기획에만 신경 쓰고 실제로 실행하지 않는 것을 질병에 비유해서 '실행 무기력증'이라고 한다. 실행 무기력증은 무엇을 실행해야 하는지, 그 일을 왜 해야 하는지, 어떻게 해야 하는지 모르는 상태다.[5]

실행 무기력증에 걸리면 '계획이 구체적이지 않고 방향도 없다'라는 증상이 나타난다. 계획과 방향이 없는 이유는 비전과 목표가 명확하지 않기 때문이다. 아이디어와 기획, 계획에서 문제를 찾으면 똑같은 질문에서 맴돌 뿐이다.

보고서를 충실하게 썼다면 일의 방법과 해결책은 보고서에서 찾으면 된다. 기업에서는 실행력을 높이기 위해서 식스시그마, 린, 애자일 등의 선진 경영 기법을 도입한다. 새로운 방법론, 형식과 절차를 고민하고 전문적인 통계 기법으로 분석한다. 보여주기 위한 자료만 만들고 실제로 일을 하지는 않는다. 이런 기법은 실행력을 높이기는커녕 개선해야 할 사항만 눈에 띄게 만들기도 한다. 어쩌면 보고서 쓰는 데 시간을 빼앗겨서 실제로 일을 할 시간은 없었을지도 모른다.

한 페이지 문서가 급속도로 확산된 이유도 여기서 찾을 수 있다. 보고서를 쓰려고 일하는 게 아니다. 일을 한 과정, 결과, 발전 방향을 알리기 위해 보고서를 쓴다. 많은 경영자들이 시간을 들여서 공식적으로 쓴 보고서보다 간결하게 메모처럼 쓴 보고 내용을 더 중요하게 여긴다.

보고서 작성에 시간과 노력을 들이는 사람은 공무원이다. 공무원을 대상으로 한 문서작성 교육에서 보고서를 쓰는 데 너무 오랜 시간을 들이지 말라고 하면, 그게 말처럼 쉽지 않다고 하소연한다. 사무직 공무원은 하루에 써야 하는 보고서가 많다. 대부분의 소통을 문서로 처리하기 때문이다.

일과 중에 상당한 시간을 보고서 쓰는 일로 보낸다면, 일하면서 보고할 내용을 틈틈이 메모해두기 바란다. 스마트폰, 다이어리, 메모지, 어디든 상관없다. 일하면서 틈틈이 적어둔 메모가 보고서 쓰는 시간은 줄이고 내용은 더 알차게 만들어 줄 것이다.

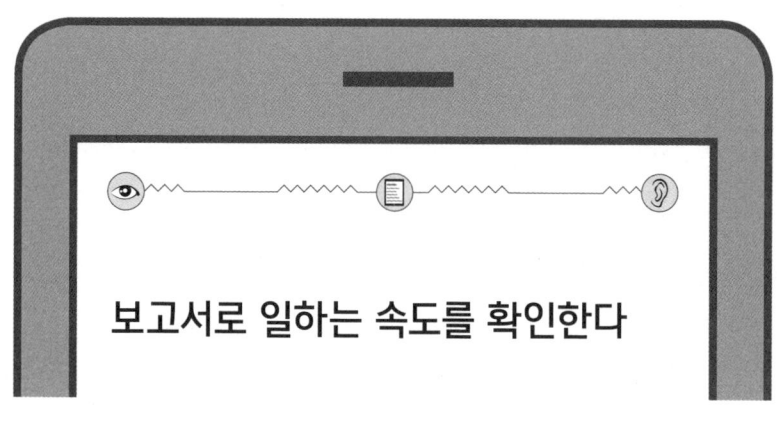

보고서로 일하는 속도를 확인한다

모든 직장인이 맡은 일을 기한 안에, 빨리 끝내려고 노력한다. 일을 빨리 끝내고 쉬고 싶은 사람, 돌봐야 하는 가족이 있는 사람, 더 많이 일하려는 사람도 있다. 이렇게 생각하지만 업무는 생각처럼 빨리 진행되지 않는다. 일이 순조롭게 잘 되는 날이 있다. 날마다 일이 잘 되는 건 아니다. 때로는 머리가 아프거나 컨디션이 나쁜 날은 평상시에 처리하던 업무 속도보다 더 늦다. 일상적으로 하는 업무는 오늘 할 일을 조금 늦게 끝냈다고, 내일로 미뤘다고 해서 막중한 책임을 느끼지는 않는다.

기획서, 계획서, 일정표 등의 문서를 쓰고 일을 시작한다. 작업 단위별로 시간을 나눈 다음 작업 단위를 모두 더해서 전체 공정을 완료하는 시간을 예상한다. 분석적으로 시간을 계산해도 실제로 일을 시작하면 일정은 조금씩 늦어진다. '계획 오류'라는 말을 아무렇지도 않게 하고 일정이 지연되는 건 당연하다고 생각한다.

만약, 업무를 정해진 시간에 맞춰서 끝내지 못했을 때, 페널티를 지불한다면 어떨까? 일본의 컨설턴트 오마에 겐이치는 계획 오류에 대한 죄책감이 없는 직장인에게 다음과 같이 말한다.

"일하는 속도의 가치를 실감하는 직장인은 많지 않다. 계획보다 일정이 지연되었을 때도 감당해야 하는 책임을 피부로 느끼지 못한다."

그는 《글로벌 프로페셔널》에서 프로젝트가 지연될 경우 하루당 프로젝트 비용의 1,000분의 1에 해당하는 페널티를 지불한다고 했다.[6]

1,000분의 1을 얼마 안 되는 비용이라고 생각할 수도 있지만 결코 적지 않다. 프로젝트 비용이 1,000억 원인 사업이 하루 지연되면 페널티는 1억 원이다. 프로젝트 비용이 1억 원인 사업이 하루 지연되면 페널티는 10만 원이다. 오마에 겐이치가 업무 지연 페널티를 계산한 것처럼 업무에 참여하는 인력의 임금을 시급으로 계산해서 업무 속도를 비용으로 환산할 수 있다. 일을 빨리 끝내면 그만큼 비용이 절감된다. 이렇게 시간을 비용으로 환산하면, 경영자와 실무자 모두 업무 속도를 올려야 한다는 필요성을 느낀다.

경영자는 모든 일을 계획을 세워서 진행하고 효율을 높일 것, 일정을 맞출 것, 성과를 낼 것을 권한다. 사고 또는 피치 못할 사정을 제외하고 일정이 지연되는 일은 없어야 한다. 일정관리 도구는 일정표, 플래너, 컴퓨터 프로그램, 스마트폰앱 등 형태가 다양하다. 기능은 대부분 비슷하다. 스마트폰앱은 일을 시작하는 시간과 끝나는 시간이 되면 알람을 울린다. 내 경험에 비추어 보면 가장 효과적인 일정관리 도구는 종이로 된 탁상달력이나 다이어리의 월간 계획표다. 일정 관리는 일주일, 한 달 단위로 하고 할 일과 한 일을 기록하는 데 오감을 사용해야 한다. 스마트폰앱에 입력하는 것보다 종이에 직접 쓸 것을 권한다. 스마트폰앱을 쓰더라도 다이어리나 달력, 즉 종이에 써두는 게 좋다. 종이에 연필이나 볼펜으로 쓰는 게 더 효과적이라는 사실은 다양한 실험과 이론으로 이미 증명되었다. 보고서는 컴퓨터나 스마트 기기로 작성해도 개인적으로 할 일 목록을 만들고 일정을 점검할 때는 종이에 직접 적는 편이 낫다. 할 일과 기한을 달력에 표시하고 수시로 확인한다. 너무 세세하게 기록하면 일정이 한눈에 들어오지 않는다. 일정을 정리하고 점검하는 데 너무 오랜 시간을 할애하는 것도 좋지 않다. 월간 계획표는 할 일과 기한이 언제인지, 현재 상황과 진행률을 명확하게 보이게 정리한다.

일정을 계획하고 진행 상황에 관한 보고서를 쓰는 목적은 일하는 속도를 높여서 빨리 끝내기 위해서가 아니다. 일을 정해진 시간에 양적으로 질적으로 완성도 높게 끝내는 게 목적이다. 계획을 세울 때는 기한 안에 충분히 끝낼 수 있다고 예상했는데 실제로 일을 시작하면 여러 가지 이유로 일이 조금씩 늦어진다. 일정에 큰 변동이 생기면 기한 안에 일을 끝낼 수 없는 상황에 이른다. 기한 안에 계획한 일을 끝내는 비법은 일을 하는 동안 진행하는 속도를 관리하는 것이다. 이것은 돈을 모으는 방법과 같다. 돈을 모으려면 불필요한 지출을 줄여야 한다. 일하는 속도를 관리할 때도 시간을 낭비하는 요인을 배제하면 된다. 낭비성 지출을 줄여도 돈을 써야 하는 상황이 잦으면 돈은 모이지 않는다. 일도 마찬가지다. 담당자는 일정에 맞춰서 일을 끝냈는데 이어받아서 하는 부서 직원이 늑장을 부리거나 다른 부서의 협력이 필요한 일인데 도움을 받지 못하면 전체 일정은 늦어진다. 직장에서 하는 일은 협업으로 완료된다. 처음부터 끝까지 혼자 하는 일은 그리 많지 않다. 협업하는 사람이 일하는 속도, 관련 부서와 협력 업체의 일정 등이 톱니바퀴처럼 맞물려 돌아가야 계획에 맞춰 일할 수 있다.

직장에서 하나의 일을 완료하려면, 여러 사람과 협력하고 단계적으로 나타나는 문제를 해결해야 한다. 대규모 사업은 수십, 수백 개의 일로 이루어지고 수백, 수천 명이 함께 일한다. 오랜 시간 동안 많은 사람이 참여하고 여러 단계를 거쳐서 완료되는 일을 계획할 때는 반드시 크리티컬 패스Critical Path를 확인한다. 크리티컬 패스는 업무를 완료하는 시점까지 가장 긴 시간이 소요되는 경로^{궤적}다. 크리티컬 패스를 확인하면 시간이 가장 오래 걸리는 일에 역량을 집중할 수 있다. 시간이 가장 오래 걸리는 일과 그에 필요한 자원을 명확하게 파악하여 그 일을 이상 없이 처리하면 마감 기한 안에 일을 완료할 가능성이 높다.

어떤 일을 언제까지 끝내겠다는 단순한 계획으로는 일하는 속도를 관리할 수 없다. 효율은 업무량에 반비례한다. 할 일이 많아서 한두 번 일정을 미루면 의욕이 떨어지고 일하는 속도는 늦어진다. 오래 걸리는 일, 복잡한 일은 더 하기 싫어진다. 이럴 때 진행 상황 보고서는 함께 일하는 사람들이 현재 하는 업무와 진행률, 계획과 실제의 차이, 마감 기한까지 할 일 등을 알려준다. 보고서는 업무에 관여하는 모두가 진행 상황을 점검하고 각성하게 만든다. 결과적으로, 능률이 떨어지는 일을 배제하고 효율적으로 일하는 상태가 된다.

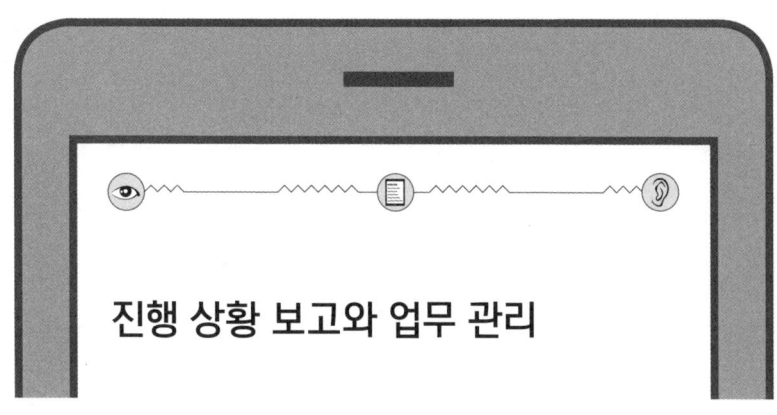

진행 상황 보고와 업무 관리

업무 진행 상황을 알리는 보고서에는 계획한 대로 진행되는지, 어려움은 없는지, 추가로 필요한 사항, 예산과 자원이 제대로 활용되는지 등의 정보가 있다. 관리자는 진행 상황을 파악하고 준비가 미흡한 부분을 보완한다.

  실무자는 업무 진행 상항을 보고서로 작성해서 출력물 또는 이메일로 제출한다. 간단한 보고는 메신저를 이용한다. 진행 상황 점검에 효과적인 방법은 현황판이다. 이 방법은 효과가 있지만 매우 번거롭다. 실무자가 제출한 보고서 내용을 현황판에 옮겨 적어야 하기 때문이다. 하지만 제출한 보고서를 대충 보고 책상 한쪽에 쌓아두거나 이메일로 제출한 보고서를 보는 둥 마는 둥 하는 것보다 현황판을 이용하는 게 훨씬 효과가 있다. 보고서를 현황판에 옮겨 적고 목표에 다가가는 과정, 즉 진행 상황을 공유하면 실무자는 맡은 일의 진척도를 보면서 자극을 받는다. 관리자는 여러 가지 업무 일정을 한눈에 파악할 수 있다. 적어도 보고서에 쓴 내용을 실무자에게 다시 물어보지는 않는다.

관리하기 번거로운 현황판이 효과가 있는 이유는 메일로 보낸 몇 줄 안 되는 보고서를 제대로 읽지 않는 관리자가 많기 때문이다. 보고서를 제대로 읽지 않은 관리자는 자기가 필요할 때, 실무자에게 같은 내용을 몇 번이고 다시 묻는다. 업무일지와 정기적으로 쓰는 주간, 월간보고서는 제대로 활용하면 업무 관리가 저절로 된다.

보고서는 업무를 점검하는 감독관 역할을 한다. 여럿이 일하든 혼자 일하든 마찬가지다. 관리자가 진행 상황을 점검하면 실무자는 더 책임감을 갖는다. 관리자의 역할은 감시가 아니라 점검과 동기부여다. 보고서는 그 존재만으로도 진행 상황 점검과 동기부여를 한다. 주간보고서에는 지난주에 완료한 일과 이번 주에 할 일을 쓴다. 월간보고서도 마찬가지다. 지난달에 완료한 일, 진행 중인 일, 앞으로 할 일을 쓴다. 실무자의 보고서를 확인한 관리자가 업무에 도움이 되는 말과 함께 주의사항을 한 번 더 전달한다. 목표를 달성하기 위해서 높은 수준의 자제력과 인내심이 필요한 일이라면 보고서의 역할은 더 커진다.

어떤 회사는 몇 명의 관리자가 수백 명이 협업하는 프로젝트를 관리한다. 업무 담당자가 분명하고 매뉴얼에 따라 진행하는 일은 소수의 관리자가 다수의 실무자를 관리할 수 있다. 대형 프로젝트를 작은 단위로 나눠서 각 부문을 담당하는 실무자가 각자 자기 프로젝트를 관리한다. 업무에 따라서 별도의 관리자가 있을 수도 있고 없을 수도 있다. 공식적으로 관리자 역할을 하는 사람이 없어도 관리는 필요하다.

적절한 관리는 실무자에게 적당한 긴장감을 준다. 업무를 꼼꼼히 점검하려다가 하지 않아도 되는 일을 만드는 관리자도 있다. 이런 관리자는 정량화할 필요가 없는 일도 정량화하려고 한다. 별로 중요하지 않은 일, 일을 관리하기 위해서 새로운 관리 업무가 생기면 체크리스트와 불필요한 보고서 작성 업무가 늘어난다. 진행 상황을 점검하는 현황판도 복잡해진다. 업무를 관리하기 위해서 또 다른 일을 해야 하는 것은 옳은 점검이 아니다. 목표와 점검을 혼동했을 때 이런 일이 발생한다.'

관리자가 방법론, 절차에 치중할 때 역효과가 나타난다. 진행 상황 점검의 목적은 '동기부여'다. 업무가 이루어지는 상황과 실무자의 능력, 기여도를 수치로 정량화하면 더 나은 방향으로 개선하는 일은 뒤로 밀린다. 처음에 정한 일정, 계획대로 진행하는 게 목표가 된다. 일을 성공적으로 끝내는 것보다 처음 세운 일정을 맞추는 데 집중하면 지적과 규제만 늘어난다.

보고서에서 업무 진행 상황은 다음과 같이 세 가지로 구분해서 점검한다.

업무 진행 상황	내용
완료	완료한 일은 '완료'라고 표시하고 별도로 완료 보고서를 써서 제출한다.
시작하지 않음	일을 시작하기 위해 준비하고 있거나 예산, 인력 확보가 안 돼서 시작하지 못한 일은 '시작하지 않음'으로 표시한다.
진행 중(완료하지 않음)	'완료 중'이라는 표현은 없다. 진행되는 단계를 명시하고 진행률, 앞으로 일정을 표시한다.

일을 관리하기 위해 의미 없는 항목을 만드는 건 금물이다.

진행 중인 일은 완료하지 않은 일이다. 실무자는 시작한 일에 관한 진행률을 알리고 완료 시점을 예상한다. 완료하는 시점을 정확히 알 수 없어도 일이 어떤 과정에 있는지는 안다. 앞으로 할 일에 필요한 시간을 합해서 끝나는 시점을 예측한다. 업무 진행 상황은 매주, 매달 정기적으로 보고한다.

며칠 이내에 끝나는 일은 종료하는 시점에 즉시 보고하고 주간·월간보고서에 쓴다. 월요일에 업무 진행 상황을 보고하고 화요일 또는 수요일 오전에 프로젝트를 완료했다면, 정기적으로 보고하는 시점인 다음 주 월요일까지 기다리지 말고 완료한 시점에 종료한 업무를 알린다. 정기적인 보고에서 완료한 업무와 진행 상황, 성과, 결과보고서를 한꺼번에 전달한다. 실무자는 일이 끝나는 시점에 이메일, 메신저, 구두 보고 등의 방법으로 완료한 일을 알린다. 완료한 일은 끝나는 시점에 보고하고 정기 보고에서 다시 전달한다. 실무자는 곧 시작하는 일은 '진행'으로, 곧 완료하는 일은 '완료'로 보고하려고 한다. 곧 시작하는 일은 아직 시작한 일이 아니고 곧 완료하는 일도 완료한 일이 아니지만 '시작한다', '완료했다'라고 예측해서 보고한다. 보고를 받는 관리자는 실제로 업무를 어느 정도 진행했는지 파악하기 어렵다. 실무자의 역량과 관계없이 계획과 전혀 다른 방향으로 진행될 수도 있다. 너무 상세하게 세부 계획을 세워도 일이 순조롭게 진행되지 않는다. 그래서 변화 관리가 필요하다. 진행하는 과정에서 불확실성을 염두에 두고 작업 단위별로 적절한 조치를 취할 수 있게 준비하는 것도 업무를 점검하는 관리자가 할 일이다.

보고서가 생산성을 높인다

보고서를 쓰면 민감한 문제가 수면 위로 올라온다. 문제가 발생한 상황을 보고서에 정리하면 비로소 문제가 보인다. 문제를 문제라고 생각해야 문제가 된다.

문제를 보고서에 써서 수면 위에 올려놓아야 주목한다. 문제를 인식하면 의식·무의식에서 해결책을 찾는다. 결론부터 말하면, 보고서는 문제라고 인식하지 못한 것들을 문제로 바라보게 만들고 그 문제를 해결해서 생산성을 높이는 기능을 한다.[8]

일을 하는 동안 여러 가지 문제가 생긴다. 보고서와 문제 해결은 밀접한 관계가 없어 보인다. 하지만 철해놓은 보고서에 문제와 해결방안이 다 들어 있는 경우가 많다. 문제의식이 없는 사람은 '전에도 그렇게 했으니까', '다른 방법이 없으니까', '고치기 귀찮으니까'라는 생각으로 과거에 하던 대로 한다. 더 효율적인 방법으로 바꾸려는 생각을 하지 않는다. 문제의식을 갖고 문제를 바라보면 더 나은 상황으로 바꿀 수 있다.

문제를 인식하는 과정에서 보고서는 중요한 기능을 한다. 문제를 발견하는 데 보고서만큼 효과적인 도구는 없다. 문제를 찾아서 개선하면 효율·생산성이 향상된다. '더 빨리', '더 많이'를 추구하는 생산성이 아니라 적은 자원으로 기대 이상의 성과를 얻는 것이 문제를 해결해서 얻는 성과다.

근대 기업이 탄생하던 시절에 경영자는 효율을 높이고 성과를 개선하려고 경영, 노동, 자원 배분, 임금 지급 체계 등을 연구했다. 프레드릭 테일러는 성과를 개선하여 노동자가 일한 만큼 임금을 받는 시스템을 만들기 위해서 '시간과 동작 연구'를 했다. 그는 주물공장 견습공으로 일하면서 생산성이 낮은 두 가지 원인을 찾아냈다. 첫 번째는 노동자가 열심히 일하지 않는 것이었다. 두 번째는 경영자가 만든 임금 체계였다. 오랫동안 열심히 일해서 숙련되면 생산성이 높아진다. 그러면 경영자는 시간당 임금을 줄인다. 결국 노동자가 받는 임금은 늘어나지 않았다. 노동자도 이런 사실을 알았다. 이 때문에 당시에 노동자는 생산성을 높이기 위해 노력하지 않았다.

테일러는 개인의 최고 생산량과 표준 생산량을 계산했다. 노동시간당 생산량을 과학적으로 분석하기 위해 작업을 세분화했다. 세분화한 작업에 소요되는 시간을 측정해서 기록했다. 각각의 작업에 필요한 시간을 모두 합해서 전체 작업 시간을 산출했다.

프레드릭 테일러는 생산성을 높이는 데 열심히 일하지 않는 노동자와 제대로 보수를 지급하지 않는 경영자 모두 문제라고 생각했다. 이 문제를 해결하기 위해서 작업할 때 불필요한 동작을 제거하여 최적의 동선을 만들고 노동자와 경영자 사이에 일과 책임을 균등하게 배분하는 방법을 연구했다.

테일러의 '과학적 관리'를 제조업 생산직에는 적용할 수 있어도 사무직에는 적용이 어렵다는 의견도 있다. 하지만 잘못된 생각이다. 문제 해결이 필요하지 않은 직종은 없다. 사무직만 창의적인 아이디어를 적용할 수 있는 것은 아니다. 생산직에 적용하는 과학적 관리를 변형하면 생산성 향상과 문제 해결이 필요한 모든 직종에 적용할 수 있다.

문제를 대수롭지 않게 여기면 일하는 데 문제가 없다고 생각한다. 효율, 즉 생산성은 향상되지 않는다. 문제의식을 가지면 비로소 문제가 보인다. 무언가 심각한 오류를 일으키는 것만 문제가 아니다. 생산성을 높이려면 우선 문제에 관한 개념을 정립해야 한다. 문제는 현상과 목표의 차이다. 이해하기 쉽게 설명하면, 100점을 목표로 공부했는데 시험 결과가 80점이라면 문제가 된다. 20점을 올리기 위해서 해결책을 제시하고 실행해야 문제를 해결할 수 있다.

문제를 인식하면 목표가 생긴다. 목표는 기획서와 일정표, 계획서 등의 문서에서 여러 번 고쳐 썼다. 앞으로 할 일과 진행률이 목표다. 일을 완료하지 못했거나 계획한 진행률에 미치지 못하면 보고서에 그 이유를 쓴다. 보고서에 쓰면 문제가 눈에 보인다. 무리한 계획을 세웠을 수도 있고, 일하면서 예상하지 못한 일이 일어나기도 한다. 보고서를 써서 문제를 눈으로 확인하면 머리에서 해결할 방법을 찾기 시작한다.

문제 해결 보고서가 따로 있는 게 아니다. 일을 하면서 주의를 기울이면 문제가 보인다. 문제의식이 없을 때는 보이지 않았던 비효율이 눈에 들어온다. 문제가 눈에 보이면 그것을 보고서에 쓴다. 그러면 머릿속에서 해결책을 찾는다. 한 분야에서 오래 일했다면 문제를 보는 순간 해결책이 떠오른다. 같은 업종의 다른 회사에서는 비슷한 문제를 어떻게 처리했는지 조사하고 더 효과적으로 문제를 해결하는 방법을 찾는다. 다른 회사에서 문제를 해결한 방법이 우리 회사에서 통하지 않을 수도 있다. 겉으로 보기에 동일한 문제도 기업의 역량, 기술, 인력, 자원, 예산 등이 다르기 때문에 해결 방법은 제각각이다. 우리 회사에 적합한 해결 방안은 대부분 실무자에게서 나온다.

사안이 위중하다면 별도의 문제 해결 보고서를 쓴다. 일상적인 업무에서 발견한 문제는 보고서에 간단하고 명료하게 해결 방안을 제시해서 다른 부서 직원도 효율적으로 실행할 수 있도록 한다.

보고서를 작성하는 목적은 소통해서 행동하도록 만드는 것이다. 보고서는 실무자와 관리자 사이에 정기적, 비정기적 소통 채널이다. 실무자가 효율을 높이는 방법을 찾았다면, 관리자는 다른 부서 실무자에게 보고서를 전달해서 즉시 실행에 옮길 수 있도록 독려한다. 이런 과정을 통해서 전사적으로 효율과 생산성이 향상된다.

매일 의무적으로 쓰는 보고서에 의사소통과 문제 해결의 열쇠가 있다. 보고서 작성이 얼마나 생산성 향상에 도움이 되는지는 실행해보면 금방 알 수 있다.

3

설명과 설득 그리고 요약

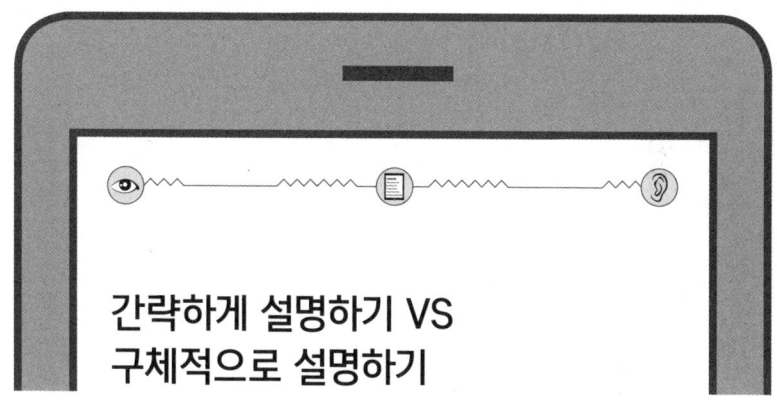

간략하게 설명하기 VS 구체적으로 설명하기

커뮤니케이션 전문가 데루야 하나코는 《로지컬 라이팅》에서 메시지를 명료하게 전달하려면 다음 세 가지 요건을 갖추라고 했다.

첫째, 구체적으로 표현한다.

둘째, 논리적으로 표현한다.

셋째, 간결하게 표현한다.

하나씩 살펴보겠다. 첫째, 읽는 사람이 이해할 수 있게 구체적으로 쓴다. 간결하게, 단문으로 쓰라는 지침은 모든 문서에 적용된다. 긴급한 상황, 위중한 사안이 '일반적인 표현' 때문에 요점이 흐릿해지는 경우가 종종 있다. 작성자는 상황이 얼마나 시급한지, 얼마나 위중한 상황인지 알고 있다. 하지만 간결하게 표현하면 읽는 사람에게 매우 긴급한 위기 상황을 제대로 전달하지 못한다. 읽는 사람이 사안을 확실하게 인식하도록 구체적으로 설명한다. 보고 내용에 따라 간결하게 써야 할지, 구체적으로 써야 할지 판단한다. 애매한 단어와 표기법도 고민한다. 적확한 표현을 써야 내용이 제대로 전달된다.

둘째, 논리적인 관계를 적확한 용어로 쓴다. 문서를 논리적으로 쓰려면 육하원칙5W1H에 따르면 된다. '누가', '언제', '어디서', '어떻게'는 사실이므로 간략하게 쓰고 '무엇을So What', '왜Why so'는 구체적으로 설명한다. 특정 요소를 분류할 때는 MECE중복 없이, 누락 없이를 이용한다. 논리적인 관계를 보여주려면 문서 종류에 맞는 프레임워크를 적용한다.

셋째, 간결하게 표현한다. 비즈니스 문서에서 금과옥조처럼 말하는 문장 쓰기 원칙이 있다.

"짧게, 간결하게, 이해하기 쉽게 쓴다."

"어려운 단어, 약어, 은어를 사용하지 않는다."

문장 쓰기 원칙을 지키는 목적은 메시지를 확실하게 전달하기 위해서다. 정보·의견을 전달할 때 대략, 조속한, 약간, 꽤 등 애매한 표현을 쓰지 말라고 하는 이유도 메시지 전달력을 높이기 위해서다.

메시지를 명료하게 전달하는 세 가지 요건을 하나씩 살펴보면 이상하지 않다. 하지만 문서를 쓸 때 세 가지 요건을 적용하면 '구체적으로 표현한다'와 '간결하게 표현한다'가 상충하는 것 같다. 구체적으로 설명 또는 묘사하면 문장이 길어지는데 간결하게 표현하라니, 왠지 앞뒤가 맞지 않는다.

읽는 사람은 명확하게 이해할 수 있는 표현 외에는 자기 마음대로 해석한다. 분명하지 않은 표현을 작성자에게 질문해서 짚고 넘어가는 사람은 많지 않다. 보고서를 읽은 모든 사람에게 똑같은 메시지가 전달되도록 하려면 설명·묘사는 구체적으로 하되, 문장은 간결하게 쓴다.

누구에게 어떤 정보·메시지를 전달할 것인지 생각해서 구체적으로 쓸지 또는 간결하게 쓸지 판단한다. 문제 해결을 위한 보고서는 원인을 밝히고 명확한 해결책이 있다면 '누가 무엇을 어떻게 언제 하도록 할 것인지' 간결하게 쓴다. 구체적인 표현과 간결한 표현을 언제 써야 할지 모르겠다면 문학평론가 스탠리 피쉬의 말을 기억하자.

"만일 생각이나 사상을 분명하게 한 문장이나 두 문장으로 설명하지 못하면, 그것은 당신의 것이 아니다. 당신의 것이 아니라면 그 어느 누구도 설득할 수 없다."[1]

간결한 표현이 가진 힘은 실험을 통해서 증명되었다. 노스캐롤라이나대학 보니 에릭슨 박사는 실험 참가자에게 모의재판 기록을 보여주고 목격자의 증언을 어느 정도 신뢰하는지 조사했다. 목격자의 증언은 두 가지로 쓰여 있었다. 하나는 장황한 표현이고, 다른 하나는 짧고 단정적인 표현이다.

"응급차가 도착하기까지 시간이 얼마나 걸렸습니까?"라는 문장을 실험 참가자에게 보여주었다. 이 질문에 "그게... 한 20~30분 정도 지나서 도착한 것 같습니다."라는 대답은 장황한 표현이다. "22분입니다."라는 대답은 구체적이고 간결한 표현이다.

간결한 표현의 반대 개념은 장황한 표현이다. 문장을 읽은 실험 참가자가 목격자의 증언을 얼마나 믿는지 측정한 결과 '간결한 표현'을 읽은 참가자는 증언을 믿는 확률이 높았다.

이 실험으로 장황한 표현이 신뢰성을 떨어뜨린다는 사실이 증명되었다.

구체적인 표현과 간결한 표현은 의미가 전혀 다르다. 반대 개념으로 생각하면 구체적이고 간결한 표현이 더 확실해진다. 구체적인 표현의 반대 개념은 애매모호한 표현이다.

구체적인 표현	↔	애매모호한 표현
간결한 표현	↔	장황한 표현

'꽤 많다', '상당한 영향이 있다', '조속한 시일' 등이 문서에 자주 쓰는 애매모호한 표현이다. 보고서에서 정도를 나타내는 표현은 유의해서 쓴다. 아예 안 쓸 수는 없지만 정량적으로 표현할 수 있다면 숫자나 양으로 나타낸다. 작성자는 어느 정도인지 알지만 읽는 사람은 자기 나름의 기준으로 해석하기 때문이다. 정도를 나타내는 표현을 마음대로 해석하면 나중에 큰 문제가 될 수 있다.

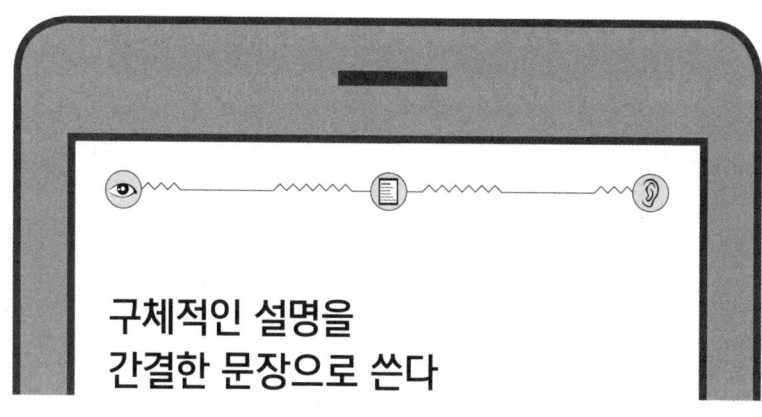

구체적인 설명을
간결한 문장으로 쓴다

직장인 글쓰기 교육에서 업무용 문서는 간결하게 쓰라고 가르친다. 문장이 간결하면 핵심이 명확하고 오해의 소지도 줄어든다. 보고서는 읽는 사람이 상황·사실을 이해할 수 있게 자세히 쓴다. 보고서를 '잘 쓰려고' 노력하는 사람은 여기서 멈칫한다. 앞에서도 설명했듯이, 간결하게 쓰면서 자세히 설명하는 게 서로 대치되기 때문이나.

  자세히 쓰면 문장은 길어진다. 문장을 간결하게 쓰라는 말은 장황해지는 문장을 경계하라는 의미다. 핵심을 전달하는 각각의 문장은 짧게 쓰고 여러 개의 문장으로 서술·묘사하면 구체적으로 설명할 수 있다. 문장은 최소한의 단어로 간결하게 쓴다. 보충할 내용은 뒷받침 문장으로 구성한다.

  의미가 모호하거나 읽는 사람이 자기 마음대로 해석할 소지가 있는 표현을 늘어놓는 것만 주의하면 된다. 간결하게 쓰라고 해서 단어의 개수를 무조건 줄이면 안 된다. 의미가 모호한 단어를 쓰지 말고, 정확하게 설명하기 위해서라면 단어를 여러 개 쓰거나 긴 표현을 사용하는 건 괜찮다. 특히 뒷받침 문장을 여러 개로 나눌 수 없다면 문장이 길어지더라도 주어와 서술어 관계를 주의해서 쓴다.

'구체적인 설명'을 정확하게 이해할 수 없다면 반대 개념을 생각하면 된다. 구체적인 설명의 반대는 뜬구름처럼 모호한 설명, 두루뭉술한 문장이다. "이럴 수도 있고, 저럴 수도 있다"처럼 명확하지 않은 문장, '문제가 심각하다', '분석력이 뛰어나다', '커뮤니케이션이 원활하다'처럼 근거 없는 의견·주장도 문제다. 무조건 숫자로 표현한다고 구체적인 설명이 되는 건 아니다. 정량적인 근거와 정성적으로 판단할 수 있는 근거를 제시해야 한다. 누구나 알고 있는 일반적인 내용도 두루뭉술한 문장처럼 힘이 없다.

"광고·마케팅에 더 많은 예산을 책정해야 한다."라는 문장은 구체적인 설명이 아니다. 구체적인 설명으로 바꾸면 다음과 같다.

"새롭게 진행하는 광고와 마케팅은 두 가지다. 첫째, 옥외 광고를 진행하는데 비용은 일주일에 500만 원이다. 둘째, 길거리 마케팅 진행에 필요한 비용은 판촉물을 포함해서 회원 1명 모집을 위한 마케팅 비용이 7천 원이다. 1,000명의 신규 회원을 모집하려면 2주 이상 시간이 소요된다. 2주일 동안 옥외광고비 1,000만 원과 판촉물 제작과 회원 모집에 700만 원이 소요된다. 기존 마케팅 예산에서 1,700만 원을 추가해야 신규 회원 모집 목표를 달성할 수 있다." 이 내용을 개조식으로 정리하고 표로 만들면 추가로 필요한 마케팅 예산을 더 명료하게 나타낼 수 있다.

새로운 광고와 마케팅 방안 두 가지

1. 옥외 광고
   - 비용 5,000,000원 / 기간 1주
   - 옥외 광고 진행시 10,000,000원 / 기간 2주

2. 길거리 마케팅
   - 회원 1명 당 마케팅 비용 7,000원(판촉물 제작비 포함)
   - 1,000명 회원 모집 시 예상 비용 7,000,000원
   - 신규 회원 1,000명 모집 시 예상 소요 기간: 2주

3. 기간 및 총 소요 비용
   - 기간 20××년 ○○월 ○○일~ ○○월 ○○일
   - 소요비용 ① 옥외 광고 10,000,000원
              ② 회원 모집 판촉물 제작 및 길거리 마케팅 7,000,000원
   - 총 소요 비용 17,000,000원

정량적인 숫자, 구체적인 설명과 근거를 제시하면 정확하게 설명하면서 동시에 핵심을 전달할 수 있다. 작성자가 업무를 진행하면서 겪은 일을 간략하게 소개하는 것도 구체적으로 설명하는 방법이다. 단, 보고서에는 보고자의 개인적인 경험, 출처·근거가 분명하지 않은 사례는 넣지 않는다. 개인의 경험을 제시하고 그에 맞는 데이터를 찾아서 넣는다고 주관적인 경험이 객관화되지 않는다. 조사 결과, 객관적인 자료, 과학으로 증명된 결과를 보여주고 개인적인 경험을 넣는 것은 괜찮다. 경험을 덧붙일 때는 보고 사안과 직접 연관이 있는 일화를 설명하고 그 일을 직접 했다는 근거를 명확하게 제시한다.

간략하게 설명해야 하는 내용

보고서를 쓰기 전에 할 일이 있다. 중요한 일을 더 중요한 일과 덜 중요한 일로 나눈다. 모든 일에는 더 중요한 일, 덜 중요한 일, 급한 일, 급하지 않아도 꼭 해야 하는 일이 뒤섞여 있다. 덜 중요한 일은 일상적으로 하는 일이다. 하던 대로 하는 게 제일 좋은 일은 덜 중요한 일로 구분한다. 핵심 업무는 아니지만 중요한 일을 하기 전에 반드시 처리해야 하는 일이 급하지 않아도 꼭 해야 하는 일이다.

더 중요한 일	급한 일
덜 중요한 일	급하지 않아도 더 중요한 일을 위해서 꼭 해야 하는 일

업무 영역에 따라 핵심 업무는 다르다. 기획자의 핵심 업무는 트렌드를 파악해서 고객이 원하는 서비스·상품 아이디어를 만드는 일이다. 디자이너의 핵심 업무는 고객이 원하는 디자인, 사용하기 편한 디자인, 기억에 남는 디자인을 하는 일이다. 재무 담당자의 핵심 업무는 기획안을 실행하는 데 필요한 예산과 디자인을 실제로 구현하는 데 드는 비용, 회사를 운영하는 데 필요한 자원을 관리하는 일이다. 기획자와 디자이너처럼 제작을 담당하는 사람에게 중요한 일은 아이디어 개발과 상품 제작이다. 견적을 산출하고 전체 비용과 이익을 계산하는 일이 주요 업무는 아니지만 제작 전에 꼭 해야 하는 일이다. 재무 담당자에게 중요한 일은 이익과 지출 등 재무 관리와 급여, 세무, 회계 업무다. 재무 담당자가 신상품 기획과 디자인·제작에 깊게 관여하지 않는다. 하지만 제조에 필요한 원재료 가격 변동은 재무 담당자에게 중요한 일이므로 관심을 가져야 한다.

각자 맡은 일에 따라서 더 중요한 일과 덜 중요한 일은 다르다. 대부분의 직장인이 더 중요한 일을 하는 데 시간을 더 많이 써야 하지만 실제로는 그렇지 않다. 하루 동안 어떤 일을 했는지 알아보기 위해서 한 시간마다 한 일을 기록하면 덜 중요한 일을 하는 데 일과 중 대부분의 시간을 들인다는 걸 알 수 있다. 일을 할 때는 그럴 수도 있다고 생각한다. 하지만 보고서를 쓸 때는 조금 다르다. 덜 중요한 일에 많은 시간을 할애했을 때, 열심히 일했음에도 불구하고 한 일이 없는 것처럼 느껴진다. 중요한 일과 덜 중요한 일을 명확하게 구분하지 않았기 때문이다.

덜 중요한 일에 많은 시간을 할애했다고 의미가 생기는 건 아니다. 지금하는 일에 어떤 의미가 있는지 스스로 확인하면 더 중요한 일과 덜 중요한 일을 구분할 수 있다. 보고서 외에 업무적으로 쓰는 문서에는 중요한 일이 드러난다. 이익을 만드는 일, 비용을 줄이는 일이 중요한 일이다. 비용을 줄이고 더 큰 이익을 얻기 위해 하는 일이 보고서의 주요 내용이어야 한다.

콘텐츠 회사 기획팀에서 일할 때, 옆자리 동료는 컴퓨터 메모장 프로그램에 자기가 하는 일을 모두 적었다. 점심 식사 전까지 동료가 처리한 일은 대여섯 개가 넘었다. 바쁠 때는 점심 먹기 전까지 열 개가 넘는 일을 처리할 때도 있었다.

한 일을 기록해야 한다면, 오전·오후 일과를 끝내고 하루에 두 번만 적는 게 더 낫지 않겠냐고 했지만 퇴근할 때가 되면 오전에 무슨 일을 했는지 기억이 나지 않는다고 했다. 자기가 한 일을 기억하기 위해서라면 상관이 없지만, 메모장에 적어둔 내용을 업무일지에 그대로 옮겨 쓰기에는 적절하지 않았다. 동료는 메모장에 적어둔 내용에 몇 마디 덧붙여서 업무일지를 썼다. 프로젝트 완료 보고서도 매일 써둔 메모장 내용을 그대로 옮겨 썼다. A프로젝트 완료 보고서를 쓸 때는 메모장에서 A프로젝트와 관련 있는 업무를 복사/붙여넣기 했고, B프로젝트 완료 보고서를 쓸 때는 메모장에서 B프로젝트와 관련 있는 업무를 찾아서 복사/붙여넣기 했다.

동료의 업무일지와 프로젝트 완료 보고서는 다른 직원과 비교해서 분량이 두세 배 정도 많았다. 메모장에 하는 일을 빠짐없이 적는 동료가 다른 직원보다 특별히 일을 많이 하는 건 아니었다.

동료는 늘 하던 대로 자기가 한 일을 낱낱이 기록하던 어느 날 문제가 생겼다. 네 곳의 회사에서 협업하여 교육 콘텐츠를 제작하는 프로젝트 결과 보고서를 썼는데, 협업한 회사에서 동료가 쓴 프로젝트 결과 보고서를 보고 수정을 요청했다. 동료가 기획부터 제작 전반을 담당한 콘텐츠가 있었고, 제작에 직접 참여하지 않고 협업하는 회사 담당자로부터 콘텐츠를 받아서 디자이너에게 전달만 하는 일도 했다. 하지만 결과 보고서에는 콘텐츠 파일을 받아서 전달한 일, 즉 파일 취합과 전달 업무만 수행한 것도 동료가 그 콘텐츠를 직접 기획·제작한 일처럼 보였다. 보고서를 읽는 사람에 따라서 동료가 프로젝트를 전담한 것처럼 이해할 수도 있었다. 협업한 회사 네 곳에서 각각 비슷한 양의 콘텐츠를 기획·제작했지만 동료가 쓴 결과 보고서에는 우리회사에서 콘텐츠 기획·제작을 전담한 것처럼 전달되는 맥락이 있었다. 그뿐만 아니라 동료가 전체 프로젝트의 PM 역할을 한 것처럼 보고서에 쓰여 있었다. 프로젝트를 공동으로 수행한 회사에서는 충분히 이의제기를 할만 했다.

　동료는 모든 일을 자기가 직접 수행한 것처럼 쓰려는 의도는 없었다고 했다. 콘텐츠 기획과 제작에 참여한 일과 파일을 취합해서 전달하는 단순한 일을 결과 보고서에 구분해서 정리해야 하는데 그러지 못해서 이런 문제가 생겼다.

　보고서에는 핵심만 간단히 써야 한다고 알고 있지만 실제로는 핵심 외의 일, 즉 부수적인 일도 기록해야 한다. 왜냐하면, 중요한 일이 아니지만 반드시 전달해야 하는 정보도 있기 때문이다. 원재료 가격 상승 소식은 디자인팀에는 중요하지 않지만 제작 전반을 담당하는 기획팀, 제작팀, 재무팀에는 개발 단계의 상품 제작을 보류할 만큼 중요한 정보다. 만약, 디자인팀에서 신뢰할만한 곳에서 원재료 인상에 관한 정보를 입수했다면 관련 부서 담당자와 정보를 공유하고 주간 보고서에 간략하게 설명한다. 디자인팀 업무에는 중요하지 않지만 원재료 인상 정보를 공유하지 않으면 나중에 큰 문제가 될 수 있다.

핵심을 전달하는 것만큼 부수적인 사항을 간략하게 정리하는 것도 중요하다. 핵심만 효율적으로 전달하는 게 전부가 아니다. 자세한 설명이 필요한 내용^{핵심}과 간략하게 정리해서 보여줄 내용^{부수적인 사항}을 구분한다. 중요한 정보와 참고해야 하는 정보를 구분해서 보고서에 쓰려면 훈련이 필요하다. 텍스트 위주로 정보를 전달하는 보고서에서 중요한 내용을 강조해서 표현하기는 어렵다. 보고서를 읽는 사람은 자기 시각으로 중요한 내용을 파악한다.

보고서에서 핵심을 전달하려면, 작가가 글을 쓰는 것처럼 하면 된다. 작가는 주제를 정하고 글감을 모은다. 차례를 만든 다음 글을 쓴다. 자기가 쓴 글을 읽고 고치기를 수차례 반복한다. 보고서 작성자는 제일 먼저, 수집한 정보^{글감}를 구분한다. 중요한 정보, 중요하지 않지만 전달해야 하는 정보, 참고해야 하는 정보를 나눈다.

중요도에 따라 내용을 구분하고 중간제목, 소제목, 사례와 근거 등을 넣어서 체계를 만든다. 부수적인 정보는 소제목과 내용을 간략하게 정리한다. 여러 사람에게 알려야 하는 정보는 마지막에 '참고'라고 쓰고 간략하게 나열한다. 정보의 중요도에 따라 구분해서 보고서를 쓰면 읽는 사람은 중요한 정보부터 참고할 정보까지 순차적으로 파악한다.

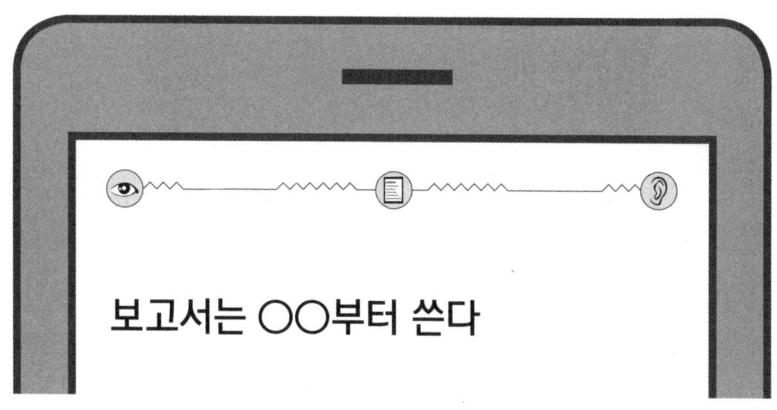

보고서는 ○○부터 쓴다

직장인에게 보고서는 어떤 내용으로 시작해야 하냐고 물어보면, 모두 '결론'이라고 대답한다. 아마 문서작성 교육을 한 번이라도 받은 직장인은 '결론부터 쓰라'는 말을 들었을 것이다.

보고서 종류와 목적에 따라 도입부에 쓰는 내용은 다르다.

"보고서를 어떤 내용으로 시작해야 하는가?"라는 질문에 적절한 해답은 '보고서를 읽는 사람이 제일 알고 싶은 내용'이다.

내용을 기준으로 보고서를 구분하면 네 가지로 나눌 수 있다.

- 진행 상황 보고서
- 결과 보고서
- 문제 해결 보고서
- 계획 보고서(계획서)

시장조사 보고서와 출장 보고서는 일의 결과를 쓴다. 프로젝트 진행 중에 발생한 어려움이 주요 내용인 문제 해결 보고서에는 문제 상황에 관한 해결 방안과 개선에 필요한 비용과 인력, 개선 후에 예상 이익을 쓴다. 매일 또는 일주일마다 쓰는 업무일지, 업무 보고서는 진행 상황 보고서에 해당한다. 보통은 계획서에 추진 상황과 새로 추진하는 일에 관한 계획, 현재 진행하는 일에서 발생한 문제에 대한 해결방안과 예산·인력 등을 정리한다.

내용과 순서는 보고서마다 다르다. 일반적으로 진행 상황 보고서는 상사와 동료에게 현재 상황을 알리기 위해서 쓴다. 일이 얼마나, 어떻게 진행되는지가 중요하다. 진행 중인 일은 기획과 계획 단계를 거쳐서 여러 번 논의되었기 때문에 핵심만 간단히 써도 내용을 전달할 수 있다. 진행 상황 보고서에 쓰는 내용은 다음과 같다.

진행 상황 보고서

1. 현재 진행 상황
2. 진척도
3. 발생한 문제점과 원인
4. 예상되는 문제점
5. 지원 요청사항 및 의견
6. 향후 계획

진행 상황 보고서를 읽는 사람이 제일 궁금하게 생각하는 내용은 무엇인지 생각한다. 보고서를 읽는 사람은 계획한 일이 얼마나 진행되었는지, 기한에 맞출 수 있는지, 전체 공정 중 진척도는 어느 정도인지 알고 싶어 한다.

보통은 그렇다. 하지만 직전 보고서에 사고나 문제 발생에 관한 보고가 있었다면 보고서를 읽는 사람은 피해·손실 규모, 사고를 해결할 방법, 사후 관리 등 문제가 발생한 원인과 해결책이 궁금하다. 수행 기간이 1년인 프로젝트 납기일이 한 달 앞으로 다가왔다면, 진척도와 남은 기간에 할 일이 무엇인지 궁금하다. 프로젝트를 순조롭게 진행해서 납기일까지 이상 없이 완료한다면 향후 계획이 궁금하다. 이와 같이 보고서 맨 앞에 쓰는 내용은 읽는 사람이 제일 궁금하게 생각하는 것에 따라 바뀐다.

'업무를 언제까지^{기한} 어떻게 진행^{추진 계획}하겠다'를 알리는 계획서도 보고서에 포함된다. 계획 보고서에 쓰는 내용은 다음과 같다.

계획 보고서

1. 추진 배경 및 목적
2. 추진 개요
   - 프로젝트명
   - 일정
   - 내용
3. 기대효과
4. 예상 비용
5. 인력계획
6. 요청사항

업무계획을 알리는 보고서에는 업무와 일정, 담당자, 예산과 인력, 완료한 후에 얻는 이익 등을 쓴다. 보고서를 읽는 사람, 즉 의사결정 권한이 있는 상사가 제일 중요하게 생각하는 내용을 맨 앞에 쓴다. 이익, 즉 기대효과와 예상 비용, 소요 인력 등을 앞에 간략하게 쓰고 서론을 시작한다. 계획 보고서를 쓰는 단계까지 왔다면, 그 일을 하기 위해서 이미 여러 번 논의를 했다. 계획 보고서를 보고 예산편성과 인력계획, 예상 이익 등 일정과 세부 업무를 마지막으로 확인하고 진행 여부를 확정한다. 의사결정자가 업무 진행 방법과 일정을 알고 싶어 한다면 그것을 앞에 쓴다. 이전에 한 번도 해본 적 없는 신규 사업은 추진 배경 및 목적이 중요하다. 일정, 비용과 예상 이익을 이미 알고 있다면 기대효과를 궁금하게 생각할 것이다. 읽는 사람이 가장 알고 싶어 하는 내용을 보고서 앞에 쓴다.

결과 보고서와 문제 해결 보고서에 쓰는 세부내용은 각각 다음과 같다.

결과 보고서

1. 추진 배경 및 목적
2. 추진 개요
   - 프로젝트명
   - 일정
   - 내용
3. 결과
   - 추진결과
   - 실적
   - 분석 자료 (정량적·정성적 자료)
4. 비용
5. 시사점
6. 개선과제
7. 향후 계획

문제 해결 보고서

1. 문제 발생 배경
2. 문제에 대한 상세자료와 현황
3. 근거자료
4. 개선과제
5. 개선 아이디어
6. 개선 시 예상되는 소요비용과 인력
7. 문제 개선 시 예상 이익
8. 향후 계획

 결과 보고서의 핵심은 일을 완료한 후에 얻는 성과·결과물이다. 성과는 반드시 측정 가능한 자료와 함께 정리한다. 이전에 비슷한 일을 했다면 현재 완료한 일과 과거에 했던 일의 성과를 비교해서 정량적인 자료를 제시한다. 환경 변화로 비용이 늘고 수익은 줄었다면 좋은 평가를 받은 부분을 정성적인 자료와 함께 넣는다. 결과 보고서를 읽는 사람은 업무를 완료한 결과 외에 시사점, 이번 성과를 앞으로 할 일과 어떻게 연계할지 등에 대해서 주목한다.

 문제 해결 보고서의 핵심은 해결방안이다. 보고서를 읽는 사람은 "원인은 이것이며 문제는 이렇게 해결한다"처럼 문제가 다시 일어나지 않게 하는 방안에 주목한다. 문제가 발생한 원인을 명확하게 밝히고 해결방안과 대안을 객관적이고 합리적인 근거와 함께 제시한다. 문제의 원인을 파악하지 않고 과거에 해왔던 방법만 고집한다면, 제대로 쓴 문제 해결 보고서가 아니다. 실효성 있는 문제 해결 방안과 재발방지 대책까지 넣어야 문제 해결 보고서를 완성한 것이다.

읽는 사람이 궁금하게 생각하는 내용을 맨 앞에 배치한다. 이 원칙은 모든 문서에 적용된다. 양식에 맞춰서 쓰는 보고서는 주요 내용에 집중하도록 거버닝 메시지Governing Message, 주장 또는 주제문를 넣는다. 문서 흐름 상 핵심을 중간에 배치하더라도 맨 앞에 요약을 넣는다. 읽는 사람이 원하는 내용을 중간에 배치하면 읽는 동안 핵심을 찾아야 한다. 이런 문서는 잘 썼다고 할 수 없다. 보고서는 종류와 목적에 따라 읽는 사람이 관심을 가지는 내용이 다르다.

내용을 기준으로 보면 앞에서 보여주는 내용은 읽는 사람의 관심사에 따라 바뀐다. 형식을 기준으로 보면, 보고서 앞에 들어가는 내용은 정해져 있다. 바로 '요약'이다. 문서를 쓸 때, 내용이 긴 경우에만 요약본executive summary을 쓴다고 생각하는 사람이 많다. 보고서는 조금 다르다. 한 페이지 보고서도 제일 앞에 요약을 넣는 게 바람직하다. 요약을 어느 정도 분량으로 넣으라는 지침은 없다. 요약이 너무 장황하지만 않으면 된다. 구두로 보고했을 때, 엘리베이터 스피치로 중요한 사안을 전달할 수 있을 정도로 요약한다. 보고서 요약본의 분량은 주간 또는 월간 회의에서 업무 담당자에게 주어지는 통상적인 보고 시간을 생각하면 된다. 팀별로 업무 진행 사항을 보고하는 데 그리 많은 시간이 주어지지 않는다. 주요 현안이 아니면 담당자에게 주어지는 보고 시간은 5분이 채 되지 않는다.

요약도 마찬가지다. 보고서의 핵심, 즉 읽는 사람이 관심을 가지고 보는 내용을 요약하고 담당자 입장에서 반드시 전달해야 하는 내용을 덧붙인다. 한 페이지 보고서는 3줄 정도로 요약하면 읽는 사람이 핵심을 빨리 파악할 수 있다. 요약하는 문장에서 지켜야 할 것은 단 하나다. 읽는 사람이 주관적으로 해석할 수 있는 표현을 삼간다. 다시 말해서, 전달하는 과정에 보고 내용이 왜곡될 우려가 없도록 써야 한다. 작성자는 보고서를 제출하기 전에 여러 가지 의미로 해석할 우려가 있는 문장이 없는지 살펴본다. 읽는 사람이 주관적으로 해석할 여지가 있는 문장은 보고서에 절대로 쓰지 않는다. 주어와 서술어, 목적어, 자료의 숫자 등에 오류가 없어야 하고 보고서를 읽는 사람 모두 똑같은 의미로 이해하는 표현을 쓴다.

지식의 저주를 경계한다

보고서 작성자는 주제에 대한 시각과 방향이 읽는 사람도 자신과 같을 거라고 가정하는 경우가 많다. 보고서를 읽는데 필요한 배경지식도 작성자와 비슷하다고 생각한다. 작성자와 읽는 사람의 관점과 배경지식, 주제에 대한 생각이 같을 수는 없다.

보고서를 쓰는 목적은 모든 구성원이 똑같은 생각을 갖게 하려는 게 아니다. 다른 방향의 생각과 의견을 수렴해서 옳은 방향으로 나아가도록 하는 게 보고서의 역할이다. 작성자는 보고서 내용에 반대 의견을 가진 사람의 관점도 고려해야 한다. 전문 지식이 없는 사람이 읽는 기술 보고서는 전문 용어와 표현을 읽는 사람의 눈높이에 맞춰서 쓴다.[2]

철학자 탁석산은 《보고서는 권력관계다》에서 "보고서는 철저히 읽는 사람을 위한 것이다"라고 했다. 작성자는 읽는 사람이 원하는 것을 파악하고 기대하는 바, 지식수준까지 고려해야 한다. 읽는 사람이 원하는 내용을 쓰라는 건 아니다. 보고서를 쓰는 이유와 목적, 왜 보고서를 쓰는지, 보고서가 어떤 기능을 하는지 파악한다.

보고서를 읽는 사람은 대부분 윗사람이다. 부하직원이 쓰고 상사, 관리자, 경영자가 읽는다. 윗사람이 부하직원에게 보여주려고 보고서를 쓰는 일은 별로 없다. 작성자는 업무에 관한 전문지식이 있는 실무자이며 부하직원이다. 반면, 보고서를 읽는 관리자와 경영자는 전문지식이 있을 수도 있고 없을 수도 있다.

주식투자의 대가 워런 버핏은 버크셔 해서웨이의 연례 보고서 작성자에게 명료한 커뮤니케이션을 위해 격식을 따지는 태도를 버리고 인간적으로 접근해 줄 것을 요청했다. 워런 버핏은 버크셔 해서웨이의 보고서를 쓰는 방식에 대해서 이렇게 말했다.

"저는 보고서를 쓸 때 누이들을 떠올립니다. 대단히 똑똑하지만 회계나 금융에 대해선 잘 모르는 사람들이죠. 쉬운 말로 설명하면 이해하겠지만 전문용어를 쓰면 아마 혼란스러워할 겁니다. 전 제가 반대로 그들 입장이라면 어떤 정보를 원할지 생각해보죠."

"쉽게 써라", "읽는 사람 눈높이에 맞춰라"라고 배웠지만 여전히 상당수의 직장인은 보고서를 쓸 때 전문용어, 학술지에나 나올 법한 문장으로 써야 더 똑똑해 보일 거라고 생각한다. 작성자는 읽는 사람이 전문용어를 이해할 거라고 믿는다. 이런 현상을 '지식의 저주 The Curse of Knowledge'라고 한다. 특정 분야의 전문가는 '그 분야에 대해서 모르는 상태'를 고려하지 않는다.

개발자가 새로운 기술을 계속 개발하면서 리모컨의 버튼 개수만 늘리는 것이 대표적인 지식의 저주다. 필요하지 않는 기능을 계속 추가해서 사용자는 오히려 혼란에 빠진다.[3]

지식의 저주에 빠진 작성자는 보고서를 읽는 상사·경영자 모두 전문용어를 이해할 정도로 지식이 있다고 생각한다. 실무에서 있었던 일, 특히 자기만 알고 있는 일을 작성자가 이해하는 수준으로 설명하면 읽는 사람도 이해할 거라고 착각한다. 전문용어로 쓰면 전문가로서 권위가 높아진다는 생각도 한다. 전문용어의 사용 여부는 읽는 사람의 지식수준과 상황에 따라 판단한다. 무조건 쉽게 써야 한다는 가르침을 따르기 전에, 읽는 사람의 지식수준을 고려해서 어려운 개념, 전문용어, 약어가 통용되는 범위를 정확하게 인지한다. 기술적인 표현을 이해하는 기술부서 상사, 관리자가 본다면 전문용어와 약어를 써도 괜찮다.

문서작성 교육에서 쉽게 쓰라고 강조해서 전문용어, 약어를 무조건 사용해서는 안 된다고 생각하는 사람이 있다. 이런 생각은 틀렸다. 지식의 저주에 빠져서 전문용어를 남용하는 사람, 모든 문장을 쉽게 쓰려고 하는 사람 모두 문제다. 쉽게 쓸 때와 전문용어를 섞어서 쓸 때를 구분해야 한다. 보고서를 쓰는 근본적인 이유를 생각하면 쉽게 써야 할 때와 전문용어를 쓸 때를 구분할 수 있다. 보고서는 의사소통을 위한 문서다. 작성자의 지식을 뽐내기 위해서 쓰는 문서가 아니다. 일반적으로 쉬운 언어를 사용하면 의사소통이 원활하다. 전문용어, 어려운 개념을 잘 아는 사람들이 읽는 문서는 굳이 쉬운 표현으로 쓰지 않아도 된다. 전문 지식을 과시하려고 일부러 어려운 표현을 쓰는 것은 잘못됐지만 구성원 사이에 의사소통이 원활하다면 전문용어를 사용하는 게 옳다. 전문용어가 설명을 줄여주기 때문이다. 보고서를 읽는 사람이 충분히 이해한다면 전문용어를 쓰는 편이 낫다.

병원에서 의료진이 사용하는 언어를 생각하면, 보고서에 전문용어와 쉬운 표현을 언제 써야 하는지 명확하게 알 수 있다. 병원에서 의료진끼리 이야기할 때는 의학용어를 사용한다. 하지만 환자에게 질환과 치료방법 등을 설명할 때는 약자나 의학용어를 철저히 배제한다. 의학용어를 꼭 사용할 경우에는 개념을 설명해준다.

보고서도 마찬가지다. 함께 일하는 동료, 상사, 해당 분야에서 경력을 쌓은 관리자·경영자가 보는 보고서는 전문용어를 써도 무방하다. 기술 부서에서 쓴 보고서를 업무 영역이 전혀 다른 재무팀, 디자인팀에서 본다면 전문적인 내용을 이해할 수 있게 써야 한다.

업무 영역이 다른 부서 담당자가 보고서를 읽을 때, 용어를 이해하기 위해서 검색하거나 작성자에게 물어본다면 눈높이를 맞추는 데 실패한 것이다. 보고서를 읽기 위해서 용어를 찾아보고 내용을 이해하려고 시간과 노력을 들인다면 의사소통이 원활하다고 말할 수 없다.

글로벌 기업에서는 세계 각지에서 일하는 직원의 원활한 의사소통을 위해서 상당한 비용을 지불한다. 언어와 문화가 다른 지역에 지사를 운영하는 글로벌 기업에서는 커뮤니케이션팀을 편성하고 의사소통을 위해서 노력한다. 일례로 스리랑카의 글로벌 의류업체 브랜딕스^{Brandix}는 아시아에 42개의 공장이 있고 이곳에서 4만 8천여 명이 일한다. 세계 여러 곳에 합작투자사가 있다. 브랜딕스에서 만든 상품은 나이키, 아디다스, 빅토리아 시크릿 등의 상표를 달고 세계로 수출된다. 브랜딕스는 세계 여러 곳의 공장·합작투자사와 원활하게 소통해서 상품 출시 기간을 단축하고, 시장에 민첩하게 대응하여 비용을 절감한다. 이것이 브랜딕스의 특징이자 장점이다. 미국과 유럽의 유명 브랜드가 스리랑카의 브랜딕스와 거래하는 이유는 원활한 의사소통 때문이다.[4]

보고서도 의사소통을 위해서 쓴다. 전문용어를 남발하면 해당 분야에 지식이 없는 사람은 내용을 이해할 수 없다. 문서를 읽는 사람이 어려운 용어를 이해하고, 내용을 정확하게 전달하는 데 도움이 될 때만 전문용어를 그대로 사용한다는 원칙을 세우고 보고서를 쓴다.

이해하기 쉽게 쓰는 보고서와 전문용어를 그대로 쓰는 보고서는 읽는 사람에 맞춰서 결정한다. 업무 영역과 지식수준이 서로 다른 사람들이 읽는 보고서는 전문용어를 이해하는 사람과 이해하지 못하는 사람의 비율을 살펴보고 어려운 용어는 개념 설명을 넣고 약어는 괄호 안에 풀어서 쓴다. 보고서에 전문용어를 사용할 때도 TPO$^{시기, 장소, 상황}$를 적용한다. 정해진 기준은 없다. 때와 장소, 상황에 맞춰서 내용을 효과적으로 전달하는 방법은 경험을 통해서 터득해야 한다.

보고서를 읽는 사람의 눈높이, 지식에 맞춰서 전문용어 사용과 설명의 수준, 형식을 달리해야 설명·설득의 효과를 볼 수 있다.

사실과 의견은 명확하게 구분한다

보고서는 사실에 기초해서 쓴다. 사실은 실제로 있었던 일, 직접 겪은 일이다. 직접 겪은 일이 아니라도, 출처가 분명한 정보 또는 참고 자료를 통해서 알게 된 것, 다양한 분야의 지식이 사실에 포함된다. 여러 가지 사실을 모아서 "이렇게 될 것이다"라고 쓰는 것은 추측성 의견이다. 사실처럼 보이는 작성자의 평가, 의견, 추측을 확실히 구분해야 한다. 사실과 의견을 명확하게 구분하지 않으면 잘못된 판단으로 손실을 볼 수 있다.

세계경영연구원[IGM]이 기업의 오너·전문경영인·관리자 100명에게 다음 질문을 했다.

"부하 직원의 잘못된 보고서 때문에 의사 결정 시 그릇된 판단을 한 경험이 있습니까?"

이 질문에 4명이 '많다', 78명이 '조금 있다'라고 답했다. 조사 결과로 보면, 82퍼센트 응답자가 보고서의 오류 때문에 잘못된 판단을 내린 것이다. 경영자·관리자는 현장에서 일하는 실무자가 쓴 보고서를 보고 결정한다. 중대한 사업에서 '잘못된 보고서'로 인해서 제대로 판단하지 못한 경험이 있는 경영자는 보고서에 대한 만족도가 낮다. 같은 설문 조사에서 부하 직원의 보고서에 '만족하지 않는다'라고 대답한 응답자는 24명이었다. 55명은 '그저 그렇다'라고 응답했다.[5]

시장조사 보고서처럼 사실과 의견, 주관적 견해가 들어가는 보고서는 작성자가 평가·예측한 내용을 사실과 철저하게 구분해야 한다. 어쩌면 '의견을 격리한다'라는 표현이 더 맞을 수도 있다.

세계경영연구원의 설문조사처럼 그릇된 판단을 했다는 대답이 80퍼센트가 넘게 나온 결과를 작성자의 탓으로만 돌릴 수도 없다. 보고서를 쓰기 전에 작성자는 방향과 결론을 정한다. 시장조사 보고서는 기업에서 사업 방향을 어느 정도 결정한 상태에서 쓴다. 작성자는 관성에 의해서 기업에서 정한 사업 방향을 따르는 쪽으로 자료를 모은다. 사업성이 없다는 결론을 경영자가 원하지 않는다고 생각하기 때문이다.

사업을 추진하기로 잠정적으로 결정하고 쓰는 보고서는 사용자·소비자 수요를 이상적으로 책정한다. 현재 수요가 적어도 환경 변화, 시장 확대, 트렌드 등의 이유를 들어서 점진적으로 수요가 늘어난다는 전망을 보고서에 쓴다. 보고서를 검토하는 상사와 경영자는 각종 근거자료와 함께 제시한 장밋빛 예측을 믿는다. 작성자는 경영진의 사업 방향에 맞춰서 '시장성이 있다'라는 결론을 정해놓고 시장조사를 한다. 결론을 정해놓고 쓴 보고서에는 사업 방향을 거스르는 자료나 의견은 없다. 경영자는 이렇게 쓴 보고서에 기초해서 의사결정을 한다. 실제로 시장 상황이 장밋빛 전망대로라면 경영자의 결정은 틀리지 않겠지만, 보고서 결론과 다른 양상으로 전개된다면 잘못된 결정이 된다.

세계경영연구원의 조사 결과는 '보고서 때문에 그릇된 판단'을 했다는 응답이 82퍼센트였다. 경영자는 충분히 그렇게 생각할 수 있다. 하지만 보고서를 작성한 과정을 살펴보면, 그 배경에는 경영자의 생각과 사업 방향에 맞추려고 고민한 작성자가 있다.

영화 〈국가부도의 날〉에 IMF 구제금융을 받기로 결정한 정부 관료에 맞서 한국은행 통화정책팀장이 국가부도에 대한 보고서를 제출하려고 할 때, 동료가 이 보고서를 제출하면 직장을 그만둬야 한다며 만류한다. 전사적으로 추진하려고 하는 사업 방향과 대치하는 의견과 자료를 보고서에 쓸 수 있는 직장인이 얼마나 있을까? 기업에서는 객관적인 보고서를 받기 위해서 외부 시장조사 기관 또는 컨설팅 기업에 의뢰한다. 컨설턴트와 시장조사 기관에서 쓴 보고서는 사실을 객관적으로 보여준다. 외부 기관에서 쓴 보고서는 '객관성'이 장점이다. 단점도 있다. 기업 상황을 전혀 고려하지 않는다는 것이 치명적인 단점이다. 기업의 가용 자원과 시스템을 고려하지 않고 시장에 대한 실제 자료와 객관적인 분석만 늘어놓기 때문에 외부 기관의 보고서는 활용도가 떨어진다.

직원이 쓴 보고서에 기업에서 정한 방향을 거스르는 자료, 경영자의 생각에 반대하는 결론이 나오기 어렵다. 정부의 사업 보고서도 마찬가지다. 토

지개발, 신도시 개발, 신공항 개발, 지하철·도로 건설, 발전소 건설 등 대규모 사업은 공청회를 열고 사업성 평가 보고서, 환경영향평가 보고서를 쓰지만 정권·정책, 기관장이 바뀔 때마다 흐름이 바뀐다. 최고 결정권자의 생각에 따라 다른 결론을 제시한다. 기업 내부 보고서는 더 말할 것도 없다. 결론이 이렇게 나오는 이유는 윗선으로 올라갈수록 듣고 싶은 말만 듣고 보고 싶은 것만 보기 때문이다.

보고 싶은 것만 보고, 듣고 싶은 말만 듣는 것은 인간의 본성이다. 이런 본성은 사회적 지위가 높을수록, 하는 일이 잘 될수록, 나이가 들수록 더 강하게 나타난다. 인간의 본성은 보이지 않는 고릴라 실험, 칵테일파티 효과, 스탠리 밀그램의 실험으로 증명되었다. 영화 〈라이프 오브 파이〉의 "어떤 이야기가 마음에 들어요?"라는 대사에도 믿고 싶은 것만 믿는 인간의 본성이 나타난다.

본성, 즉 태어날 때부터 타고난 특성을 바꿀 수는 없다. 사업 방향을 거스르지 않으면서 객관적인 사실을 전달하고 합리적으로 판단할 수 있도록 결론을 제시하려면 사실과 의견, 주관적인 평가와 근거를 완전히 분리해야 한다.

사실과 의견을 분리하는 방법은 두 가지다. 첫째, 다르게 표현한다. 사실은 '보았다', '들었다', '했다'라고 표현한다. 의견은 '좋다', '될 것이다', '예상한다'라고 표현한다. 표현이 다르지만 의견을 사실로 혼동하는 이유는 근거 때문이다. 의견·주장을 뒷받침하는 논리적인 근거 때문에 읽는 사람은 모든 사람이 인정하는 사실처럼 받아들인다. 작성자가 의견과 함께 여러 가지 근거를 제시하고 단정적으로 표현하면 읽는 사람은 사실과 의견을 명확하게 구분하지 못한다. 이런 오류를 방지하려면, 반대 의견을 다음과 같이 표현해야 한다.

"여러 가지 자료를 종합하면 시장 여건이 개선되어 신상품의 반응 역시 예상치를 웃돌 것으로 예측된다. 소비자 반응을 확인하려면 2개월 동안 주문 수량과 반품률, 시장 점유율 자료 등을 분석해야 한다. 분석에 필요한 자료는 2주 후에 나오니 소비자 반응에 관한 보고서는 2주 후에 작성한다. 최종 판단은 소비자 반응에 보고서를 보고 판단한다."

문장에서 '좋을 것으로 예상된다'라는 표현은 의견이다. '분석해야 한다'는 사실이다. '2주 후에 작성한다'는 판단을 유보한다는 결론을 나타낸다.

둘째, 어디부터 어디까지 의견인지 명확하게 전달한다. "개인적인 의견은", "자료를 분석한 작성자 생각을 덧붙이자면" 등의 표현 다음에 나오는 내용이 의견임을 적극적으로 알린다. 한 가지 주의할 점은 의견에서 단정하는 표현은 삼간다. 근거 없이 '현재까지 상품 반응은 매우 좋다', '점유율이 큰 폭으로 상승했다'라는 표현은 '단정'이다. 단정적인 표현은 의견을 사실로 받아들이게 만든다. 정치인들은 단정적인 표현을 사실로 받아들인다는 걸 잘 알고 있다. 이들은 '복지시설을 만들겠습니다', '예산을 확보하겠습니다'라는 말로 의견을 사실처럼 이야기한다.

보고서 작성자도 정치인과 비슷하게 의견을 사실처럼 단정해서 표현한다. 자기가 쓴 보고서가 정확한 정보를 전달한다는 신념이 강할 때, 사업부에서 오랫동안 추진해온 일을 보고할 때 단정적인 표현이 자주 나온다. 의견과 사실을 구분해야 신뢰할 수 있는 보고서가 나온다.

보고서를 쓴 후에 사실과 의견을 구분했는지 확인하려면 다음 세 가지를 검토한다.

- 사실과 의견을 명확하게 구분했는가?
- 제시한 사실은 정확한가? 근거, 출처를 확인했는가?
- 논리적인 근거가 명확한가? 제시한 근거가 한 쪽으로 치우지지 않았는가?

인터넷, 논문, 책, 기사 등의 참고자료를 인용해서 의견에 대한 근거를 제시할 때는 단정해서 표현하지 말고 따옴표를 이용해서 원문을 그대로 옮기고 보고서를 읽는 사람이 정보를 직접 찾아볼 수 있게 출처를 밝힌다.

작성자 의견은 숫자로 나타낸다

글쓰기에서 모방과 인용은 필수다. 업무용 문서는 인용이 전부라고 해도 과언이 아니다. 경제연구소 연구원이 쓰는 전망 보고서, 공공기관에서 민원을 처리하는 담당자가 쓰는 보고서, 복지시설에서 사회복지사가 쓰는 보고서, 교육단체에서 교육연구원이 쓰는 보고서는 인터넷에서 다운로드해서 읽을 수 있다. 소속 기관·업무 형태·목적에 따라 형식·내용, 쓰는 방법이 다르다. 일부 보고서는 이름과 주소, 내용 한두 줄, 작성한 날짜, 문서 번호를 바꿔서 완성한다. 연구원의 전망 보고서는 쓰기 어렵고 사회복지사의 보고서는 쓰기가 쉽다는 얘기를 하는 게 아니다. 거의 모든 보고서는 기존에 쓴 보고서에서 형식과 내용을 빌려서 쓴다. 전임자가 쓴 보고서를 보고 항목은 그대로 두고 내용만 바꿨다고 인용 또는 모방했다고 말하지 않는다. 작성자는 기존의 형식과 패턴을 차용해서 쓸모 있는 요소는 그대로 쓰고 항목을 바꾸거나 추가한다.

보고서를 잘 쓰고 싶다면, 기존에 쓴 보고서를 살펴보고 패턴을 찾는다. 그런 다음 자기만의 글쓰기 공식에 대입해서 새로운 구조를 만든다. 회사에서 보고서를 쓴다면 거의 대부분 이렇게 한다. 선배 또는 전임자가 쓴 보고서를 읽는다. 기존에 쓴 보고서를 보면 어떻게 써야 할지 대충 느낌이 온다. 하지만 막상 쓰려고 하면, 머릿속에 떠오른 생각이 정리되지 않는다. 기존에 쓴 보고서를 다시 살펴보지만 지금 상황과 맞지 않는다. 보고서 작성은 어떤 측면에서 보면 모방이 필요하다. 동시에 창의력도 필요하다. 확실한 것은 모방을 거듭하면서 형식과 내용이 새롭게 만들어진다는 점이다.[6]

우리나라에서는 다른 사람이 쓴 글이나 아이디어를 차용하면 곱지 않은 시선으로 본다. 어린 시절부터 '베꼈다'를 나쁜 짓이라고 배웠기 때문이다. 보고서도 마찬가지다. 베끼면 안 된다고 배워서 어떻게든 자기만의 고유한 시각으로 쓰려고 한다. 하지만 무엇이든 새로운 것을 만들기는 어렵다. 불가능하다고 해도 과언이 아니다. 무엇을 어떻게 모방하느냐에 따라서 결과는 달라진다. 다른 사람의 아이디어를 그대로 가져다 쓰면 '베꼈다'라는 비난을 면하기 어렵다. 기존의 아이디어를 해체한 다음 다른 의미, 새로운 시각으로 결합해서 상황에 맞는 해결책을 제시하면 '재창조'라는 평가를 받는다.

업무 상 보내는 이메일, 메신저 보고를 포함한 보고서, 제안서, 기획서 모든 글쓰기가 마찬가지다. 연구소 보고서, 신문 기사, 책을 보면서 짧은 단락으로 나누고, 단락 사이의 관계와 패턴을 찾아낸다. 그런 다음 보고서를 쓰기 위해 수집한 자료와 자기만의 아이디어를 앞에서 찾아낸 단락 사이의 관계, 패턴을 적용해서 글을 완성한다. 잘 쓴 글을 읽고 단락을 해체해서 패턴을 찾는다. 잘 쓴 글의 패턴에 자기 아이디어를 적용한다. 잘 쓴 글, 잘 읽히는 글, 이해하기 쉬운 글을 해체해서 패턴을 찾아서 아이디어, 구조를 대입하는 건 어렵지 않다. 이런 모방은 베끼는 게 아니다. 글의 구조와 단락의 배열과 패턴은 얼마든지 모방해도 괜찮다.

다른 사람의 아이디어를 해체한 다음 자기만의 방식으로 모방해서 큰 성공을 거둔 사례는 많다. 페덱스 FedEx를 창업한 프레드릭 스미스는 예일대학교에 다니던 시절에 익일배송 아이디어를 구현하는 방법에 관한 보고서를 썼다. 그가 쓴 익일배송 아이디어 보고서는 C학점을 받았다. 하지만 익일배송 아이디어가 성공할 것이라고 확신한 그는 페덱스를 만들었고 세계적인 기업으로 성장했다. 사람들은 익일배송 아이디어가 프레드릭 스미스의 독창적인 생각이라고 믿는다. 하지만 그렇지 않다. 익일배송의 모태가 되는 아이디어는 금융업계의 중앙 어음교환소 방식과 전자통신 업계의 허브 앤 스포크 Hub and spoke 시스템이다. 중앙 어음교환소 방식과 허브 앤 스포크 시스템은 대도시에 거점을 정하고 여러 지역으로 뻗어나가는 방식이다. 지금은 이 방식이 물류 시스템의 기본으로 정착했지만 당시에는 혁신적인 아이디어였다.

자동차를 양산해서 보급한 헨리 포드의 조립 라인도 창의적인 생각은 아니었다. 헨리 포드 보다 먼저 자동화 시스템을 산업에 적용한 사람이 있다. 1780년대에 미국의 발명가 올리버 에반스는 수력으로 제분공장을 가동하는 시스템을 만들었다. 포드는 축산물 유통회사 스위프트 컴퍼니의 도축한

소를 역순으로 '분해'하는 라인에서 영감을 얻었다. 스위프트 컴퍼니의 '분해'를 반대로 적용해서 조립 라인을 만들었다. 그 결과 자동차를 생산하는 데 드는 인력, 시간, 비용을 줄여서 모델 T를 개발했고 저렴한 가격에 판매했다. 헨리 포드는 조립 라인이 자기가 생각한 창의적인 아이디어가 아니라고 밝혔다.

"이건 내 발명품이 아니다. 단지 다른 사람들이 이미 발견한 것을 자동차에 조립해 넣었을 뿐이다. 그 사람들 뒤에는 수백 년 동안 쌓인 업적이 있다."[7]

다른 사람의 생각이나 글을 그대로 가져다 쓰는 건 문제가 된다. 하지만 아이디어를 빌리거나 모방해서 새로운 결과를 만들면 문제가 되지 않는다. 누군가 이미 써놓은 문서, 글, 광고 카피를 수집·해체해서 글을 쓸 때 적용해보기 바란다. 분명히 쓸 만한 요소가 있을 것이다.

보고서의 모방과 인용

보고서는 객관적이고 구체적인 사실에 기초해서 쓴다. 보고서의 숫자는 객관적이고 구체적인 사실을 보여주는 수단이며 동시에 확신에 찬 의견을 보여준다. 하지만 보고서는 숫자와 이미 일어난 사실만 보여주는 문서가 아니다. 사실을 종합하고 분석하는 것으로 보고서는 완성되지 않는다. 보고서에는 구체적인 사실을 객관적으로 쓰고 주관적인 이견 또는 주장을 반드시 넣어야 한다. 보고서의 숫자는 주장을 뒷받침하는 근거로 활용할 수 있다.

보고서의 결론은 주장과 의견·제안이다. 현재 상황과 사실을 구체적으로 보여준 다음, '무엇을 어떻게 왜 하겠다', '해야 한다'라는 결론을 넣는다. 주관적인 의견 없이 사실만 나열한 보고서는 가치가 없다. 의견과 주장을 넣고 정량적인 자료로 뒷받침한다. 완벽한 보고서를 쓰려는 사람은 완벽을 추구한 끝에 단순히 사실만 나열한 보고서를 제출한다. 완벽을 기하기

보다 무엇을 어떻게 왜 하겠다는 결론, 즉 주장이 명확한 보고서가 더 가치 있다.

사실·의견을 구체적으로 표현하기 위해서 숫자를 사용한다. 다음 예를 살펴보자.

"매출이 상당히 많이 줄어들었다."

"전년 동기 매출의 47퍼센트 수준으로 하락했다."

'상당히 많이'는 추상적인 표현이다. '47퍼센트'는 구체적인 표현이다. 얼마나 줄어들었는지 즉시 이해할 수 있다. 여기에 전년 동기 대비 절반 수준으로 매출이 줄어든 원인을 객관적인 사실과 함께 보여줘야 한다.

현재 상황과 그렇게 된 이유를 함께 정리하면 숫자는 완전한 역할을 한 것이다.

"비용이 늘어나서 이익은 큰 폭으로 줄었다."

'큰 폭'을 구체적인 숫자로 표현하고 이익이 줄어든 이유를 사실과 함께 다음과 같이 정리한다.

"결산 보고서에서 매출은 지난해와 비슷하지만 인건비에서 17퍼센트, 재고관리에서 21퍼센트, 마케팅 효율이 12퍼센트 감소하여 전년도 신상품 출시보다 비용이 상승했다. 결과적으로 수익은 35퍼센트 줄어들었다."

보고서에서 사실을 보여주는 부분은 설명 형식을 취한다. 매출, 이익 등 현황을 설명하는 자료는 반드시 숫자로 표시하고 전년도 같은 기간, 유사 상품·서비스 출시 등과 비교해서 증가와 감소를 나타낸다.

'상당히 증가했다', '매우 감소했다'처럼 양을 정확히 표현하지 않는 문장을 쓰면 안 된다. 이렇게 숫자로 나타낼 수 있는 자료를 '상당히', '매우' 등의 표현과 함께 쓰면, 이 보고서를 참고하거나 업데이트해서 쓰는 보고서도 정확하지 않은 표현을 다시 쓸 확률이 높다. '상당히', '매우' 등의 표현보다 그래프와 통계를 보여주는 것이 좋다. 그래프, 통계를 분석해서 글로 정리한다. 숫자가 많이 나오는 보고서는 가장 큰 값, 작은 값, 상승 또는 하락 폭 등 의미 있는 숫자는 따로 설명한다. 의미 있는 숫자가 나온 배경을 설명하고 원인을 분석한다. 그래프, 통계를 이용해서 정량적 자료를 보여주고 작성자 의견을 넣는다. 보고서를 읽는 사람이 꼭 확인해야 하는 숫자를 강조하고 핵심 지표에 집중하도록 내용을 쓴다.

영업·매출·이익 보고서에 나오는 숫자는 많다. 종류도 여러 가지다. 숫자가 많이 나오는 보고서는 반드시 핵심 지표가 되는 몇 가지 숫자를 요약해야 한다. 보고서에 나오는 모든 숫자가 중요한 것은 아니다. 숫자 몇 개만 중요하다. 현재 상황을 단적으로 보여주는 숫자가 있는데 이런 숫자를 '질이 높은 숫자'라고 한다.

숫자가 많은 보고서에서 강조해야 하는 질이 높은 숫자는 다음과 같다.

구분	이익의 질	이익의 수준	자산 구성의 변화
내용	다른 이익과 비교 과거 이익과 비교	매출과 비교 자산과 비교	현금 흐름 유·무형 형태 변화

구체적인 숫자를 보여준 다음 보완할 부분, 강점을 이어가는 방법을 제시

한다. 작성자가 제시한 방안해결책은 학문적으로 증명된 방법이 아니어도 괜찮다. 학문 또는 현장에서 효과가 증명된 방법이면 좋겠지만, 상황에 딱 맞는 방법을 찾기 어렵다.

과학적으로 증명된 방법에만 집중하거나 효과를 본 사례를 모아서 끼워 맞추기 식으로 의견을 만들면 현재 상황과 동떨어진 결론이 나올 우려가 있다.

보고서 본론에서 사실과 숫자로 현재 상황을 보여주었기 때문에 작성자가 옳은 방법이라고 판단한 결론에 의견을 더해서 정리한다. 이론의 늪에 빠지거나 숫자에 너무 의존해서 현실을 이론과 숫자에 끼워 맞추면 안 된다. 작성자가 분석해서 얻은 의견이 곧 결론이다.

월간 매출, 분기 매출 보고서도 마찬가지다. 숫자로 시작해서 숫자로 끝나는 매출 보고서도 수입과 지출, 이익의 증감을 숫자로만 나타내면 안 된다. 반드시 현재 상황사실과 숫자객관적인 자료를 보여주고 작성자의 의견을 넣어서 보고서를 완성한다.

4

할 일·한 일· 결과 보고

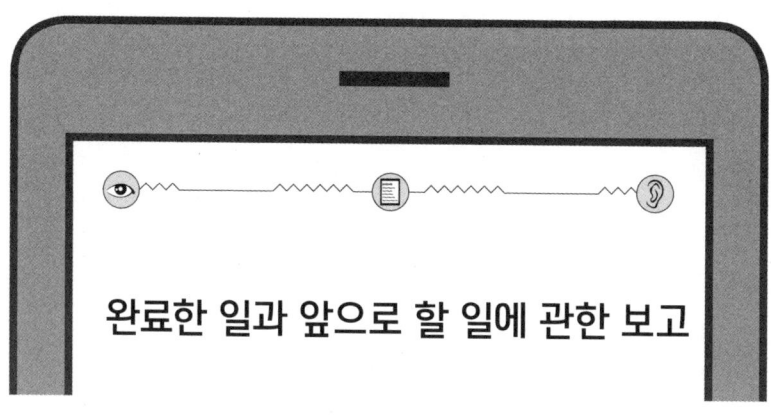

완료한 일과 앞으로 할 일에 관한 보고

할 일 목록^{To do list}은 설명하지 않아도 모두가 알고 있다. 반면, '한 일 목록'은 생소하다. 일일·주간·월간보고서, 결과보고서가 한 일 목록이다. 이런 보고서는 과거에 한 일을 중심으로 쓴다. 포트폴리오도 한 일 목록이다.

아침에 할 일 목록을 쓴다. 목록에서 어떤 일을 완료했고 어떤 일은 현재 진행 중이다. 아직 시작하지 못한 일도 있다. 어제 완료하지 못한 일을 하고 있는데 상사가 급한 일이라며 먼저 하라는 지시를 한다. 상사가 지시한 일은 방금 전까지 할 일 목록에 없었다. 이런 식으로 할 일은 계속 늘어난다.

오늘, 일주일, 한 달 동안 내가 한 일을 되돌아보는 것은 앞으로 할 일에 좋은 영향을 준다. 앞으로 할 일에 대한 성공 가능성은 지금까지 한 일과 노력, 행운의 곱셈식으로 계산한다. 곱셈식이기 때문에 지금까지 한 일이 앞으로 할 일에도 영향을 준다. 계산식은 다음과 같다.

앞으로 할 일에 대한 성공 가능성 = 지금까지 한 일 × 노력 × 행운

완료한 일의 성공 여부는 객관적인 기준으로 판단한다. 할 일 목록과 한 일 목록을 대조해서 완료한 일의 성공 여부를 주관적으로 평가하고, 현재 하는 일의 성공 가능성을 스스로 예측하는 것은 의미가 없다. 누구나 자기 능력과 성취도를 높게 평가하기 때문이다. 그 이유는 '워비곤 호수 효과'가 설명해준다. 작가 개리슨 케일러는 '기만적 우월감'이라는 인간의 흥미로운 특징을 발견했다. 그는 라디오 프로그램에서 워비곤 호수라는 가상의 마을을 만들고 이렇게 말했다. "그 마을에 사는 모든 여성은 강인하고, 모든 남성은 잘 생겼으며 모든 아이들은 평균 이상이다."

가상의 마을이지만 이 마을에 사는 모든 사람은 자기 능력이 출중하다고 믿으면서 연약한 자아를 보호하려는 경향이 있다. 이런 경향은 자기가 가진 실력을 객관적으로 볼 수 없게 만드는 심리적인 함정이 된다. 일을 성공적으로 완료한 사람에게 나타나는 특징은 우월감이다. 자기만 할 수 있는 일로 치부하고 자기 능력을 객관적으로 평가하지 않는다.

완료한 일에 관한 평가는 보고를 하면서 시작된다. 워비곤 호수 효과가 작용해서 담당자는 스스로 일을 잘 했다고 평가한다. 상사가 보기에는 그렇지 않을 수가 있다. 대부분의 기업에서 성과가 낮은 사람을 관리하는 데 서툴다. 그 이유는 완료한 일에 관한 보고가 늦기 때문이다. 평가를 빨리 받으려면 완료한 후에 즉시 보고해야 한다. 일에 관한 피드백을 받으면 다음에 할

일을 더 나은 방향으로 진행할 수 있다. 하지만 잘못한 부분을 감추거나 업무 중에 일어난 실수가 기억에서 사라지길 바라며 보고를 늦게 한다.

완료한 일은 즉시 보고하고 긍정적인 피드백이든 부정적인 피드백이든 빨리 받아야 한다. 피드백은 빨리 받는 게 좋다. 완료한 일은 완료했다는 사실을 이른 시간에 알린다. 진행 중인 일은 정기적으로 진척도와 특이사항을 알린다. 피드백을 받는 시점이 중요하다. 문서수발처럼 단순한 업무도 보고가 필요하다. 중요한 문서를 택배나 퀵서비스로 배송을 시작한 후에 보고하고 수신자가 문서를 받으면 다시 보고한다. 즉시 보고가 필요한 이유는 해당 업무에 이어서 진행할 일이 있는 경우가 많기 때문이다. 상사가 바빠서 지시한 업무를 잊고 확인하지 않았을 때 즉시 보고는 알람 기능을 한다. 일을 끝내고 즉시 보고해서 피드백을 빨리 받으면 자기 실력을 객관적으로 알 수 있다. 실력을 더 키워야 한다면 더 공부하고, 평가가 긍정적이면 이후에 진행하는 일에 동기부여가 된다. 빠른 피드백은 앞으로 진행할 일에 어떤 방식으로든 좋은 영향을 준다.

한두 시간 안에 마치는 일을 제외하고, 일을 시작해서 마칠 때까지 적어도 세 번 이상 보고한다. 일하는 과정에 문제가 발생하거나 일정의 변동, 예산이나 인력 활용이 계획과 달라질 때도 보고한다. 예상하지 못한 일이 일어나도 보고한다. 일을 시작할 때, 완료했을 때, 변동 사항이 있을 때 보고한다. 실무자가 가장 자신 있게 할 수 있는 보고는 일을 완료했다는 보고다. 완료한 일에 관한 보고는 신속하게, 자신 있게 한다. 완료한 지 한참 시간이 지난 후에 하는 보고는 의미가 없다. 외근이나 현장에서 업무를 마쳤을 때

도 즉시 보고한다. 보고서는 다음 날 쓰더라도 전화 또는 메신저로 일이 종료된 사실을 알린다.[1]

현재 진행하는 일에 관한 보고는 상사가 물어보기 전에 한다. 진행하는 기간이 일주일 정도인 일은 보고하는 시점이 애매하다. 매일 보고하면 너무 자주 보고하는 것 아닌가 하는 생각이 든다. 현재 진행하는 일은 앞으로 할 일과 맞물려 있다. 다음에 할 일과 직접 연관이 없어도 하나의 일이 끝나면 다음에 할 일에 인력, 자원 등을 배분해야 한다. 상사가 진행 사항을 확인하고 특별히 신경 써야 하는 부분을 따로 지시할 수도 있다. 업무 진척도와 현재 상황을 알려야 상사는 다음에 할 일을 계획할 수 있다.

다음은 적절한 보고 시점이다.

- 일을 시작할 때
- 완료했을 때
- 계획과 다르게 진행해야 하거나 상황이 변했을 때
- 문제가 발생했을 때
- 지시받은 방법으로 진행이 어려울 때
- 완료 예상 시점을 판단할 수 있을 때

업무를 완료해서 결과가 나오기까지 상당한 시간이 걸리는 일은 주기적으로 보고한다. 업무 진행에 관한 보고는 적절한 시점이 있다. 단순히 진행 상황을 알리는 내용은 메시지, 메일을 이용한다. 계획과 다르게 진행해야 하거나 문제가 발생한 상황에 관한 보고는 피드백이 필요하므로 반드시 전화 통화 또는 대면보고를 하고 보고서에 자세히 기록한다.

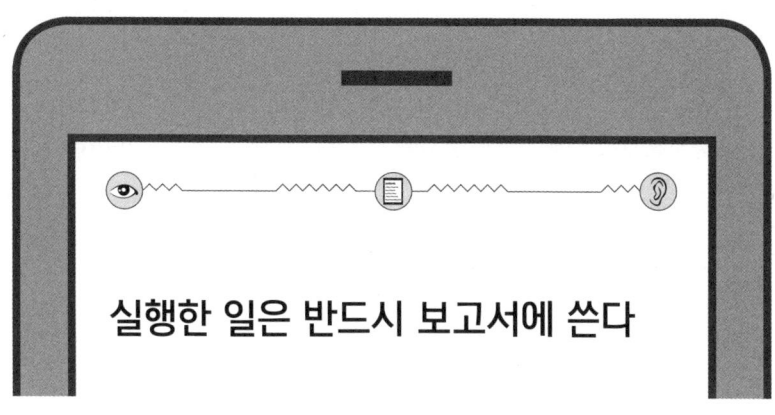

실행한 일은 반드시 보고서에 쓴다

아무 이유 없이 '그냥' 하는 일은 없다. 인간이 하는 모든 행동에는 목적이 있다. 어떤 일이든지 목표 달성과 성과를 기대한다. 즐거움을 얻기 위해서 하는 취미 활동도 목표를 정한다. 회사나 조직 구성원이 하는 일에는 저마다 목표와 목적이 있다. 단순한 일도 일정과 목표를 정하고 실행한다.

예를 들어, 처리해야 하는 일의 양이 100이고 불량률은 2퍼센트 미만으로 마쳐야 한다. 이 경우 산술적으로 계획을 세우면 다음과 같다.

한 달을 4주로 계산하면 일주일 동안 약 25를 처리해야 한다. 일주일에 5일 근무하므로 하루에 5~7 정도를 마쳐야 한다. 여유 있게 끝내려면 3주 이내에 끝내고 마지막 주에는 완성한 일을 점검해서 불량률을 줄이는 일정으로 계획을 세우고 실행한다. 산술적인 계획이 이렇다는 것이다. 모든 직장인이 이런 방식으로 계획을 세우고 일을 하지 않는다.

4 할일·한일·결과 보고

100을 완성하는 데 물리적으로 필요한 시간이 20일이라면 하루 목표량 5를 반드시 채워야 기한 안에 일을 마칠 수 있다. 하지만 일이 효율적인 방법을 찾으면 이삼일 만에 100을 완성할 수 있다. 이 경우, 효율적인 방법을 고민하고 시행착오를 거친 후에 실행하는 편이 낫다.

마감 기한까지 일을 끝내기 위해서 효율적인 방법을 찾거나 하루하루 할당량을 채워나간다. 효율적인 방법을 찾으려고 시행착오를 했다면, 잘못된 방법과 바로잡은 방법을 보고서에 쓴다. 할당량을 정해서 그 일을 했다면 진행률을 보고서에 쓴다. 일하는 방법을 찾기 위해서 다양한 방법을 조사하고 시도했다면 그 내용을 보고서에 쓴다.

매일 같은 일을 반복하기 때문에 일일보고서에 쓸 내용이 없다고 푸념하는 직장인이 많다. 일을 하다 보면 계획처럼 되지 않을 때가 많다. 매일 같은 일을 한다면 계획대로 되지 않는 일이 거의 없어야 한다. 매일 같은 일을 하는 것 같지만 실제로는 매일 다른 일을 한다. 매일 실행한 일을 기록해서 자기가 어떤 일을 했는지 확인하면 일을 하는 목적이 분명해지고 완성도도 높아진다. 그뿐만 아니라 한 일을 매일 수치화해서 기록하면 어떤 형태로든 실력이 향상되는 것을 눈으로 확인할 수 있다. 보고서에 기록했을 때 얻는 가장 큰 장점은 내가 한 일이 공식적으로 알려진다는 것이다.

보고서 작성자는 두 가지 유형으로 구분할 수 있다. 자기가 한 일을 모두 보고서에 쓰는 사람과 성과를 낸 일만 보고서에 쓰는 사람.

대부분은 성과를 낸 일, 좋은 결과를 예상할 수 있는 일만 보고서에 쓴다. 자기가 한 일 가운데 확실히 성과가 나오는 일을 중심으로 쓴다. 반면,

자기가 한 일을 모두 업무보고서에 쓰는 사람이 있다. 인트라넷에 업무보고서를 작성하고 퇴근하는 회사에서 동료는 시간별로 메모장에 한 일을 적었다. 퇴근할 즈음 메모장에 적어둔 내용을 인트라넷 업무보고서에 복사/붙여넣기 하는 걸로 업무보고서 작성을 끝냈다. 다른 직원들은 퇴근 전에 자기가 한 일을 업무보고서에 적느라 분주했다. 메모장에 시간별로 한 일을 적어서 업무보고서를 쓰는 동료가 남들보다 일을 더 하거나 능력이 뛰어난 건 아니었다. 하지만 업무보고서로 근태를 확인하는 관리자는 그 직원을 열심히 일하는 직원, 꼼꼼한 사람으로 평가했다.

하루에 거래처 열 곳을 방문하는 영업 담당자는 거래처 한두 곳에서 주문 또는 수주를 받는다. 성과로 연결된 내용만 보고하면 관리자는 거래처 한두 곳만 방문한 것으로 인정한다. 하루 종일 열 곳의 거래처를 다니며 열심히 일했지만 성과는 미비하다. "장마다 나오는 꼴뚜기가 아니다"라는 속담처럼 매번 좋은 기회가 생기지 않는다. 방문했지만 주문을 받지 못한 곳에서 본 것, 느낀 것이 있다. 현장에서 보면 개선할 부분이 분명히 눈에 보인다. 거래처 담당자와 미팅해서 좋은 결과를 얻지 못해도 대화하는 중에 기회를 포착하거나 새로운 아이디어가 떠올랐다면 그 내용을 쓴다.

보고서에 자기가 한 일을 낱낱이 기록해서 공치사를 하라는 게 아니다. 관리자·경영자에게 열심히 일한다는 사실을 알리려는 목적으로 업무보고서를 쓰는 건 옳지 않다. 성과를 낸 일만 보고하는 것도 바람직한 보고는 아니다. 맡은 일을 묵묵히 해내는 직원을 찾아내서 일을 맡기는 관리자는 없다. 자기가 맡은 일을 어떻게 하고 있는지, 일을 하는 과정에서 나타나는 문제와 해결 방안을 알리는 것도 보고서의 기능이다.

성과를 낸 일 외에 실수나 문제가 발생한 상황도 반드시 보고서에 쓴다. 단, 해결 방안을 제시하고 자기 의견을 넣는다. 《No라고 말하지 않는 서비스》에 리츠 칼튼 호텔의 문제 해결 보고서가 사례로 나온다. 이 보고서는 누가 어떤 실수를 했는지 문제 삼는 게 아니라 왜 그런 실수가 일어났으며 앞으로 어떻게 해야 실수를 막을 수 있는지 고민하기 위해서 쓴다.

리츠 칼튼 호텔에서는 고객이 불만을 제기하거나 직원이 실수를 했을 때 '문제 해결 보고서'에 실수한 이유와 상황을 자세히 기록한다. 리츠 칼튼 호텔은 고객 불만을 개선의 기회라고 생각한다. 고객이 룸서비스를 오래 기다렸다는 불만을 제기하면 주방과 레스토랑의 동선이 비효율적일 수도 있고 일시적으로 룸서비스가 몰리는 시간에 직원이 부족할 수도 있다. 바쁜 시간에 동선을 효율적으로 바꾸거나 담당 직원을 늘려서 서비스를 향상시키는 기회로 삼는다.[2]

리츠 칼튼 호텔에서는 고객 불만을 '기회'라고 여긴다. 고객 불만을 처리해서 질 좋은 서비스, 고객 관리를 개선하는 기회로 삼는다. 거래처 열 곳을 방문해서 한두 건의 주문을 받아오는 영업 담당자는 성과를 내지 못한 거래처 방문을 보고서에 쓰고 성과를 내는 방법을 생각하는 기회로 삼아야 한다. 영업 담당자는 문제를 파악하고 해결하려고 노력하는 모습과 의지를 보고서를 통해서 보여줘야 한다. 이런 보고서를 경영자가 보면 자기 경험을 공유하고 발전적인 방향으로 나아가는 방안을 함께 찾을 것이다.

회사에서 하는 모든 일은 보고로 시작해서 보고로 끝난다. 보고서를 쓰는 형식은 회사마다 달라도 일을 하기 전에, 일을 하는 중간에, 일을 끝내고 보고서를 쓴다. 내가 사회생활을 시작했을 때는 업무 분장에 따라 담당자, 할 일, 마감일을 명확히 구분했다. 협업이 필요하면, 업무를 분담하고 자기가 할 일만 하면 됐다. 자기 일이 끝나면 새로운 일이 주어진다. 때로는 하던 일이 끝나기도 전에 새로운 업무 지시를 받았다. 두세 가지 일을 동시에 하거나 하던 일을 먼저 끝내고 다음에 할 일을 시작했다.

요즘 회사에서는 기특하게도 직원이 자기가 할 일을 찾아서 한다. 20여 년 전과 비교하면 지금의 직장인은 매우 능동적으로 일한다. 게다가 한 사람이 여러 가지 일을 담당한다. 자동화, 기계화, 외주화 덕분에 반복해서 하는 일이 줄어들었다. '일당백'이라는 말처럼 여러 가지 일을 몇 명의 담당자

4 할일·한일·결과 보고

가 처리한다. 관리자도 책상에서 '관리'만 하지 않는다. 자기 영역에서 처리할 실무가 있다. 책상에 앉아서 관리와 결재만 하던 전근대적인 상사는 이제 없다.

할 일을 기획하고 어떤 효과·이익이 있는지 설명하고 상사가 검토한 후에 그 일을 해도 좋다는 재가를 받는다. 언제부터 시작해서 언제까지 끝낸다는 일정과 계획을 보고하고 착수한다. 지금 현재, 직장의 모습을 20여 년 전과 비교해서 가장 크게 달라진 점은 직원 스스로 할 일을 기획한다는 것이다. 과거에는 업무를 할당했는데 지금은 스스로 할 일을 찾고, 만들어서 한다. 자기가 할 일을 기획하기 때문에 그 일을 해야 하는 이유와 장점을 문서^{보고서·기획서·제안서 등}로 설명하고 설득한다. 그만큼 써야 하는 문서가 많다. 스스로 일을 찾아서, 만들어서 하는 직장인은 역할과 범위 안에서 능동적으로 일한다. 업무 매뉴얼에는 역할과 범위가 명시되어 있다. 규모가 작은 기업에는 업무 매뉴얼이 없어도 자기 역할과 일의 범위를 암묵적으로 안다.

어떤 일을 하든지 업무 시작과 결과 보고는 직속 상사에게 한다. 대형 프로젝트는 직속 상사 외에 부서장, 이사, 대표 등 경영진의 재가를 받고 진행한다. 여러 단계의 결재를 거쳐서 최종 의사결정자가 확인한다. A프로젝트를 재가한 최종 결정권자가 이사라면, 업무 중에 진행 사항은 직속 상사에게 보고하고 직속 상사는 이사에게 다시 보고한다. 진행 중에 일어난 주요 사안과 결과는 직속 상사와 최종 의사결정자인 이사에게 보고한다. B프로젝트를 결재한 최종 결정권자가 부서장이면 직속 상사와 부서장에게 보고한다. 업무를 지시한 사람, 일을 추진하도록 최종 결재한 사람에게 직접 보고하는 게 원칙이다. 만약, 부서장이 최종 결재한 일을 완료한 후에 직속 상사에게만 보고하고 부서장에게 보고하지 않으면 그 일은 완료한 것이 아니다. 보고 체계가 담당자가 직속 상사에게, 직속 상사가 부서장에게 보고하는 조직에서는 최종 결정권자의 피드백이 직속 상사를 거쳐 실무자에게 전달된다. 실무자가 최종 결정권자에게 직접 보고하지 않는다면, 직속 상사나 대리 보고자를 통해서 반드시 피드백을 받아야 한다.

대형 프로젝트는 기획·계획 단계에서 결재한 상사 모두에게 보고하는 게 원칙이다. 직속 상사, 부서장, 경영자가 프로젝트를 승인했다면, 진행상황 보고와 결과 보고 시점에 보고서 초안을 만들어서 직속 상사에게 먼저 보고하고 피드백을 받아서 수정한 다음 윗선에 보고한다. 대외적으로 공표하는 보고서에는 내부적으로 민감한 사안, 쟁점이 될 만한 내용이 있을 수도 있다. 상사는 염려가 되는 내용, 오해의 소지가 있는 문장을 수정하도록 지시한다. 부서장과 대표에게 결과 보고서 최종안을 제출한다.

일을 하다 보면 매번 좋은 결과가 나오지 않는다. 예상보다 결과가 나쁘거나 사고가 생겼다면 지체 없이 보고한다. 부서장, 이사, 경영진 등에게 보고하기 전에 먼저 직속 상사에게 알린다. 사고 경위, 사고 원인과 처리 과정, 구두로 보고한 날짜와 시간 등을 반드시 보고서에 쓴다. 모든 보고는 적절한 시점에 해야 한다. 특히 나쁜 소식은 가능한 한 빨리 보고한다. 소수의 인원으로 운영하는 기업에서는 빠른 처리를 위해서 경영진이 직접 프로젝트 기획안을 재가한다. 직속 상사가 부재 중일 때 부서장, 경영진이 허락해서 시작한 일도 직속 상사에게 먼저 보고한다. 직급에 따라 권한이 다르다. 담당하는 업무 영역도 다르다. 업무를 지시한 사람에게 직접 보고하는 게 원칙이지만 직속 상사에게 보고하지 않으면 업무 결과와 상관없이 상사와 좋은 관계를 유지하기 어렵다.

대다수의 상사는 완벽한 보고서보다 빠른 보고를 원한다. 담당자가 보고를 제때 하지 않아서 상사는 자기가 결재한 업무에 대한 소식을 다른 경로를 통해서 듣기도 한다. 상황이 이렇다면 실무자는 보고서를 완벽하게 써서 제출해도 좋은 피드백을 받을 수 없다.

프로젝트를 종료한 후에 쓰는 결과 보고서는 기한이 정해져 있지 않으면 급하게 쓰지 않아도 된다. 때로는 결과 보고서를 일이 끝나자마자 바로 써야 할 때가 있다. 대금 결제를 바로 해야 하거나 정부부처, 관리기관에 보고서를 제출하는 기한이 정해진 경우가 그렇다. 결과 보고서를 쓴다고 모든 업무가 종료되는 건 아니다. 의사결정권을 가진 상사가 보고서를 확인하고 결재해야 업무가 종료된다. 결재를 받아야 대금을 결제하고 기관에도 제출할 수 있다.

만약, 급하게 보고해야 하는데 상사가 자리에 없다면 어떻게 해야 할까? 대금 결제일과 기관에 서류 제출 기한이 얼마 남지 않아서 빨리 보고해야 하는데 보고를 받아야 하는 상사가 출장이나 회의 때문에 자리를 비웠다면 전화로 연락해서 먼저 구두로 보고한다. 상사가 외부에 있더라도 전화로 통화한 후에 결과 보고서를 확인해줄 것을 요청한다. 결과 보고서 확인이 늦어져서 이후에 처리할 업무가 지연되는 일이 있어서는 안 된다. 상사가 결과 보고서를 결재하지 않아서 대금 지급이나 사후 처리가 지연되면 기업의 신뢰도가 떨어지고 다음 프로젝트에 나쁜 영향을 줄 수도 있다.

결과 보고서를 결재해야 하는 상사와 연락할 수 없는 상황이라면 차상위자에게 보고한 다음 '추인'을 받는다. 추인은 차상위자가 대신 결재해서 중요한 업무를 처리하고 나중에 상사가 보고서를 결재하는 것이다. 어떤 경우에도 결재가 지연되어 회사에 손해를 끼칠 수 있는 문제가 발생해서는 안 된다.[3]

프로젝트를 완료했는데 상사가 부재중인 경우가 있다. 이럴 때 완료 보고를 천천히 해도 된다고 생각하는 실무자가 있다. 결과 보고는 '신속'이 생명이다. 보고서는 나중에 제출하더라도 보고는 즉시 한다. 업무에 따라 즉시 보고해야 하는 일과 여유 있게 해도 되는 보고가 있다. 시간적으로 여유가 있어도 보고는 신속하게 하는 편이 낫다. 시간이 지날수록 보고·보고서의 가치는 떨어지기 때문이다. 업무보고, 회의보고, 결과보고 등 모든 보고가 마찬가지다. 회의보고서는 회의가 끝난 후에 한두 시간 안에 또는 회의를 한 당일에 작성해서 업무와 관련한 실무자에게 전달한다. 회의 결과를 신속하게 공유하기 위해서 회의보고서 작성자는 회의 중에 보고서를 쓴다. 출장 보고서도 마찬가지다. 두 명이 함께 출장을 가면 현지에서 업무를 끝내고 다음 장소로 이동하면서 한 사람은 다음 업무를 준비하고 한 사람은 보고서를 쓴다. 대도시로 출장을 갈 때, 기차를 타면 이동 중에도 보고서를 쓸 수 있다. 전시회, 신제품 발표회처럼 새로운 정보가 쏟아져 나오는 곳에 출장을 가면 회사에서 전시회·발표회 소식을 기다리는 직원들에게 신기술과 획기적인 제품·서비스 정보를 신속하게 알리기 위해서 현장에서 사진을 찍어서 SNS에 올리고 주요 내용을 요약해서 전달한다. 정보를 신속하게 전하기 위해 전시회와 발표장에서 촬영한 영상을 실시간으로 유튜브, 페이스북에서 방송하기도 한다.

일을 완료하거나 일단락을 지었다면 결과에 상관없이 신속하게 보고한다. 나쁜 일, 사고 소식 등은 더 신속하게 보고한다. 좋은 일은 보고가 늦어졌다고 문제가 되지 않는다. 하지만 나쁜 결과는 신속하게 보고하지 않으면 상황이 더 나빠질 가능성이 있다. 나쁜 보고는 늦어질수록 피해가 커진다. 경제적 손실뿐만 아니라 신뢰도 하락 등 심각한 결과를 초래할 수 있다. 나쁜 일은 빨리 보고하고 보고서를 쓸 때도 대충 써서 감추기보다 상사가 반드시 확인할 수 있게 강조한다.

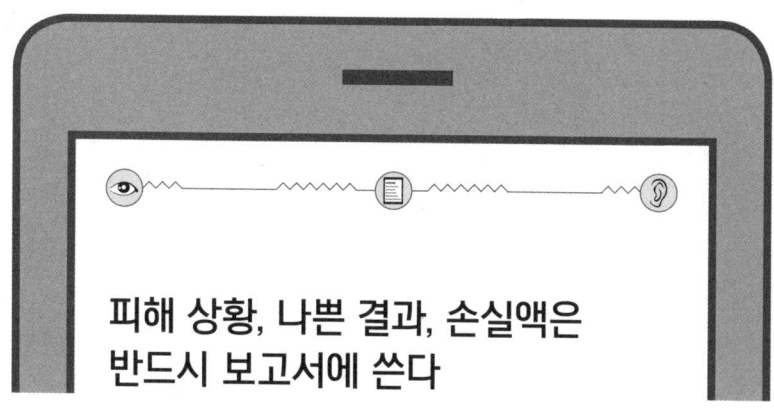

피해 상황, 나쁜 결과, 손실액은 반드시 보고서에 쓴다

회사에서 하는 일은 대부분 계획대로 진행되지 않는다. 공공기관, 대기업도 마찬가지다. 재원이나 인력 문제로 사업에 제동이 걸리거나 기획 단계에서 협력사와 합의하는 과정에 마찰이 생기기도 한다.

사업을 하다 보면 계획대로 안 되는 일이 더 많다. 계획에서 변동이 있는 상황은 반드시 보고서에 기록한다. 목표로 정한 실적에 못 미치거나 매출이 악화되면 판매 관련 부서에서는 원인을 찾아서 대책을 세우기보다 다른 부서에 책임을 떠넘기려고 하는 경우가 있다. 매출을 담당하는 영업부에서 처음부터 좋은 기획이 아니었다고 제작 관련 부서에 책임을 떠넘긴다. 기획팀 담당자는 함께 기획하고 모든 구성원이 기획안에 동의했는데 상품이 나온 걸 보니 기대 이하였다는 평계를 댄다. 홍보도 원활하지 않았다며 디자인, 제작, 홍보·마케팅 부서를 탓한다. 제작 부서와 홍보·마케팅 부서는 예산을 탓한다. 모든 부서에서 근본 원인을 찾지 않고 남 탓만 하면, 절대로 좋은 결과를 만들 수 없다.

결과를 좋게 보이려고 포장하거나 읽는 사람이 큰 문제로 생각하지 않게 하려고 축소할 필요는 없다. 모든 일에는 예상한 목표치가 있다. 목표와 비교해서 뒤떨어지거나 예상보다 결과가 나쁘면 현실을 직시하고 실행 가능한 개선책을 찾아야 한다. 《좋은 기업을 넘어 위대한 기업으로》를 쓴 짐 콜린스는 '잔인한 사실과 불편한 진실'을 있는 그대로 공유하라고 했다. 보고서에 좋은 결과만 쓰거나 실적을 포장해서는 안 된다. 매출이 큰 폭으로 하락했다면, 어느 정도 하락했는지, 손해는 얼마인지 분명하게 보여주고 상황을 개선하려면 어떻게 해야 하는지, 당장 실행할 수 있는 방법, 효과를 볼 수 있는 최선의 대책을 제시한다. 상황이 나빠도 긍정적인 시각을 유지하는 자세가 중요하다.

긍정적인 시각이 모든 문제를 해결하지는 않는다. 하지만 현실을 직시하지 않으면 난관을 돌파할 수 없다. '실적이 저조하다', '적자가 누적된다'는 내용을 보고서에 쓰고 싶은 담당자는 없다. 상황을 좋은 쪽으로 돌려놓기 위해서 정리해고나 임금동결·삭감처럼 특단의 대책을 마련해야 할 수도 있다. 이런 보고서와 해결책을 반길 경영자는 없다. 하지만 누군가는 상황을 직시하고 문제를 해결하기 위해서 노력해야 한다. 실무자는 나쁜 결과가 나오기 전에 상황이 좋지 않은 걸 안다. 천재지변이나 사고로 인해서 갑자기 상황이 악화되는 경우가 아니면 모든 실무자는 일이 잘 못 되고 있다는 사실을 먼저 안다. 잘못되고 있는데도 보고서에 쓰지 않는 이유는 자기 힘으로 상황을 좋게 만들 수 있다고 생각하기 때문이다. 하지만 대부분 자기 힘으로 해결하려다가 골든타임을 놓친다.

일이 잘못된다는 보고서를 좋아하는 경영자는 없다. 그렇다고 좋지 않은 상황에 관한 보고를 미루고 좋은 실적만 보고서에 쓸 수는 없다. 나쁜 결과는 반드시 드러난다. 손을 쓸 수 없는 상황이 되기 전에 빨리 해결책을 찾아야 한다.

회사마다 사건·사고에 대응하는 방식에는 차이가 있지만, 나쁜 상황을 보고하고 문제를 해결하기 위해 노력하는 직원을 탓하는 회사는 없다. 경영자는 나쁜 상황을 솔직하게 밝히고 해결하려는 실무자를 높게 평가한다. 당장은 질책을 받을 수도 있다. 모든 조직에서는 솔직한 사람을 신뢰한다.

보고서에 불편한 사실을 쓰고 좋은 상황으로 바꿔놓는 게 중요하다. 문제를 해결하고 앞으로 진행하는 일은 순조롭게 수행하는 편이 훨씬 생산적이다. 핵심은 문제를 해결해서 좋은 결과를 만드는 것이다.

투명성이 존중받는 시대다. 투명성을 핵심 가치로 평가하는 기업도 늘고 있다. 보고서를 통해서 투명성을 확고히 할 수 있다. "매도 먼지 맞는 게 낫나"라는 말처럼 담당자는 질책 받을 각오로 나쁜 소식을 알려야 한다. 양지가 있으면 음지가 있듯이, 좋은 일이 있으면 나쁜 일도 있다. 모든 상황을 투명하게 전달하는 문화는 조직을 성장하게 만든다. 상황을 솔직하게 보고하되 잘 되는 방향으로 해결책을 내놓고 실수를 만회할 방법을 찾는다면 결국에는 성장한다.

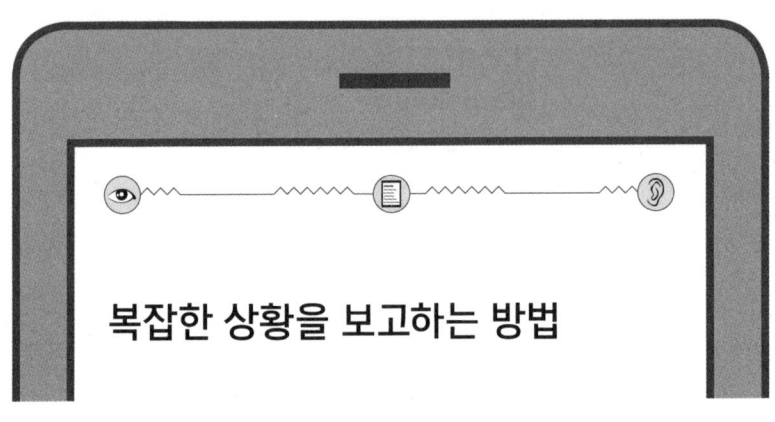

복잡한 상황을 보고하는 방법

보고서는 종류와 목적, 주기에 따라 분량과 내용이 다르다. 모든 보고서를 한 페이지로 쓰면 좋겠지만 실무에서는 그러지 못하는 경우가 많다. 월간보고서는 주간보고서보다 내용이 많다. 분기·반기보고서는 월간보고서보다 여러 가지 업무에 관해서 쓰고 분량도 많다. 연간보고서에는 진행사항과 결과, 평가를 넣는다. 보고서를 쓰는 주기가 길수록 보고서 내용과 분량은 늘어난다.

내가 일한 회사에서는 새로운 기획안과 사업별 목표, 매출 실적, 참고사항 등으로 항목을 구성해서 월간보고서를 만들었다. 부서마다 추진하는 일, 계획하는 일, 협의·합의 사항, 매출 보고서까지 넣으면 15~20페이지 분량으로 월간보고서가 완성되었다. 나는 기획자 입장에서 신상품 기획안, 개발 목표, 경쟁사·경쟁상품에 대한 현황과 시장 점유율, 자사 상품과 경쟁

상품의 장단점에 이르기까지 상품 기획 업무와 관련된 정보를 모으고 분석해서 보고서에 썼다. 부서 관리자는 월간 회의에서 임원에게 업무 진행 사항을 보고하고 전달사항을 각 부서 담당자에게 이메일로 보냈다.

모든 부서 실무자들은 월 말이면 꼭 써야 하는 보고서라고 생각하고 관행적으로 썼다. 부서 관리자는 보고서 내용이 빈약하면 임원들에게 보고할 때 일을 적게 했다는 인상을 준다고 했다. 주간보고서와 그동안 써두었던 기획안, 다이어리에 적어둔 업무 등을 참고해서 월간보고서를 썼다. 월간보고서를 쓰는 데 짧으면 반나절 정도 걸렸다.

매월 마지막 주에는 월간보고서를 쓰느라 분주했다. 여러 부서 담당자가 쓴 보고서를 취합해서 완성한 월간보고서는 해당 업무와 밀접하게 관련 있는 담당자도 제대로 읽지 않았다. 업무보고를 받는 상사도 월간보고서를 대충 읽었다. 업무 담당자는 다 알고 있는 내용이라서 읽지 않았고 상사는 정보가 필요할 때마다 담당자를 불러서 물어보는 게 편하다며 읽지 않았다. 20여 페이지의 월간보고서는 회의에서 참고 자료의 기능만 했다.

어느 날 기획팀, 디자인팀, 제작팀, 영업팀에 대표의 지시가 전달됐다. 경생사에서 기획하는 상품·마케팅에 관한 몇 가지 정보를 이야기하면서 보고서에 경쟁사 동향을 정리하고 우리가 준비하는 신상품 기획에도 반영하라는 지시였다. 대표가 전달한 경쟁사의 정보는 우리회사에서 먼저 기획하고 이미 시행 중인 내용이었다. 상품기획 단계에서 상품 특징과 마케팅 전략을 여러 번 논의하고 이미 기획에 반영했고, 기획서와 보고서에도 썼다. 하지만 '남의 떡이 커 보인다'는 속담처럼 경쟁사의 정보에만 귀를 기울이고 내부에서 작성한 보고서와 참고자료는 대충 본다는 사실을 여실히 드러낸 사건이었다.

실무자들은 시간과 노력을 들여서 쓴 보고서를 윗선에서 읽지 않는다는 문제를 회의에서 공식적으로 제기했다. 문제를 해결하기 위해서 보고서 형식을 바꾸기로 했다. 주간회의와 기획회의에서 여러 번 언급한 내용은 짧게 요약하고 매달 업데이트하는 매출 자료와 트렌드 정보, 경쟁사 동향을 위주로 월간보고서를 썼다. 부서별로 진행 중인 일상적인 업무는 보고서에 쓰지 않기로 했다. 그랬더니 20페이지 분량의 보고서는 4~5페이지로 줄었다. 디자인·제작 부서 업무보고는 한 페이지도 되지 않았다. 기획과 마케팅 부문에서 새로운 이슈는 발생할 때마다 한 페이지 분량으로 보고서를 쓰고 참고자료를 첨부해서 이메일로 전달했다. 관련 부서 실무자와 관리자는 메일로 피드백을 전달했다.

보고서 형식을 바꾼 결과, 월간보고서를 쓰는 시간은 크게 줄어들었다. 일일보고, 주간보고를 충실하게 했다면 월간보고서를 쓰는 데 채 1시간도 걸리지 않았다. 보고서 분량을 줄였더니 꼼꼼히 읽는 사람은 늘었다. 4페이지 분량의 월간보고서는 나중에 업무진행 보고서 1페이지, 매출 보고서 1페이지, 총 2페이지로 줄였다. 대신 경쟁사 동향과 트렌드 자료는 수시로 공유했다.

하루 일과 중 절반을 보고서 쓰기에 할애하는 것은 시간 낭비다. 분량이 많다고 보고서의 질이 향상되는 것도 아니다. 분량이 과하면 읽는 사람도 부담스럽다.

보고서에 꼭 필요한 내용만 쓰라고 하면, 여러 가지 일을 동시에 진행하고 있어서 전달할 내용이 많고, 복잡한 상황을 보고서에 쓰려면 분량이 늘어날 수밖에 없다고 하소연한다. 단언컨대, 보고서는 복잡한 현황을 전달하는 데 적합하지 않다. 내용이 복잡할수록 반드시 얼굴을 보고 말해야 한다. 대면보고는 가장 확실한 의사소통 방법이다. 핵심만 보고서에 쓰고 상사의 얼굴을 보면서 설명한다. 경험에 비추어보면, 일이 제대로 되지 않으면 보고서가 복잡해진다. 계획대로 진행된다면 보고서에 여러 말을 쓸 필요가 없다. 복잡한 보고서, 분량이 많은 보고서는 일이 제대로 진행되지 않는다는 뜻이다. 일이 잘못된 사실을 알리려면 얼굴을 맞대고 보고하는 편이 빠르고 정확하다.

사안이 복잡하고 상사가 화를 낼 게 분명할 경우, 실무자는 상사와 직접 마주치지 않으려고 이메일로 보고한다. 이메일 보고를 해서 당장은 불편한 자리를 피할 수 있다. 하지만 상황이 악화될 수 있다. 이메일 보고는 얼굴을 보면서 대화할 때처럼 상황을 나타내는 어투와 감정을 전달하기 어렵다. 이모티콘을 사용해서 감정을 표현하는 방법도 적절하지 않다.

보고서와 보고는 소통하는 역할을 한다. 하지만 둘의 목적은 다르다. 보고서는 기록, 대면 보고는 신속한 소통이 목적이다. 보고서에 복잡한 사안을 전달해야 한다면 최대한 핵심만 간추린다. 보고서를 쓴 사람이 알고 있는 사실을 보고서를 읽는 사람에게 완벽하게 전달할 수는 없다. 보고서를 읽는 사람이 헷갈리면 일은 더 복잡해진다.

보고서에는 복잡한 상황을 보여주는 사실^{fact}과 수치, 참고사항만 간략하게 쓴다. 나중에 문제의 소지가 있다고 판단되어 입장을 밝히는 수단으로 활용할 수 있는 근거를 첨부한다. 그런 다음 복잡한 상황을 분석해서 최대한 단순하게 정리하고 중요한 내용만 보고서에 쓴다.

마크 매코맥은 《비즈니스 현실감각》에 복잡한 상황을 간단하고 명확하게 전달하는 다섯 가지 규칙을 정리했다.[4]

첫째, 발신자, 수신자, 작성일, 제목을 쓴다.

둘째, 핵심을 한 줄로 쓴다. 문장이 길수록 내용은 복잡해진다. 전달하려는 내용을 완곡하게 표현하지 않는다.

셋째, 최대한 간결하게, 메모하듯 작성한다. 사실만 쓴다. 입장이나 의견을 덧붙이면 왜곡될 우려가 있다. 복잡한 사안의 전달은 대면 보고나 전화 통화처럼 실시간으로 상대방의 피드백을 받는 방식이 적절하다.

넷째, 시간 여유가 있고 논쟁의 여지가 있다면 보고할 시점을 생각한다.

다섯째, 복잡한 사안에 대한 보고서는 반드시 출력해서 보관하고 사안과 관련 있는 사람들과 공유한다.

경영 전문가 루이스 알렌은 복잡한 보고에 대해서 이런 말을 남겼다.

"보고할 대상이 많을수록 일의 결과에 대해 책임지기는 더욱 어렵다."[5]

보고서에 복잡한 내용을 써서, 읽는 사람마다 다르게 해석하지 않도록 주의한다. 보고서에 기록으로 남길 때는 복잡한 상황에 대응하는 방안과 차선책, 전문가 의견, 법률적인 해석 등 고려할 사항을 함께 정리한다. 복잡한 상황을 보고서에 써서 기록으로 남기는 것은 중요하다. 단, 복잡한 상황을 간결하게 기록해야 보고서는 제 기능을 한다.

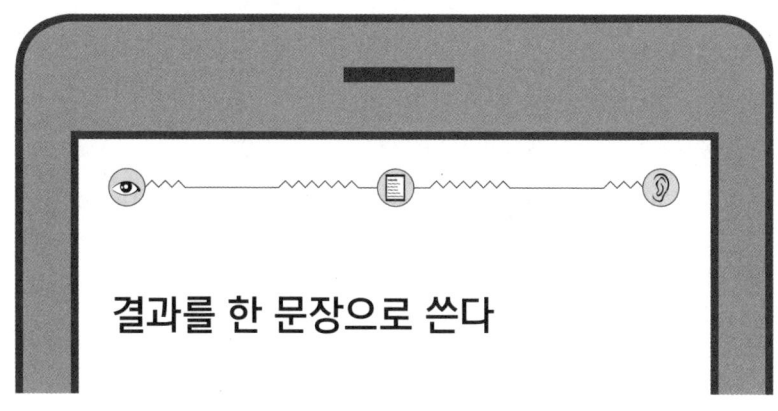

결과를 한 문장으로 쓴다

한 페이지 보고서를 읽은 사람이 기억하는 것은 많아야 두세 가지 정보다. 하나만 정확히 기억해도 다행이다. 모든 사람은 자기가 중요하다고 생각한 내용만 기억한다.

보고서를 제출하고 피드백을 받아보면 상사가 무엇을 중요하게 생각하는지 알 수 있다. 업무용 문서에는 읽는 사람이 원하는 내용, 꼭 전달해야 하는 내용을 쓴다. 독자를 분석하는 이유도 읽는 사람이 원하는 내용, 즉 무엇을 궁금하게 생각하는지 파악하기 위해서다.

상사가 사업 단계별 공정에 관심이 많으면 추진 일정과 기술적인 내용, 효율적으로 일하는 방법을 주의 깊게 살펴본다. 사업 규모에 따른 자원 활용, 비용 등에 관심이 있으면 보고서에서 예산·비용 내역, 가용 자원과 인력 배치를 유심히 본다.

보고서를 검토한 후에 상사가 추가 자료를 요청하거나 재차 확인하는 내용이 핵심이다. 보고서에서 전달하는 내용이 너무 많거나 애매하거나 어렵다면 상사는 어떤 피드백도 하지 않는다.

현재 상황과 앞으로 나아갈 방향을 상사가 알고 싶어 하는 내용과 함께 결론을 한 문장으로 쓴다. 다음은 핵심을 쓰는 데 지켜야 하는 네 가지 금지 사항이다.

첫째, 부정적인 내용으로 작성하지 않는다.

둘째, 담당자 또는 협력업체를 험담하지 않는다.

셋째, 경쟁사의 단점을 언급하지 않는다.

넷째, 실패 사례를 과도하게 부각하지 않는다.

보고서는 업무를 진행하는 동안, 완료한 후에 쓴다. 따라서 진행 사항이나 결과가 중심이다. 진행이 원활하지 않거나 성공적으로 수행하지 못했다고 하더라도 부정적인 내용을 중심으로 쓰면 안 된다. 만약, 목표 달성에 실패했다면 추진하는 과정에서 얻은 교훈과 앞으로 유사한 일을 할 경우에 더 잘할 수 있는 방법을 찾았다는 사실에 집중한다.

일이 늦어지거나 문제가 생기면 핑곗거리부터 찾는 사람이 있다. 이들이 찾아낸 핑계는 담당자 또는 협력업체의 실수다. 경쟁사도 비슷한 실수를 했다고 언급한다. 담당자의 실수, 다른 회사에서 실패한 사례를 언급할 수는 있다. 하지만 이 내용이 보고서의 핵심은 아니다. 핵심은 담당자 또는 협력업체의 실수, 사고를 통해서 얻은 교훈이다.

보고서를 검토한 상사는 업무에서 발생한 문제와 해결한 방법, 재발 방지 대책을 확인한다. 이 부분이 빠져 있다면 추가로 자료를 요구한다. 문제와 해결에 대한 구체적인 보고 외에 새로운 가능성을 발견한 부분이나 유사한 문제를 효율적으로 해결하는 방법을 중심으로 보고서를 쓴다.

보고서에 쓸 내용을 정리한 후에 핵심을 한 줄로 쓴다. 전체 내용을 대표하는 한 줄은 보고서를 계속 읽어야 할지 말아야 할지를 판단하는 기준이 된다. 핵심은 한 문장으로, 두 줄이 넘지 않게 정리한다.

보고하는 내용을 한 줄로 압축해서 전달하는 일반적인 방법이 있다. 드라마 〈미생〉에서 핵심만 압축하는 일화가 소개되기도 했다.

읽는 사람 입장에 맞춰서 한 문장으로 쓰는 방법이 대체로 유효하다. 읽는 사람 입장에 맞추는 경우를 예로 들면 다음 세 가지로 나눌 수 있다.[6]

- 사업은 계획한 일정대로 ○○부문 진행 중.
- ○○부문 추진 과정에 예상하지 못한 문제 발생.
- 사업 진행 중에 ○○부문은 일정대로 진행 중. ××부문에서 문제가 발생했음.

"계획한 일정대로 진행 중"으로 보고서를 시작하면 상사는 더 이상 보고서를 읽을 필요가 없다. 업데이트된 세부 내용을 확인하고 앞으로 진행할 일들을 챙기면 된다.

"예상하지 못한 문제 발생"으로 보고서를 시작하면 상사는 해결책을 찾는 모드로 전환한다. 상황에 따라 업무의 우선순위를 바꾸거나 몇 가지 질문을 하고 즉시 판단할 문제인지, 해결책을 찾는 시간을 가질지 생각한다. 앞서 "예상하지 못한 문제"에 대한 보고가 있었다면 즉시 해결 방안을 제시하거나 회의를 소집한다.

"○○부문은 일정대로 진행 중. ××부문에서 문제가 발생했음"으로 시작하는 보고서가 가장 흔한 유형이다. 거의 모든 보고서에서 좋은 소식과 나쁜 소식이 동시에 나온다. 좋은 소식은 계획보다 빨리 또는 훨씬 높은 수준의 목표를 달성한 것이다. 사실 그대로 보고하면 된다. 나쁜 소식은 사고나 문제가 발생해서 정해진 기간까지 목표를 달성하지 못하는 경우다.

문제가 되는 상황은 기획 단계에서 설정한 최저 목표 수준과 현황을 대조해서 평가한 자료를 제시한다.[7]

병원에서 외과 수술 후에 진통의 정도를 확인하기 위해서 출산 경험이 있는 여성에게 거의 아픔을 느끼지 못하는 상태를 1, 아기를 낳는 고통을 10으로 가정하고 고통의 정도를 표현하라고 한다. 환자가 말하는 숫자가 진통의 정도를 나타내는 지표, 즉 핵심이다. 마찬가지로 부문별 목표 수준과 현황을 대조해서 보고서에 정리하면 부정적인 결과와 긍정적인 결과가 구분된다. 부정적인 결과를 수치화해서 쓰면 심각한 정도를 알 수 있다. 나쁜 상황을 정확히 인식하면 불확실성이 해소된다.

목표 수준에 도달하지 못한 부정적인 요인은 해결방안을 찾으면 된다. 이렇게 하면 주의가 필요한 부분, 문제 해결에 역량을 집중해서 문제를 더 신속하게, 더 적극적으로 해결할 수 있다.

핵심을 한 줄로 보여줌으로써 상황을 정확히 전달하고 더 빨리 해결책을 찾을 수 있다. 그 결과, 문제를 해결하고 목표를 달성한다.

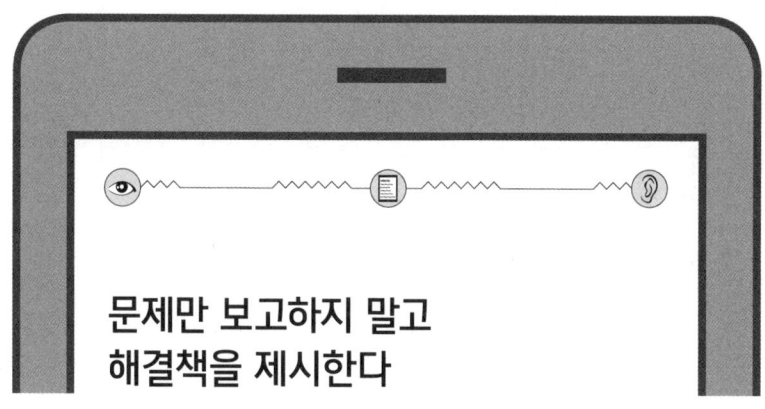

문제만 보고하지 말고 해결책을 제시한다

《문서작성 최소원칙》에 상사가 싫어하는 보고서를 네 가지 유형으로 구분해서 정리했다.

첫째, 제출 시점이 늦은 보고서

둘째, 결론이 부정적인 보고서

셋째, 결론이 없는 보고서

넷째, 계획이 없는 보고서

네 가지 유형 외에 문제점만 보고하고 해결책을 제시하지 않은 보고서도 상사의 안색을 어둡게 만든다. 일을 하면서 문제가 생기지 않는 경우는 매우 드물다. 회사에서 하는 '일', '공정', '작업'은 문제를 해결하면서 완성하는 것으로 봐도 무방할 정도로 일을 하면서 크고 작은 문제가 계속 생긴다.

노련한 직원은 문제가 일어날 징조가 보이면 노하우와 경험적 지식을 동원해서 문제가 확대되기 전에 조치를 취한다. 때로는 문제의 소지가 될 만한 요인을 사전에 차단하고 혼자서 일을 다 하는 것처럼 공치사하면서 다른 사람은 일을 하지 않는다고 불평 섞인 말을 한다. 불평하는 사람이 한 명이라도 옆에 있으면, 불평은 빠른 속도로 전염된다.

회사에서 경영자·관리자는 문제가 될 만한 것들을 미리 찾아서 처리하는 직원을 좋아한다. 불평하는 직원을 좋아하는 사람은 없다. 문제를 늘어놓고 불평만 하지 말고 해결책을 찾기 위해 노력하는 자세를 가져야 한다. 긍정적인 생각을 가진 사람은 문제를 해결하는 데 집중하는 반면, 부정적인 생각을 가진 사람은 불평하면서 문제를 해결할 실마리를 차단한다는 연구 결과도 있다.[8]

예를 들면 이렇다. 한겨울에 난방기가 고장났다. 불평을 늘어놓는 사람은 "우린 다 얼어 죽을거야. 늘 일처리가 늦는 우리 회사에서는 봄이나 돼야 고칠 거야."라고 불평한다. 문제를 해결하려는 사람은 난방기가 과열돼서 누전 차단기가 작동했는지, 전원에 문제가 없는지, 난방기 온도조절기 표시창에 에러 코드가 표시되었는지 등을 확인한다. 누전 차단기가 문제라면 의외로 간단하게 고칠 수도 있다. 온도조절기 표시창에 에러 코드가 나오면 서비스센터에 문의해서 간단한 조치로 다시 가동할 수도 있다. 수리를 받아야 하는 경우라면, 당장 수리 예약을 하고 수리 비용을 확인한다. 난방기 수리 비용과 수리기사 방문 일정이 정해졌으므로, 난방기 수리에 관한 품의서를 작성해서 제출한다. 이렇게 하면, 난방기 수리기사가 방문하기 전까지 춥게 지내겠지만, 불확실성이 해소되고 난방기 고장으로 인한 문제도 해결된다.

난방기가 고장 났다고 불평만 늘어놓고 아무런 조치도 취하지 않으면, 난방기는 가동을 멈춘 상태로 방치된다. 관리부서 담당자에게 난방기가 고장 났다고 알리는 것이 일반적인 방법이다. 이렇게 처리하면 관리부서 담당자가 확인하고 수리가 필요한 경우, 수리 예약을 하고, 품의서를 쓰는 동안 추운 곳에서 일해야 한다. 관리부서 담당자가 바쁘면 난방기 점검과 수리는 계속 뒤로 밀린다.

　회사에서 문제가 발생하면, 동료들과 불평을 늘어놓기보다 해결 방법을 찾아야 한다. 문제가 있을 때마다 적극적으로 해결하려는 자세를 취하면 주변 사람들이 '해결사'라고 부른다. 이렇게 크고 작은 문제를 해결하면 이런 소문은 동료와 상사, 경영진의 귀에 들어간다. 문제를 찾아서 해결하는 직원을 좋아하지 않는 경영자는 없다.'

　문제가 있다면, 우선 원인을 찾고 해결책 또는 대안을 제시하기 위해서 이런 방법, 저런 방법을 궁리한다. 그러면 어떤 형태로든 보고서에는 해결책을 찾으려고 애쓴 흔적이 남는다. 디자인 싱킹, 전략적 문제 해결, 애자일 방법론 등을 이용해서 문제 해결 보고서를 써야만 문제 해결을 위해서 노력한 것은 아니다. 문제 해결 방법론은 효율적으로 문제를 해결하기 위해 만들어 놓은 형식일 뿐이다. 문제를 찾아서 해결하려는 노력이 중요하다. 문제를 찾아서 해결하려고 노력한 걸 알아주는 사람이 없어도 괜찮다. 설사 해결하지 못했더라도 노하우는 노력한 사람에게 고스란히 축적되었기 때문이다.

　일반적인 보고서에도 문제를 설명하고, 문제가 발생한 상황을 쉽게 이해할 수 있게 그림이나 사진을 첨부한다. 담당자 또는 보고서 작성자가 조사한 대로 문제가 발생한 근본 원인을 정리한다. 근본 원인을 알 수 없다면, 조사에서 밝혀낸 원인을 사실에 기초해서 정리한다. 그리고 당장 실행해야 하는 임시 대책과 장기적인 해결책을 제시한다. 근본 원인을 찾았다면 근본적인 대책까지 보고서에 쓴다.

정식으로 문제 해결 보고서를 쓰려면, 원인을 점검한 내용, 매뉴얼 준수 여부, 표준 공정 준수 여부, 정품 사용 여부, 품질 관리 여부 등을 기술하고 시정 조치 및 예방조치 사항을 실천할 수 있게 정리한다. 이 문제의 해결책이 타 부서에서 같은 문제가 발생했을 때도 적용할 수 있는지 고려해서 전사적으로 실행해야 하는 내용이라면 모든 구성원과 공유한다.

정식으로 쓰는 문제 해결 보고서가 아니라 일상적인 보고서에도 문제의 원인, 임시 대책, 근본적인 해결책을 간략하게 쓰면 손실·피해를 줄일 수 있다. 문제를 해결하는 근본적인 원인이 비용이나 인력 문제로 당장 실행할 수 없어도 지속적으로 보고하고 당장 실행할 수 있는 해결 방법과 개선책을 제시한다.

모든 일에는 문제가 발생한다. 문제를 보고하지 않고 미봉책으로 넘기면서 하루하루를 지내기 때문에 문제가 없는 것처럼 보이는 것이다. "병은 소문을 내야 빨리 낫는다"라는 옛말처럼 나쁜 상황을 알리고 힘을 모으면 문제는 해결된다.

5

핵심이 한눈에 보이게 쓴다

일목요연한 보고서

일목요연-目瞭然은 한 번만 보고도 분명히 안다, 즉 핵심이 한눈에 보인다는 뜻이다. 나는 일목요연이라는 말을 경험으로 터득했다. 일목요연은 모든 내용이 한눈에 들어오게 보고서를 쓰는 게 아니다.

일목요연의 의미에 부합하려면 주요 내용만 한눈에 알아보게 쓰면 된다.

기업에서 전자결재 시스템을 처음 도입하던 시기에 한 기업 경영진을 대상으로 전자결재 시스템 사용법을 교육할 때 있었던 일이다. 경영진 십여 명에게 전자결재 시스템에 관한 교육을 했다. 전자결재 과정에서 나오는 화면을 모두 캡처해서 보여주면서 설명한 다음 미리 준비한 모의 전자결재 서류에 경영진이 직접 전자서명을 넣어서 결재하는 과정을 실습해보도록 했다.

가르치는 내용과 대상에 따라 교안을 읽으면서 설명하는 게 효과적인 경우가 있고 핵심 화면만 보여주고 직접 따라 하면서 방법을 설명하는 게 효과적인 경우가 있다. 경영진을 대상으로 한 교육은 후자였다. 이런 교육은 여러 번 설명하는 것보다 여러 번 따라 하는 편이 효과가 좋다. 교육을 하는 과정에는 문제가 없었다. 시스템 오류는 없었고 컴퓨터 사용에 익숙하지 않은 50~60대 경영진도 잘 따라 했다. 경영진에게 몇 번 더 실습을 하도록 권하고 질문을 받은 다음 교육을 마치려고 하는데, 한 사람이 오늘 교육한 내용을 '일목요연'하게 문서로 정리해서 메일로 보내달라고 요청했다.

교안을 만들어서 나눠주었지만 이런 요청을 했다. 요청을 무시할 수는 없어서 결재 과정을 마지막으로 시연하면서 교육에 참석한 경영진이 어떤 화면에서 고개를 갸우뚱하는지 지켜봤다. 전자결재 시스템은 담당자가 올린 기안과 각 부서 관리자가 승인한 내용, 예산, 일정 계획, 가치 평가 등의 문서를 참조해야 한다. 여러 가지 문서를 확인하고 결정권자가 결재하기까지 적어도 10~20여 개 화면을 본다. 알림 메시지도 여러 번 나온다. 교육 참석자들이 예산과 일정 계획 등 별도로 첨부한 문서 확인 과정을 빠트린다는 것을 발견했다. 나는 전자결재 시스템 사용 시 주의사항과 함께 교육 중에 찾아낸 '경영진이 빠트리는 부분'을 중심으로 보충 교안을 만들어서 전달했다.

진행 중인 일이나 일정, 계획, 문제가 발생한 상황 등을 빠짐없이 문서에 기록하겠다는 생각은 어리석다. 일목요연한 보고서는 흐름을 파악할 수 있도록 핵심만 담은 것을 말한다.

보고서 분량을 한 페이지로 제한하는 이유도 일목요연한 문서를 쓰기 위해서다. 보고서, 제안서, 기획서 등의 문서를 한 페이지로 작성하라는 의미는 분량, 형식을 제한하라는 게 아니다. 한 페이지에 핵심만 쓰라는 뜻이다.

핵심만 쓰게 하려고 보고서 쓰기 순서를 정하고 다양한 방법론을 제시한다. 대표적인 방법론이 보고서 분량을 한 페이지로 제한하는 것이다.

다음은 일반적인 보고서 작성 순서다.

1. 스토리보드 만들기
2. 메시지를 논리적으로 연결하기
3. 핵심(문제) 확인하기
4. 근거 자료 제시하기
5. 실행방안(해결방안) 제시하기
6. 실행 후 발생할 효과 및 부작용 예상하기
7. 요약 및 작성하기

문서작성 교육에서는 이 순서를 권한다. 중간에 아이디어 개발·구체화, 근거자료 수집 등의 과정을 넣기도 한다. 실무에서는 이런 순서에 따라 문서를 작성하지 않는다. 첫 번째 단계부터 생략한다. 규모가 큰 프로젝트 기획안이나 프레젠테이션을 하는 제안서만 스토리보드를 만든다. 보고서를 쓰면서 스토리보드를 만드는 경우는 대형 프로젝트를 진행할 때뿐이다. 업무에 관한 현재 상황, 진행사항, 결과 등을 적절한 순서에 따라 내용을 기술하기 위해서 차례를 정하고 수집한 자료를 분석해서 보고서를 쓴다.

일목요연한 보고서를 쓰기 위해서 앞에서 설명한 순서를 지키는 것은 소 잡는 칼로 닭을 잡는 격이다. 실무에서 일목요연한 보고서를 작성하는 데 필요한 것은 다음 세 가지다.

첫째, 핵심만 쓴다. 보고서는 간결해야 한다. 내용과 형식, 문장, 메시지 모두 간결해야 한다. 간결한 형식과 문장은 보고서를 읽는 사람의 지루함을 덜어주고 신뢰도를 높인다. 꼭 전달해야 하는 내용을 밑줄이나 볼드체로 표시할 수도 있지만 한눈에 봤을 때 난삽하게 보이는 형태는 피한다.

둘째, 체계적으로 쓴다. 체계는 각각의 내용이 하나의 계통을 이루는 것이다. 번호를 넣는 방식, 개조식 또는 서술형 표현의 통일, 결론에 도달하는 일관성은 형식으로 체계를 보여주는 것이다. 보고서 시작 부분에 요약을 넣고 공정, 특이사항, 주요 내용을 앞에 배치한다.

셋째, 보고서를 읽는 사람을 분석하고 목적을 명시한다. 읽는 사람이 알고 싶어 하는 내용을 구체적으로 기술한다. 보고서 목적에 맞게 단락을 구성하고 주요 사실을 있는 그대로 쓴다.

잭 웰치 회장은 20여 년 동안 GE를 경영하면서 '1 Page Report' 문화를 만들기 위해 무던히 노력했다. 그는 비즈니스 문서는 핵심을 효과적으로 보여줘야 한다고 주장했다. '1 Page Report' 문화를 만드는 과정에 이런 일이 있었다. 과거의 방식으로 보고서를 쓰던 직원들은 한 페이지에 전달할 내용을 모두 넣기가 어려웠다. 전달할 내용은 많은데 분량을 한 페이지로 제한해서 직원들은 결국 글자 크기를 줄였다. 여러 페이지에 전달하던 내용을 글자 크기를 줄여서 한 페이지에 몰아넣었다. 내용을 압축하기 보다 글자 크기를 줄이는 방법을 선택한 것이다.

앞에서 전자결재 시스템 교육 후 강의 내용을 일목요연하게 문서로 정리해달라는 요청을 받은 사례처럼 보고서에 모든 내용을 자세하게 쓸 필요는 없다. 중요한 내용만 기술하면 된다. 읽는 사람이 잘 아는 내용, 반복해서 보고한 사안, 이전에 보고한 내용은 간략하게 넣거나 생략해도 무방하다. 정기적으로 보고서를 작성한다면, 자세한 내용은 며칠자 보고서를 참조하라는 메시지를 넣어도 괜찮다.

글로 설명하기 어려운 경우, 사진, 도표, 그림을 한두 개 정도 넣는다. 구색을 맞추기 위해 넣는 게 아니라 효과적으로 설명하기 위해서 넣는다. 제한된 공간에 많은 정보를 전달할 때는 줄글로 풀어서 쓰기보다 그래프나 표를 넣는 것이 효과적이다. 한두 페이지로 끝나는 보고서도 도표를 넣고 내용을 설명하면 이해도를 높일 수 있다. 도표에서 중요한 숫자는 볼드로 표시한다. 복잡한 내용은 길게 설명하기보다 도해로 보여준다.

핵심을 도표와 도해로 나타내고 해결할 문제는 글로 설명한다. 주요 내용은 볼드와 밑줄 표시를 넣어서 눈에 띄게 편집한다. 단, 볼드와 밑줄은 제한적으로 사용한다. 인터넷에서 찾은 도표, 그림 등을 넣을 때는 출처를 밝히고 그림·도표 제목과 설명을 넣는다.

도표, 그림을 이해하려고 한참 들여다본다면 제 역할을 못하는 것이다. 현재 상황, 진행사항, 결과 등을 사실 그대로 전달하면서 동시에 핵심이 한눈에 보이도록 정리했다면 보고서의 역할은 다 한 것이다.

첫 단락에 핵심을 넣는다

직장에서 십 년 넘게 일하면, 보고서만 읽고도 직원이 일하는 스타일을 파악할 수 있다. 3~5년 차 직원의 실무 능력은 엇비슷하다. 시키는 일마다 잘 해 내는 직원이 따로 있는 것은 아닌데 어느 직원은 맡은 일마다 술술 잘 풀리고, 어느 직원은 쉬운 일을 맡겨도 어렵게 끝낸다. 쉬운 일을 어렵게 끝내는 직원은 공통적으로 이런 특징이 있다. 골칫거리가 딱 하나 있는데 혼자 힘으로 해결하려고 하면서 보고하지 않는다.

보고하지 않으면 관리자는 현장에 어떤 골칫거리가 있는지 모른다. 경험이 부족한 직원은 해결책을 몰라서 시행착오를 겪지만 십수 년 이상 일한 관리자는 골칫거리를 대부분 경험했고 해결하는 방법도 안다. 당장 실행할 수 있는 미봉책, 근본적인 해결책까지 관리자의 머릿속에 있다.

맡은 일을 순조롭게 끝내는 직원과 늘 골치 아픈 문제를 해결하려고 동분

서주하는 직원의 차이는 보고서에 있다. 어떤 일이든 순조롭게 끝내는 직원은 보고서에 애로사항을 쓴다. 반면, 골칫거리를 해결하는 데 급급한 직원은 정상적으로 진행되는 일만 보고서에 쓰고 골칫거리는 숨긴다. 결국, 관리자는 해결책을 알지만, 일하는 데 문제가 없는 걸로 알고 도움을 주지 않는다.

보고서를 '잘 쓴다'와 '관리자에게 도움을 받는다'는 어떤 의미일까? '잘 쓴다'는 문서로 의사소통하는 능력이 뛰어나다는 뜻이다. 자기가 맡은 일의 진행 상황과 해결할 문제, 의견을 보고서에 쓰면 그것을 본 상사는 조언을 한다. 일상적인 보고서에 쓴 한 줄을 관리자가 눈여겨볼 수 있게 만들어야 한다. 직원이 업무를 장악하고 있다면 상사의 조언에서 힌트를 얻어서 문제를 해결하고 좋은 성과를 낸다. 반면, 보고서에는 순조롭게 진행되는 일만 쓰고 골칫거리는 자기 힘으로 해결한 후에 보고하려고 하면 상사의 조언을 들을 기회를 놓친다. 그뿐만 아니라 골칫거리는 더 심각해져서 해결할 기회를 놓친다.

일일보고서, 주간보고서에 문제와 해결하기 곤란한 내용을 간략하게 쓰기 바란다. 조속히 해결해야 하는 문제나 예상하지 못한 상황이 발생하면 메신저, 전화 등을 이용해서 보고한다. 이메일은 수신자가 확인하는 시점을 예상할 수 없고 피드백도 늦기 때문에 메신저, 전화로 보고하는 편이 낫다. 이메일, 메신저, 전화로 보고할 때는 현재 상황과 담당자 의견을 쉽게 알아볼 수 있게 표현한다. 내용이 길면 요점을 파악하기 어렵다.

일상적으로 제출하는 업무보고서는 한눈에 핵심이 보이게 쓰지 않으면 상사는 제대로 읽지 않는다. 일일보고서는 같은 내용이 반복된다. 특별할 게 없다. 주간보고서, 월간보고서도 마찬가지다. 기획 단계부터 수차례 언급했고 진행 사항, 완료 예정일을 여러 번 보고했기 때문에 아주 특별한 상황이 아니면 보고서 검토는 형식적으로 끝난다.

예를 들어, 부서에 관리자를 포함해서 9명의 직원이 있다. 직원들은 담당하는 일이 각각 다르다. 관리자는 8명의 직원이 제출한 일일보고서를 확인한다. 8명이 쓴 보고서를 꼼꼼히 확인하는 관리자가 몇이나 될까? 보고서를 제출했으니 어쨌든 검토는 해야 한다. 이럴 때 관리자는 보고서를 어떻게 볼까? 대충 훑어보면서 문제가 있는 업무만 살펴본다. 순조롭게 진행되는 일에는 특별히 관심을 두지 않는다.

형식적으로 검토하는 보고서를 한눈에 들어오게 쓰려고 노력해본 적이 있는지 묻고 싶다. 인트라넷에 접속해서 보고서를 쓰든, 이메일로 보고하든, A4 용지에 인쇄하든 한눈에 들어오는 텍스트의 분량은 최대 400자 정도다. 워드 프로그램에서 10줄 정도 줄글로 쓰면 약 400자 분량이다. 10줄은 인쇄해서 제출하는 한 페이지 보고서에서 3분의 1 정도다. 인트라넷은 화면에 따라 다르지만 여기서도 10줄을 넘지 않는 범위에서 핵심을 써야 한다.

한눈에 들어오는 보고서를 쓰려면, 처음 시작하는 10줄 안에 핵심을 담아야 한다. 문장이 길고 복잡하면 핵심을 찾을 수 없다. 핵심은 전체 내용을 요약한 게 아니라 중요한 내용만 모은 것이다.

계획대로 진행 중인 업무는 '이상 없음'이라고 쓴다. 기일 내에 마무리할 수 있으면 현재 진행하는 과정을 한두 줄로 정리하고 '계획대로 진행 중'이라고 쓴다. 계획대로 진행되는 일은 특별히 보고서에 쓸 내용이 없다. 보고서에는 특이 사항, 문제, 골칫거리 등을 확실히 알아볼 수 있게 쓴다. 잡다한 내용을 많이 쓰는 것과 상황을 정확하게 알리는 것은 다르다.

　업무를 진행하는 과정에 특별한 일이 많아서 내용이 많다면 한눈에 보고 내용을 파악하도록 10줄 이내로 요약한다. 양적인 추이 변화를 나타내려면 그래프·도표를 맨 앞에 배치해서 핵심을 전달한다. 해결할 문제는 반드시 앞에 배치해야 해결책에 대한 피드백을 받을 수 있다.

꼭 필요한 메시지만 남기기 위해서 스토리보드를 만든다

누구나 짧고 간결한 보고서를 쓰려고 한다. 하지만 완성된 보고서를 보면 짧고 간결하게 쓰는 방법을 모르는 것 같다. 보고서에는 전해야 하는 메시지가 있다. 짧고 간결한 보고서를 쓰려면 읽는 사람에게 필요한 메시지만 넣으면 된다. 보고서의 주체는 읽는 사람이다. 작성자가 하고 싶은 이야기가 아니라 읽는 사람이 원하는 내용을 써야 한다.

보고서의 메시지는 읽는 사람에 따라서 조금씩 다르다. 직급에 따라서 관심사가 달라진다는 내용을 설명하면 다음과 같다.

직속 상사는 이번 주까지 마무리하기로 한 일이 제대로 진행되는지 궁금하다. 직속 상사에게는 계획대로 진행된다는 사실을 알리면 된다. 만약, 계획보다 늦어진다면 늦어지는 이유와 기한에 맞춰서 끝내는 방안을 제시한다. 부서장은 기한 내 일이 끝나는 건 당연하다고 생각한다. 예상한 목표를 달성할지 여부가 궁금하다. 부서장에게는 목표를 어느 정도 달성했고 남은 기간에 어떻게 최종 목표를 달성할지 알려준다. 경영진은 현재 추진하는 일을 통해서 얻는 이익과 비용, 효율·효과 등의 성과가 궁금하다. 따라서 경영진에게는 지금까지 투입한 비용과 예상 이익, 어느 정도 효율이 있는지 전한다. 예상보다 효율이 떨어진다면 효과가 나타난 측면을 강조한다.

경영자는 일의 추진과 성과, 다른 사업과 연결하는 방법, 지속 가능한 사업으로 만드는 전략을 생각한다. 경영자가 보고서에서 원하는 메시지는 사업의 성과가 기업의 비전과 같은 방향을 향한다는 것, 궁극적인 목표에 다가가는 징검다리 역할을 제대로 하는 것 등이다.

기업마다, 직급마다 상사들이 알고 싶어 하는 정보는 각각 다르다. 보고서 작성자는 상사가 어떤 내용에 흥미를 갖고 있는지 파악해야 한다. 작성자가 중요하게 생각하는 걸 보고서에 쓰는 게 아니라 보고를 받는 상사가 원하는 것을 파악해서 핵심 메시지로 정하고 그 메시지만 명확하게 쓴다.

정석대로 한다면, 상사가 원하는 메시지를 보고서에 담기 위해서 제일 먼저 할 일은 스토리보드 만들기다. 일상적인 보고서는 스토리보드 만들기를 생략한다. 대형 프로젝트의 완료보고서처럼 정리할 내용이 많고 프레젠테이션을 해야 한다면 반드시 스토리보드를 만들어야 한다.

스토리보드를 만들면 메시지를 중복하거나 빠트리는 오류가 줄어든다. 논리는 탄탄해진다. 스토리보드를 구성하는 과정이 논리를 만드는 구조와 비슷하기 때문이다.

스토리보드는 그림과 같이 중심 메시지 아래 하위 메시지가 있다. 논리

피라미드와 형태·기능이 비슷하다.

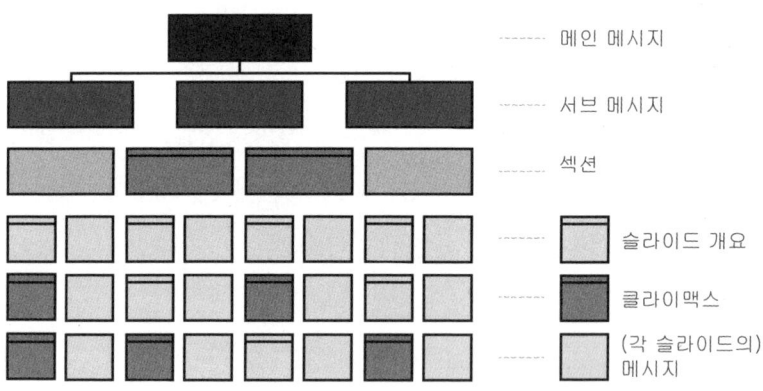

보고서 스토리보드의 피라미드 논리 구축

하위 메시지에 개요, 지향점, 계획, 결론·의견을 넣는다. 각각의 하위 메시지는 주장과 근거로 나타낸다. 3의 법칙에 따라 하나의 주장에는 근거를 세 개만 넣는다. 인과관계에 따라 A^{원인}이기 때문에 B^{주장}해야 한다는 형태로 메시지를 만든다.

개요, 지향점, 계획, 결론의 구조를 그대로 보고서에 옮기기도 하는데 소제목을 붙여서 별도의 단락으로 구성해야 보기에 좋다. 결론을 앞에서 보여줄 경우에는 "○○○○을 추진해야 한다", "○○○○ 해결 방안 및 개선 대책"이 핵심이다. 네 개의 단락에는 ○○○○을 추진해야 하는 이유를 넣는다.

보고서를 검토하는 사람이 명분을 중요시한다면 이유·배경을 먼저 설명한다. 현황 분석을 간략하게 정리하고 그 일을 해야 하는 이유를 제시한다. 그러면 명분을 중요하게 생각하는 사람은 핵심을 빨리 이해한다.

스토리보드 구성 내용

구성	내용
개요	결론 요약 / 목적과 목표 / 대강의 일정
지향점	방향성 / 결과 예측
계획	전체 계획 / 부문별 상세 계획 / 시간표(시간 흐름에 따른 목표 달성 프로세스)
결론	성과와 예상되는 문제점과 과제

보고서를 제출하고 구두 보고 또는 프레젠테이션을 한다면 강조하는 부분을 반복하거나 더 강력하게 주장해서 의미를 전달할 수 있다. 보고서에서 핵심을 파악하게 하려면 문서를 시작하는 부분에 결론을 요약해서 넣는다. 그러면 보고서를 읽는 동안 핵심 메시지에 관심을 붙잡아둘 수 있다.

스토리보드를 만들면 분명히 장점이 있다. 보고서에 정리할 내용이 많으면 단락마다 비슷한 분량으로 메시지를 배치하고 논리에 벗어나는 내용을 점검할 수 있다. 간단한 보고서를 쓸 때는 스토리보드를 만들지 않는다. 스토리보드를 만드는 목적은 핵심 메시지, 즉 필요한 내용을 논리적으로 전달하는 데 있다. 간단한 보고서는 개요-지향점-계획-결론 순서에 따라 단락을 구성하고 개요와 결론에 핵심 메시지를 넣는다. 스토리보드를 만들지 않아도 핵심 메시지를 보고서에 담을 수 있다면 만들지 않아도 된다.

다음은 핵심 메시지를 제대로 썼는지 확인하는 체크리스트다.

☑ 보고서를 읽는 사람이 기대하는 내용이 있는가?
☑ 핵심 메시지와 목적·목표는 연결되어 있는가?
☑ 핵심 메시지를 요약해서 앞 부분에 넣었는가?
☑ 메시지는 프레임워크를 이용해서 구조화했는가?
☑ 핵심 메시지를 강조했는가?
☑ 사안의 중요성에 맞춰 검토하는 시간을 예상해서 분량을 조절했는가?
☑ 문제가 발생한 상황을 설명하고 해결책을 대안과 함께 제시했는가?
☑ 결론에 사업 분석, 앞으로 할 일, 해결해야 할 과제를 넣었는가?
☑ 한 일, 사실을 설명하는 데 그치지 않았는가?
☑ 메시지의 누락이나 비약은 없는가?

스토리보드는 보고서를 읽는 사람이 원하는 정보를 빠트리지 않게 해주고 메시지를 한 방향으로 모아준다. 상황에 따라 근거와 이유는 바뀌어도 핵심 메시지는 일관되게 유지된다. 보고서에 쓸 메시지를 메모하듯이 적어서 스토리보드를 만든 다음 관련 있는 내용끼리 분류해서 논리적으로 연결한다. 그런 다음 체크리스트 항목에 따라 핵심 메시지를 배치하면 꼭 필요한 내용만 담은 간결한 보고서가 완성된다.

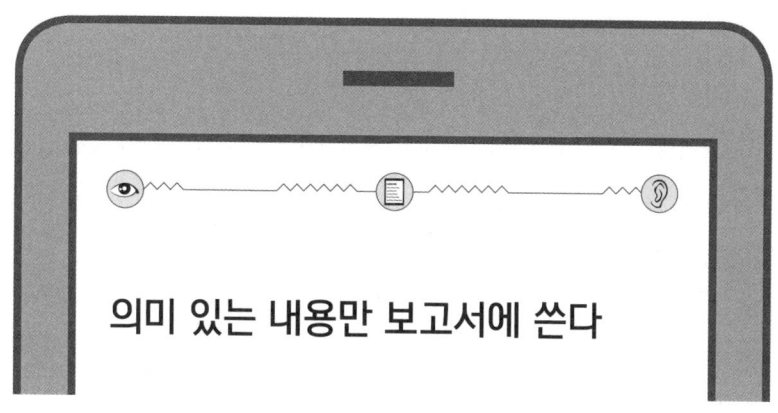

의미 있는 내용만 보고서에 쓴다

직무능력 향상 교육 커리큘럼에 보고서 작성은 빠지지 않는다. 신입사원·중간 관리자 교육에서 보고서를 '자세하게' 쓰라고 가르친다. 교육을 받은 직원은 얼마 동안 보고서에 알고 있는 모든 정보를 낱낱이 기록한다.

보고서 작성 교육에서 '자세하게 써라'는 중요한 내용을 자세히 기록하라는 뜻이다. 중요한 정보, 즉 의미 있는 정보를 보고서에 쓰고 모두가 알고 있는 사실이나 의미 없는 내용은 걸러낸다.

수많은 정보 가운데 의미 있는 내용만 걸러내려면 어떻게 해야 할까? 어떤 사람은 자료를 분석하라고 하고 또 어떤 사람은 행간(숨은 의미)을 읽으라고 한다. 의미 있는 내용은 겉으로 드러나지 않는다. 직장에는 의미 있는 내용은 걸러내는 시스템을 이미 갖추고 있다. 그 시스템은 업무일지다. 일일보고서, 주간보고서, 월간보고서는 업무 중에 의미 있는 일을 걸러내는 기능을 한다. 단, 제대로 썼을 때만 효과를 볼 수 있다. 일일보고서가 구멍이 작은 그물이라면 주간보고서는 그보다 구멍이 약간 큰 그물이다. 월간보고서는 주간보고서보다 구멍이 더 큰 그물이다. 정기적으로 쓰는 보고서가 있고 진행하는 단계마다 쓰는 보고서도 있다. 사업이 끝나면 단계별 보고서를 취합해서 완료보고서를 쓴다. 정기적으로 쓰는 보고서와 단계별로 쓰는 보고서를 제대로 썼다면 완료보고서, 연간보고서에는 핵심만 남는다.

업무보고서를 형식적으로 쓰면 완료보고서·연간보고서에 핵심을 쓸 수 없다. 일일보고서에 기초해서 주간보고서를 쓰고 주간보고서를 참고해서 월간보고서를 쓴다. 일일보고서, 주간보고서를 대충 썼다면 월간보고서를 쓸 때, 4주 동안 일어난 일을 기억에 의존해서 써야 한다. 핵심보다 기억에 남는 내용만 쓴다. 인간의 기억력은 매우 불완전하다. 지난주에 했던 회의 내용도 정확하게 기억하지 못한다. 2~3주 전에 성가시게 했던 문제도 해결하고 나면, 무엇이 문제였는지 까맣게 잊어버린다. 똑같은 문제가 생기면 또다시 해결방법을 찾아 헤맨다.

일일보고서에 하루 동안 있었던 일을 모두 적는 직장인은 없다. 일일보고서는 상세하게 적어도 되고 주요 업무만 적어도 된다. 주요 업무와 기억해야 하는 일은 반드시 적는다. 나는 직장 생활을 하면서 다이어리 한 페이지를 세 영역으로 구분해서 할 일, 한 일, 문득 떠오른 생각 등을 적었다. 세 영역은 나만의 다이어리 양식이다. 보고서에 의미 있는 내용을 꾸준히 기록하는 비법은 양식을 만드는 것이다.

기자로 일할 때, 일과가 끝나면 업무일지를 제출하고 퇴근했다. 외근 중에 현지에서 퇴근하면 다음날 아침에 제출했다. 일지를 쓰는 형식은 '자유'였다. 한 줄만 써도 되고 편지나 시처럼 써도 상관없었다. 한 가지 강제 사항은 매일 쓰는 것이었다. 회사에서 업무일지를 쓰게 한 이유는 상사에게 진행 사항을 보고하거나 검사받기 위해서가 아니었다. 상사는 제출한 업무일지를 제대로 보는 것 같지 않았다. 업무일지를 받아서 직원별로 모아두었다가 마감이 끝나면 훑어보고 돌려주었다. 피드백은 거의 없었다. 직원이 피드백을 원하면 선배로서 조언 정도만 해주었다.

업무일지처럼 규칙적으로 쓰는 보고서는 작성자의 사정에 따라 내용이 들쭉날쭉하다. 일이 잘 끝나서 기분이 좋고 여유가 있을 때는 아주 상세하게 적는다. 하지만 바빠서 또는 문제가 생겨서 해결하는 데 온 정신을 집중하고 있을 때는 보고서를 대충 쓴다. 골치 아픈 문제가 장기간 지속되면 업무일지를 쓸 의욕이 사라진다. 의욕이 없는 상태가 지속되면 보고서는 형식적으로, 어쩔 수 없이 쓰는 애물단지로 전락한다.

나는 일일·주간·월간보고서는 항목을 정해놓고 내용만 바꿔서 넣는다. 정해놓은 항목은 웬만하면 바꾸지 않는다. 필요하면 임시로 항목을 추가한다. 기타 항목에는 분류할 수 없는 내용만 쓴다. 대부분의 직장인이 이렇게 쓸 것이다. 할 일이 적어서 쓸 게 없으면 일을 하면서 문득 떠오른 생각을 적어둔다. 한 일이 많아서 기록할 게 많으면 주요 내용만 간략하게 쓴다. 내가 쓴 보고서를 한 달 또는 분기별로 살펴본다. 보고서에 쓴 내용을 보면서 했던 일을 머릿속에서 복기한다. 그러면 협력업체 담당자와 만나서 나눈 사적인 이야기까지 기억이 난다. 일일 업무보고서에서 주간보고서, 주간보고서에서 월간보고서로 갈수록 중요한 업무만 남는다. 이런 방식으로 보고서를 쓰면 일의 흐름을 알 수 있다. 그뿐만 아니라 어떤 일에 시간이 얼마나 필요한지, 비용과 인력은 얼마나 들어가는지 파악할 수 있다.

나중에 비슷한 일을 추진할 때, 이전에 써둔 보고서 몇 줄만 훑어보면 된다. 시간적으로 여유가 있는 날은 업무일지를 자세히 쓰고, 조금 바쁜 날은 대충 쓰거나 건너뛰면 흐름을 파악할 수 없다. 의미 있는 내용을 빠트리는 날도 생긴다. 매일, 일주일, 한 달의 변화는 날마다 핵심만 쓴 보고서에 드러난다. 오늘도 어제와 같은 일을 하고 내일도 그 일을 한다. 매일 같은 일을 해도 그날의 핵심 업무가 있다. 보고서에는 핵심 업무를 기록하고 그 핵심이 축적되면 커다란 변화를 일으키는 동력이 된다.

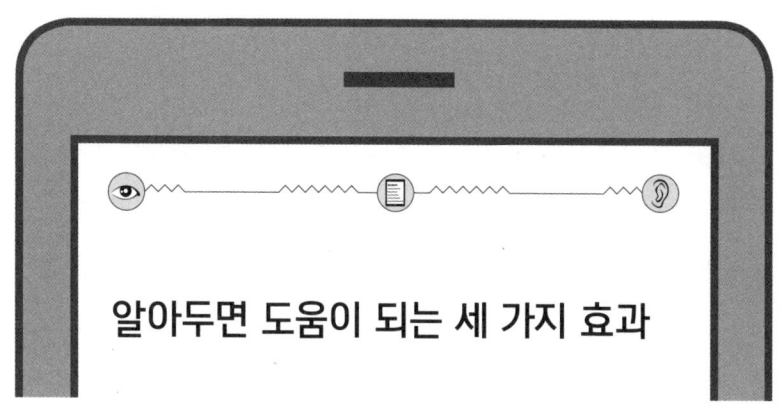

알아두면 도움이 되는 세 가지 효과

신입사원은 보고서를 쓸 때, 선배사원이 쓴 보고서 중에서 잘 썼다고 생각하는 보고서를 몇 개 골라서 참고한다. 여러 사람이 쓴 보고서의 장단점을 비교한 후 자기만의 방식으로 쓴다. 잘 쓴 보고서 하나를 본보기로 정하고 그 형식과 순서를 그대로 따라 쓰기도 한다. 나는 여러 사람이 쓴 보고서를 살펴보고 특징을 정리한 다음, 내가 쓰는 보고서에 활용할 수 있는 요소를 차용한다. 보고서의 시작을 어떻게 써야 할지 모를 때, 이 방법은 효과가 있다. 잘 쓴 보고서 몇 가지를 참고하면 보고서를 무리 없이 쓸 수 있다.

　잘 쓴 보고서는 공통적으로 두 가지 특징이 있다. 첫째, 문장이 명확하고 핵심이 한눈에 보인다. 둘째, 내용 전개가 자연스럽다. 억지로 자료를 꿰맞춘 티가 안 난다. 잘 쓴 보고서는 대충 훑어만 봐도 내용을 바로 이해할 수 있다.

핵심을 정확하게 전달하는 게 문장력이고 내용을 자연스럽게 전개하는 건 구성력이다. 보고서 구성은 귀에 못이 박이도록 들었다. "핵심을 맨 앞에 배치하라", "결론부터 써라", "내용별로 단락을 구분하라"는 구성에 관한 지침이다. 이런 지침은 보고서 작성에서 기본 준수 사항이다.

회사에서 직급이 높아지면 관리하는 일이 늘어난다. 여러 가지 일을 맡아서 관리하기 때문에 검토할 문서도 많다. 작성자는 상사의 머릿속에 다른 정보가 침투하기 전에 메시지를 전달해야 한다. 여러 가지 보고서를 읽어야 하는 상사에게 핵심을 빨리 전달하려고 문장을 짧게 쓰고 핵심을 맨 앞에 배치하는 것이 법칙처럼 굳어졌다.

중요한 내용을 보고서 맨 앞에 쓰는 이유는 읽는 사람이 적어도 첫 단락, 첫 문장은 기억하기 때문이다. 첫 문장을 읽고 이어서 나오는 내용을 유추하고 경험치에 따라 상황을 판단한다. 이것을 초두 효과라고 한다.

보고서 작성자가 초두 효과와 함께 반드시 기억해야 하는 효과는 맥락 효과와 앵커 효과다. 초두 효과, 맥락 효과, 앵커 효과를 활용하면 핵심을 효과적으로 전달할 수 있다.

첫째, 초두 효과는 제일 처음에 나오는 정보가 보고서 전체의 이미지를 전달하는 데 결정적인 역할을 한다는 것이다. 초두 효과는 심리학 용어로 먼저 제시된 정보가 나중에 나오는 정보보다 먼저 각인되어 전체 인상을 만드는 데 강력한 영향을 주는 현상이다. 첫인상 효과라고도 부른다. 초두 효과와 반대되는 개념도 있다. 제일 마지막에 나오는 정보가 기억에 남는 '최신 효과'는 초두 효과와 정반대로 작용한다.

최신 효과는 미국 심리학자 로버트 라나가 제시했다. 가장 마지막에 본 정보가 시간적으로 최신 정보이므로 기억에 남고 공간적으로 가장 가까운 곳의 정보가 깊은 인상을 남긴다. 이런 사실을 이론으로 정립해서 최신 효과가 나왔다. 심리학자들의 연구에 따르면, 정보가 계속해서 나올 때는 초두 효과가 작용하고 정보가 띄엄띄엄 나올 때는 최신 효과가 더 강력하게 작용한다. 초두 효과가 처음 보는 정보나 처음 만나는 사람에게 나타나고, 이미 알고 있는 정보, 친한 사람을 만날 때는 최신 효과가 나타난다.[1]

초두 효과와 최신 효과는 기억, 인지과정에 관여한다. 보고서에서 이 효과를 활용하려면, 읽는 사람이 내용을 인지하는 정도에 따라 핵심을 앞에 제시할지^{초두효과} 아니면 마지막에 제시할지^{최신효과}를 결정한다.

둘째, 맥락 효과는 처음에 제시한 정보가 맥락을 만들어서 나중에 제시한 정보를 긍정 또는 부정적으로 해석하는 데 영향을 주는 개념이다. 처음에 제시한 정보를 긍정적으로 받아들이면 다음에 나오는 정보도 긍정적으로 해석할 가능성이 높다. 반대로 처음에 제시한 정보가 부정적이면 나중에 나오는 정보도 부정적으로 해석할 가능성이 있다. 직원 평가 보고서에 "성실하며 맡은 일을 완료할 때까지 자리를 떠나지 않는다"라고 쓰면, 뒤에 어떤 정보가 나오더라도 읽는 사람은 이 직원을 책임감이 강하다고 평가한다. 하지만 "고지식하며 일이 끝날 때까지 다른 일에는 신경 쓰지 않는다"라고 쓰면 뒤에 어떤 정보가 들어와도 융통성이 없다고 평가한다. 보고서 작성에서 맥락 효과를 이용하려고 좋은 소식을 앞에 배치하는 경우가 있다. 하지만 상사는 바보가 아니다. 좋은 소식에서 나쁜 소식으로 분위기가 바뀌는 순간 대책·대안, 질문을 쏟아낸다.

심리학에서 말하는 맥락 효과는 콘텍스트^context보다 서론에서 결론에 이르는 동안 논리적인 흐름으로 진행되는 '일관성^consistency'으로 봐야 한다. 준비한 자료를 논리에 맞게 배치해서 결론에 도달하기까지 흐름이 끊어지지 않도록 쓴다.

셋째, 앵커 효과는 우리말로 '닻 내림 효과'라고 한다. 배의 닻이 앵커^Anchor다. 배는 정박하거나 특정 위치에 머무르기 위해서 닻을 내린다. 앵커 효과는 생각의 기준점을 설정하는 의미로 사용한다. 앵커 효과는 행동경제학자 대니얼 카너먼 교수가 실험으로 밝혀냈다. 실험 참가자들에게 1에서 100까지 아무 숫자나 선택하라고 한다. 그런 다음 "유엔에 가입한 아프리카 국가가 몇 개 나라일까요?"라고 묻자 사람들은 자기가 뽑은 숫자와 유엔에 가입한 아프리카 국가 숫자를 비슷하게 말한다. 78을 선택한 사람은 70개 국 정도 될 것 같다고 답하고 29를 뽑은 사람은 20~30개 국 일 것이라고 대답한다. 앵커 효과는 사업의 진행률, 매출, 이익 등을 알리는 보고서에서 자주 사용한다. 예상보다 매출액이 적으면, 동종 업계 평균 매출이나 불경기 매출을 기준으로 현재 매출을 제시한다. 사업의 진행률도 마찬가지다. 목표에 못 미치는 진행률을 보고할 때, 동종 사업 가운데 진행률이 낮은 사례를 언급하고 이를 기준으로 사업 진행 과정을 보여주는 것이다.

인지심리학에서 실험으로 증명한 초두 효과, 맥락 효과, 앵커 효과를 이용해서 보고서의 메시지를 배열하면 전달력을 높일 수 있다. 세 가지 효과는 문서를 구성하는 원칙으로 활용한다. 증명된 방법론을 적용해서 메시지를 배열하는 목적은 읽는 사람이 내용을 더 쉽게 이해하도록 하기 위해서다. 나쁜 메시지를 숨기거나 축소하고 듣기 좋은 소식, 순조롭게 진행되는 일만 보여주려는 의도로 이런 효과를 이용하면 절대로 좋은 결과를 만들지 못한다. 이런 효과는 현재 상황을 있는 그대로, 정확하게 전달하기 위해서 사용해야 한다.

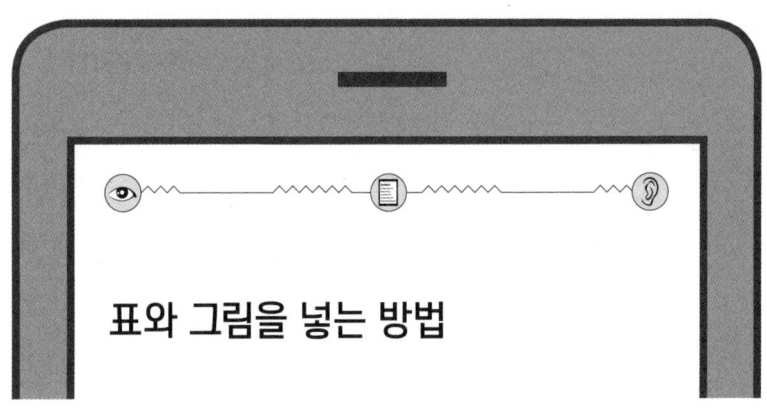

표와 그림을 넣는 방법

일반적으로 보고서는 글텍스트 위주로 쓴다. 설명할 내용이 많으면 읽는 사람이 이해하기 쉽게 줄글로 풀어서 쓴다. 특징이나 항목을 간략하게 보여줄 때는 '있음', '했음', '필요함'처럼 서술어를 생략한 개조식으로 쓴다. 줄글과 개조식 표현은 읽는 사람의 이해도를 높이기 위한 쓰기 방법이다. 이해도를 높이기 위해 표, 그림을 넣는다. 표, 그림은 글보다 눈에 띄고 읽는 사람으로 하여금 집중하게 만든다.

표, 그림, 사진 등을 시각 정보라고 한다. 표를 제외한 인포그래픽, 그래프, 사진, 지도, 순서도 등을 모두 그림이라고 한다. 내용을 한 문장으로 명료하게 표현할 수 있다면 시각 정보는 넣지 않아도 된다. 시각 정보를 넣는 이유는 여러 줄로 풀어서 써야 하는 정보와 장황한 내용을 한눈에 보여주기 때문이다.

많은 자료를 체계적으로 보여주고 글에 대한 이해도를 높이기 위해서 시각 정보를 사용한다. 읽는 사람이 표와 그림을 많이 넣은 보고서를 선호하는 경우를 제외하고, 보고서는 글로 쓰고 그림, 표를 넣는다. 그림, 순서도, 표 등의 시각 정보가 많으면 가독성이 떨어지고 시각 정보 사이에 상호작용을 일으키지 못하면 시야가 분산된다. 이런 이유로 시각 정보는 제한적으로 사용한다. 연구소나 공공기관에서 발표하는 보고서를 보면 시각 정보를 최소한으로 사용한다는 사실을 알 수 있다.

연구소에서 내놓는 보고서는 분량이 많으면 수십, 수백 페이지에 이른다. 보통은 10~30페이지 분량이다. 일반적인 보고서에는 표, 그림이 3~4페이지에 하나 정도 나온다. 30페이지 정도 보고서에 넣은 표, 그림, 사진은 대부분 10개 이하다. 디자인이나 시설에 관한 보고서도 꼭 필요한 그림·사진만 넣는다.

글로 설명하는 것보다 표, 그림 하나로 상황을 명확하게 전달하는 경우에만 표, 그림을 사용한다. 보고서에 넣는 표는 주제를 강조하거나 이해를 돕기 위해 작성자가 정리한 것이어야 한다. 단순히 참고용으로 보여주는 통계자료 또는 관련 기관에서 인용한 표는 보고서 마지막 또는 참고자료 단락에 넣는다.

표와 그래프, 사진 등의 그림은 각각 특징에 맞게 사용한다. 표는 정확한 숫자와 계산 결과, 즉 정량적 자료를 보여줄 때 사용한다. 표에 입력한 숫자는 정확해야 한다. 자릿수 콤마, 소수점, 단위를 반드시 확인한다. 통계 자료를 참조해서 입력했다면 행과 열에 입력한 숫자를 적어도 세 번 이상 확인한다. 삽입한 표에는 반드시 표 1, 표 2 등과 같이 번호를 붙이고 표 제목을 넣는다. 표 설명은 표 제목 옆에 간략하게 넣는다. 표 번호에 〈표 1〉 또는 (표 2)처럼 괄호를 넣기도 하는데, 보고서 작성 지침에 표 번호에 괄호를 넣으라는 내용이 없으면, 의미 없는 괄호는 사용하지 않는다.[2]

그림은 인포그래픽, 사진, 그래프, 지도, 순서도 등을 통칭한다. 인포그래픽을 사용하면 그림에서 정량적인 자료, 상대적인 크기 등을 보여주는 데 효과가 있다. 작성자가 그림은 만들 때, 적절하게 구성하면 많은 자료를 한눈에 보여줄 수 있다. 메시지를 효과적으로 전달하려면 다른 사람이 그려 놓은 이미지를 다운로드해서 사용하기보다 내용을 뒷받침하는 데이터를 보여주는 구성을 고민한 다음 초안을 스케치한다. 그림에서 보여줄 내용을 초안에 모두 넣은 후 메시지를 명확하게 전달하는 방법을 생각한다. 그림만 보면 줄글로 풀어쓴 내용을 읽지 않아도 될 정도로 완전한 그림을 구성한다. 그렇다고 지나치게 자세하게 그릴 필요는 없다. 그림을 통해서 전체 내용을 이해하고 해석할 수 있을 정도면 충분하다.

그림에는 반드시 제목을 넣고 필요하면 설명도 넣는다. 그림 설명은 간단히 넣는다. 표와 그림에 넣는 제목과 설명은 형식을 통일한다. 선 두께, 글자 크기를 통일하고 약어, 용어 등은 줄글로 풀어쓴 내용과 일관되게 쓴다. 회사에서 담당자만 사용하는 비공식 약어는 쓰지 않는다. 사내에서 회람하는 문서에도 사내에서 쓰는 약어를 쓰지 않는다. 왜냐하면, 보고서 일부를 발췌해서 대외용 문서에 넣을 수도 있기 때문이다. 일반적으로 알려진 약어를 쓰고 괄호에 풀어쓴 내용을 넣는다. 그래야 많은 사람이 이해할 수 있다.

표, 그림에 입력한 숫자와 명칭은 최소한 세 번 이상 확인한다. 보고서를 쓰는 동안 줄글로 풀어쓴 내용은 여러 번 교정을 보지만 그림과 표는 제대로 확인하지 않는 경우가 있다. 이해를 돕기 위해서 사용하는 시각 자료의 표기가 내용과 달라서 혼동을 주면 보고서 전체의 신뢰도에 영향을 미칠 수 있다.

표와 그림은 정보를 한눈에 보여주기 위해 넣는다. 시각적인 기능면에서는 인포그래픽 요소를 넣은 표보다 그림이 훨씬 우수하다. 표 또는 그래프를 강조하기 위해서 입체 효과나 장식을 넣는 경우가 많은데 표와 그림을 꾸미는 것은 바람직하지 않다.

내용에 따라서 표와 그래프, 그림을 여러 개 넣어야 할 때도 있다. 하지만 시각 정보는 필요한 경우에만 넣는 것이 보고서에 넣는 표, 그림에 관한 원칙이다. 줄글로 풀어쓰거나 개조식 표현으로 내용이 충분히 전달되는 경우에는 표와 그림, 사진을 넣지 않는다. 작성자는 줄글로 풀어쓰고 그 내용을 한눈에 보여주기 위해서 표 또는 그림으로 정리하려고 한다. 내용을 정리해서 보여주려는 의도는 충분히 이해하지만 보고서에는 꼭 필요한 부분에만 표, 그림, 사진을 넣는다. 결론에서 전체 내용의 핵심을 한눈에 보여주는 표 또는 그래프 하나를 만들어서 넣는 것은 괜찮다.

보고서에서 넣은 시각 요소는 본문에서 반드시 언급한다. 단지 참고자료로 필요하고 내용 전개와 연관이 적은 시각자료는 참고자료 페이지에 넣는다. 참고자료 페이지에 넣은 시각 요소도 본문에서 반드시 언급한다. 줄글로 설명한 내용에서 시각 자료를 언급할 때는 표 번호, 그림 번호를 사용한다. 표나 그림을 언급할 때, "다음 그림은", "아래 표와 같이" 등의 표현은 삼간다. 보고서를 편집하면서 시각 자료 위치가 바뀌어 표나 그림이 문장 위에 배치되거나 다음 페이지로 넘어갈 수 있기 때문에다.

여러 개의 그림을 넣는다면 위, 아래, 왼쪽, 오른쪽보다 일련번호를 넣어서 확실하게 언급한다. 보고서 분량이 많으면 시각 자료 번호를 장별로 나눠서 넣는다. 시각 자료는 글로 설명하는 단락 마지막에 배치하는 게 바람직하다. 자리가 없으면 다음 페이지로 넘긴다. 맥락에 따라서 표는 표끼리, 그림은 그림끼리 몰아서 배치하는 경우도 있다. 직접 만든 표가 아니면 반드시 출처를 밝힌다. 표 아래에 '출처'라고 쓰고 일반적인 인용법에 따라서 출처를 넣는다. 그림의 출처도 마찬가지다. 그림 설명 뒤에 괄호를 넣고 출처를 밝힌다.

한눈에 들어오는 시각 자료 만들기

그림으로 통칭하는 시각 정보를 만들 때는 '단순하게 만들라'는 원칙만 지키면 된다. 하나의 시각 정보에 여러 가지 메시지를 넣으면 복잡해진다. 이해를 돕기 위해서 시각 정보를 넣는데 시각 정보를 해석하는 데 노력이 필요하다면 제 역할을 못하는 요소가 된다. 시각 정보는 메시지를 명확하게 전달하는 기능에 충실하면 된다.

다음 네 가지 지침을 지키면 시각 정보는 보고서에서 제 기능을 한다.

첫째, 모양이 단순해야 한다. 시간에 따른 양적, 질적 데이터 변화, 통계를 분석한 표, 두 개 이상의 변수 사이에 관계를 보여주는 시각 정보를 단순하게 표현하기란 쉽지 않다. 그림으로 수치 자료를 보여주는 방법은 시선을 끈다. 하지만 표에서 보여주는 여러 가지 정량적인 자료에 비하면 그림으로 전달하는 정보의 양은 적다. 그림에서는 자료의 개수를 줄이거나 압축해서 표현할 수 있다. 표에서 숫자를 보여주어 차이를 비교하는 것보다 그림을 넣어서 크기를 비교하는 것이 더 직관적이기 때문이다.

둘째, 한 페이지에 여러 개의 시각 정보를 넣지 않는다. 한 페이지에 시각 정보를 몇 개 이상 넣으면 안 된다는 지침은 없다. 글과 표, 그림이 한 페이지에 있으면 표나 그림, 즉 시각 정보를 먼저 본다. 시각 정보를 보고 내용을 이해하기 위해서 글을 읽는다. 만약 한 페이지에 두세 개의 표와 그림이 있다면 표와 그림 설명을 보고 내용을 이해하기도 전에 머릿속에 여러 가지 정보가 들어와서 뒤죽박죽이 된다. 시각 정보를 설명한 글을 읽어도 이미 머릿속이 혼란스러운 상태이기 때문에 메시지의 전달력은 떨어진다.

셋째, 표와 그림을 꾸미지 않는다. 보고서의 모든 표는 선 두께를 통일하고 장식적인 표현은 배제한다. 인포그래픽과 도식은 모양, 색에 일관성을 유지한다. 표와 그림은 내용을 전달하기 위한 보조 도구이므로 페이지와 조화를 이루는 데 신경 쓰고 시선을 끌기 위한 장식은 하지 않는다. 시각 자료에 그림을 삽입하는 경우가 있다. 연표를 만들 때, 시기 별로 사진을 넣는다. 이때 선명하지 않은 사진은 가능하면 배제한다. 보고서에 들어가는 모든 사진은 이해를 돕기 위한 목적에 충실해야 한다. 해상도가 낮거나 흐릿한 사진은 이해를 돕기는커녕 집중력을 떨어트린다.

넷째, 표와 그림에는 번호를 붙이고 제목을 넣는다. 설명이 필요하면 간략하게 넣고 출처를 밝힌다. 시각 정보는 제목과 설명을 포함해서 그 자체만으로 의미를 파악할 수 있도록 만든다. 집중도를 높이기 위해서 내용과 직접 관련이 없는 표, 그래프 등은 넣지 않는다.[3]

표를 만들 때, 지켜야 하는 원칙은 단순하다. 줄 간격, 선 두께, 테두리 모양을 통일하고 숫자가 많은 표는 소수점을 기준으로 정렬한다. 숫자로 이루어진 표는 칸을 구분하는 선과 적당히 여백을 둔다. 구분하는 기준이 세 개 이상인 경우에는 테두리와 음영을 적용해서 항목과 내용을 구분한다.

보고서 작성자가 구조화, 구체화해야 하는 시각 정보는 도식diagram과 그래프다. 개념과 사례를 글로만 설명하면 전달력이 떨어진다. 읽는 사람은 개념 또는 사례 설명에서 타당성과 효용성을 제시해야 정보로 받아들인다. 이 과정에 구조화가 필요하다. 메시지 전달력은 구조화된 자료와 도식에서 나온다. 잘 만든 도식과 그래프는 정보를 전달하는 힘이 매우 강력하다. 표에서 정확한 자료를 보여준다면 도식과 그래프는 시각적으로 메시지를 주입해서 보고서 내용을 각인시킨다.

도식은 다음 세 단계를 거쳐서 구조화한다.[4]

첫째, 데이터보다 메시지에 집중한다.

둘째, 핵심 메시지와 대조군의 메시지를 비교한다.

셋째, 비교 유형에 적합한 도식을 선택한다.

표는 성량적 데이터, 즉 숫자가 중요하다. 도식은 데이터 변화와 차이, 의미 있는 증가·감소와 이유가 중요하다. 금액이나 비율로 표시된 숫자를 어떤 메시지로 보여줄지 고민하고 자료를 정리한다.

도식에서 메시지를 강조하려면, 비교 대상이 필요하다. 일반적으로 실험 결과를 도출하기 위해서 인위적으로 조건 또는 환경을 설정한 집단을 실험군이라고 하고 실험 결과가 제대로 나왔는지 판단하기 위해 조건 또는 환경을 설정하지 않은 집단을 대조군이라고 한다. 도식에서 비교 대상은 실험에서 대조군과 같다. 이때 상식적으로 이해가 되는 비교 대상을 설정한다. 데이터를 조작 또는 과장했다는 의견이 나오지 않도록 타당성과 객관성이 입증된 비교대상을 설정한다. 보통은 평균치, 전년도 동기 대비, 유사한 프로젝트에서 얻은 결과 등과 비교해서 도식을 만든다.

비교 대상을 설정한 후에 메시지를 효과적으로 보여주는 형태를 정한다. 워드, 파워포인트 프로그램에서 원·막대·꺾은선·점 그래프 등을 기본 유형으로 제공한다. 프로그램에서 제공하는 기본 유형에 옵션을 적용하면 데이터를 효과적으로 보여주는 도식을 만들 수 있다.

막대, 원형, 방사형 등의 그래프 가운데 항목을 수치로 비교해서 보여주거나 비중, 추세 변화를 보여줄 때 적합한 형태를 선택해서 사용한다. 중요한 보고서에 삽입하는 도식은 인포그래픽 디자인을 전문으로 하는 업체 또는 디자이너에게 의뢰한다. 시각적 주목도를 높이기 위해 지도나 화폐 등 항목을 대표하는 그래픽을 넣기도 한다. 도식은 어디까지나 객관적이고 설득력 있는 숫자를 효과적으로 보여주는 수단으로 활용해야 한다. 도식을 꾸미느라고 보고서에서 전달해야 하는 메시지를 잊어버리면 안 된다. 도식은 메시지를 더 쉽게 이해하도록 도와주는 수단이다. 독특한 디자인보다 많이 이용하는 형태를 선택하는 편이 바람직하다. 처음 보는 도식은 시선을 끌 수 있어도 그 도식을 해석하는 과정을 거쳐야 한다. 많이 이용하는 형태는 별도로 이해하는 과정을 거치지 않고 직관적으로 이해할 수 있다. 보고서의 도식은 요점을 강조하고 메시지를 전달하는 게 목적이다.

도식 유형에 따른 특징은 다음과 같다.

도식 유형에 따른 특징

유형	특징
가로·세로 막대형 그래프	항목을 순위별로 비교하는데 적합 단순 비교, 누적 비교, 100% 기준 누적 비교 등에 사용 세로 막대형 그래프는 일정 기간에 완료한 일과 관련한 데이터에 적합 시간에 따른 추세 변화는 꺾은선 그래프 사용 항목은 8개 정도가 적당하며 10개를 넘지 않도록 제한 알파벳, 규모, 수익률 기준으로 오름차순 또는 내림차순으로 정렬 항목의 값은 막대 끝에 표시
꺾은선·영역 그래프	항목의 추이 변동을 보여주는 데 적합 꺾은선 그래프는 수치 변동, 영역 그래프는 비중 변화를 보여줄 때 적합
원형 그래프	항목 사이에 비중, 비중의 변화를 백분율로 표시 비중의 차이를 보여줄 때 적합 항목 개수는 5~6개가 적당하며 비중이 적은 항목은 기타로 묶음 주요 항목은 12시 방향에 배치하고 음영 또는 색으로 강조
분산형·거품형 그래프	항목이 위치하는 영역을 비교할 때 주로 사용 분산형 그래프는 항목의 위치만 나타내고 규모는 고려하지 않음 거품형 그래프는 대상의 위치와 규모를 동시에 보여줌 항목 사이에 영역과 크기 비교를 보여줄 때 적합
방사형 그래프	항목의 요인별 특징 또는 요인을 수치화하여 표시할 때 적합 항목을 색으로 표시해서 영역이 큰 항목을 돋보이게 표현 가능
히스토그램	연령별, 직종별 인구통계학 정보 표현에 적합 빈도·분포를 비교하고 변화를 표시할 때 유용 항목은 8개 이내로 제한

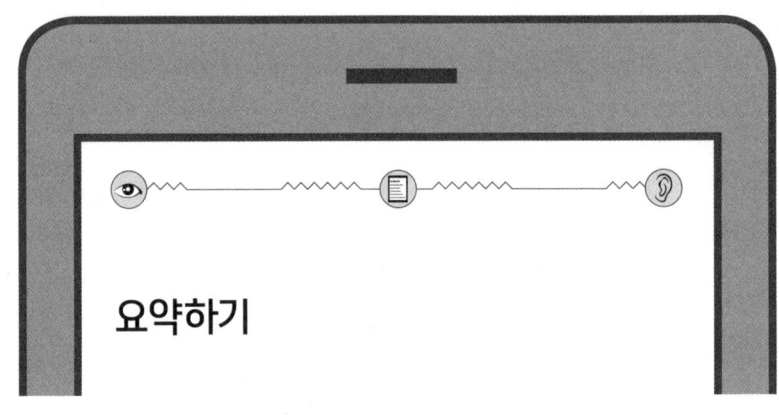

요약하기

한 페이지로 문서를 작성하는 문화는 2002년에 패트릭 라일리가 쓴 《THE ONE PAGE PROPOSAL》이 출간되면서 우리나라에 빠르게 확산되었다. 그 이전에도 보고서를 간결하게 써야 한다는 주장에는 공감했지만 공식적인 방법론이 없었다. 당시에 이 책은 형식에 얽매이지 않고 핵심만 간단히 쓰는 문서작성 문화를 만들었다. 한 페이지 보고서 쓰기가 시작된 지 20여 년이 돼가는 지금도 직장인은 보고서, 기획서, 제안서 분량을 줄이고 핵심만 쓰기 위해서 노력한다.

문서에 핵심만 담는 방법론이 나왔음에도 불구하고 현실적으로 분량을 줄일 수 없는 보고서도 많다. 기술보고서, 연례보고서, 대형 프로젝트 결과보고서 등은 주요 사항만 간략하게 써도 수십 페이지, 백 페이지가 훨씬 넘는다. 1년 동안 진행한 프로젝트 결과보고서에는 기본 사항으로 추진 배경,

진행 사항, 결과, 총평을 쓴다. 이 외에도 부문별 담당자, 실제 업무 소요 기간을 정리한 일정표 등 써야 하는 내용이 많다. 이런 보고서를 짧게 쓰려고 내용을 줄이면 다음에 유사한 프로젝트를 진행할 때 참고할 내용이 빈약해서 회사 전체적으로 잃는 게 더 많다.

한 페이지로 끝내야 하는 보고서가 있고, 가능한 자세하게 서술·묘사하고 기록으로 남겨서 이후에 참고자료로 활용하는 보고서도 있다. 자세하게 기록하는 보고서는 분량이 많아서 앞에 요약summary을 넣는다. 백 페이지가 넘는 보고서는 여러 개의 섹션으로 구분한다. 이런 보고서는 섹션 별로 요약을 넣는다. 요약은 전체 내용을 짧은 문장으로 기술하는 것이다. 보고서의 주제와 결론을 간략하게 구성해서 보고서 앞 부분 또는 섹션이 시작하는 페이지에 넣는다. 전체 내용을 요약하는 건 쉽지 않다. 긴 보고서를 요약하려고 하면 모든 내용이 중요하게 보인다.

요약에도 학습이 필요하다. 신문에서 정치면 또는 사회면 톱기사를 1면에 간략하게 소개한다. 1면의 톱기사 소개가 요약이다. 논문 앞에도 요약이 나온다. 논문에서 요약을 '초록abstract'이라고 한다. 신문에서 톱기사를 소개하는 글과 논문 초록을 보고 요약하는 방법을 익히면 된다.

요약의 기능을 이해하면 요약을 잘 할 수 있다. 요약을 읽으면 전체 내용을 읽지 않고도 주제와 결론을 알 수 있다. 보고서를 자세히 읽기 전에 사전 정보를 제공해서 배경지식을 가동하게 만드는 것이 요약의 기능이다. 요약문을 읽으면 대강의 내용을 알 수 있다. 보고서를 집중해서 읽을지, 훑어볼지 판단한다. 긴 보고서를 훑어보기만 하는 경영자와 관리자에게 요약은 중요하다. 작성자에게 요약은 어떨까? 보고서를 완성한 후에 다시 정리해야 하는 귀찮은 일로 여긴다면 요약을 형식적으로 쓴다.

요약은 보고서를 끝내는 요식 행위가 아니다. 요약을 잘하면 상사는 보고서를 자세히 읽는다. 보고서에는 아이디어, 업무 진행 과정, 문제 해결, 분석, 결과 등이 있다. 형식적으로 요약하면 중대 사안을 제대로 전달할 수 없다. 이로 인해서 업무에서 손실을 볼 수 있다. 요약만 읽어도 내용을 파악하도록 정리하고 전체 내용을 읽고 싶게 만들어야 한다.

보고서를 읽게 만드는 요약은 주요 내용의 흐름, 즉 맥락에 따라 정리한 글이다. 내용 중에 정상적인 의식의 흐름에서 벗어난 부분이 나오면 이 부분을 요약에서 짚어준다. 그러면 의식의 흐름으로 들어온다.

나는 보고서를 쓰면서 키워드, 핵심 문장을 따로 적어둔다. 계획대로 진행한 부분에서 전달할 내용, 문제가 발생한 공정과 해결 방법, 성과 분석과 결과, 부문별 담당자 의견을 정리한다. 여러 부서 담당자의 보고서를 취합해서 정리할 때는 각 부서 담당자에게 꼭 전달해야 하는 내용을 표시해 달라고 요청한다. 모두가 알고 있는 내용, 당연한 결과는 요약에 넣지 않는다. 보고서를 읽는 사람들에게 메시지가 잘 드러나게 구성하는 데 초점을 맞춘다.

보고서 요약은 전체 내용을 인지하는 사람만 쓸 수 있다. 여러 사람이 함께 쓴 보고서는 전체 흐름을 확실히 이해한 사람이 요약을 쓴다.

요약하는 과정을 네 단계로 구분하면 다음과 같다.

첫째, 키워드를 정리한다.

둘째, 꼭 전달해야 하는 내용과 자세히 읽지 않아도 유추할 수 있는 내용을 구분한다.

셋째, 꼭 전달해야 하는 키워드를 조합해서 요약문을 만든다. 업무 순서, 중요도, 업무 관계에 따라 요약문을 배치한다.

넷째, 요약문에 오류가 없는지, 목적에 맞게 꼭 전달해야 하는 내용을 모두 넣었는지 확인한다.

요약을 어느 정도 분량으로 쓰라는 지침은 없다. 요약은 짧을수록 좋다. 보고서 목적에 맞게, 읽는 사람에게 반드시 전해야 하는 메시지를 중심으로 쓴다. 요약문을 읽고 전체 내용을 머릿속에 그릴 수 있게 쓴다. 요약은 문장의 완결성보다 주요 내용을 빠트리지 않는 것이 더 중요하다.

구두 보고에서 지켜야 할 것들

공무원은 보고서를 작성하는 데 상당한 시간을 할애한다. "공무원은 보고서로 말한다"라는 말이 괜히 나온 게 아니다. 행정안전부 업무운영편람 본문은 업무의 개념을 규정하는 내용으로 시작한다.

고전적인 업무 개념은 사무실에서 이루어지는 서류의 생산·유통·보존 등 서류에 관한 작업paper work, desk work이다. 현대적 개념은 정보의 수집·가공·저장·활용 등 일련의 정보처리 과정을 포함시켰다.

2018 행정업무운영편람에 이런 문장이 나온다.

"정책을 기획하든 이를 집행하든 1차적인 성과물은 문서이다."[5]

관료주의 조직은 내용보다 형식이 중요하다. 어느 나라든지 마찬가지다. 공무원에게 보고서 작성은 핵심 업무다. 공기업의 문서 작성 문화도 공무원과 다르지 않다. 보고서 작성이 중요한 업무인 공무원 조직에 문서 작성에 관한 규정이 없었다. '사무관리규정'에 문서서식에 관한 기본 사항만 정리해두었다. 부처마다 작성하는 문서 종류가 다르고 부서마다 양식도 다르고 무엇보다 결재하는 상사 취향에 따라 작성방법이 바뀌었다. 문서 쓰기로 시작해서 문서 쓰기로 끝나는 공무원 조직에 문서 매뉴얼 〈보고서 잘 쓰는 방법〉이 2005년에 만들어졌다는 건 매우 놀랍다.

이윤을 추구하는 기업은 공무원·공기업과 다르다. 형식보다 내용이 우선이다. 기업에서도 보고서를 쓴다. 하지만 간단한 보고, 급하게 처리해야 하는 사안은 대면 보고, 전화 보고처럼 구두 보고와 메신저를 이용한다.

소통을 강조하는 시대인 동시에 모든 게 빠르게 돌아가는 시대다. 업무적인 소통을 모두 문서로 하기란 불가능하다. 공식적인 회의나 커피를 마시는 동안 업무에 관한 이야기를 주고받을 수 있다. 잠깐 쉬는 시간에는 일 얘기를 하지 말자는 사람도 있지만, 사무실 밖에서 대화하는 중에 형식을 갖추지 않은 채로 은연중에 보고하고 문제점과 어려움을 토로하는 것도 사회생활을 잘하는 요령이다.

먼 옛날로 거슬러 올라가서 생각해보자. 쓰기보다 구술, 즉 말로 의견을 전달하는 것이 소통의 기본 형태였다. 현대 언어학의 아버지로 불리는 소쉬르는 구술로 하는 말이 가장 우선적이고 모든 언어적 의사소통의 근저를 떠받치고 있다고 했다. 그는 쓰기가 구술을 보완한다고 주장했다.[6]

말하기는 쓰기가 행해지기 이전부터 의사소통 방식이었다. 문자로 기술한 이후에 언어와 문학에 대한 연구가 텍스트에 집중되어 있어서 구술을 소홀히 한 것이다. 고대 그리스에서 '수사학[rhetoric]'을 가르치고 배우던 시기에는 쓰기가 구술의 가치를 높이는 보조 도구였다. 글로 쓰면서 연설의 원리, 연설을 구성하는 요소를 과학적 기술과 설명 체계로 정리·조직했다.[7]

지금의 직장으로 돌아와서 생각해보면, 구두 보고는 결재를 할 수 없다. 대신 보고서를 작성하는 과정을 생략할 수 있다. 보고서를 요식행위라고 생각하는 사람은 구두 보고를 선호한다. 그렇다고 모든 보고를 구두로만 할 수는 없다. 보고자와 상사 둘만 있는 자리에서 보고했다면, 메시지를 전달했다는 증거가 남지 않는다. 보고서는 물건을 사고 돈을 냈다는 증명, 즉 영수증 같은 역할을 한다. 이것이 기록이 가진 가치이고 특징이다.

직장인 중에는 보고서를 잘 쓰는 사람이 있고 보고서 작성은 서툴러도 말을 조리 있게 하는 사람이 있다. 물론 둘 다 잘하는 사람, 둘 다 못하는 사람도 있다. 능력이 출중해도 문서 또는 말로 의견을 정확하게 전달하지 못하면 사회에서 인정받기 어렵다.

구두 보고와 보고서 작성을 잘하는 직장인이 되려면, 보고서를 검토하는 사람(직속 상사)에게 기회가 있을 때마다 구두 보고를 해야 한다. 공식적인 자리에서는 "보고하겠습니다"라는 말로 보고를 시작한다. 일상적으로 상사 또는 동료와 이야기할 때는 자연스럽게 대화하는 과정에서 보고할 수 있다. 업무 진행과 변동 사항을 은연중에 여러 번 전달했기 때문에 나중에 보고서를 제출하면 걸림돌 없이 결재가 이루어진다.

"보고서로 모든 걸 보여주겠다"라는 신조를 가지고 업무 중에 구두 보고를 하지 않는 직장인은 상사에게 보고서를 제출하면 "이게 뭐야? 핵심이 뭔데?"라는 말을 듣기 십상이다. 왜냐하면 보고서에 쓸 내용을 중간에 구두로 전달해서 상사가 정보를 받아들일 준비를 하게 만들고 상사의 반응을 확인해야 하는데 그 과정을 건너뛰었기 때문이다. 직장에서 잠깐 쉬면서 차를 마시는 동안에도 구두 보고를 할 수 있다. 상사에게 업무에 관한 조언을 구하면서 업무 진행 상황을 알리는 것도 자연스러운 구두 보고다. 직장에서 일상적으로 하는 대화, 상사와 묻고 답하는 중에도 업무 보고를 할 수 있다.

나는 교육기획을 할 때, 일상적인 보고가 중요하다는 사실을 경험으로 깨달았다. 커리큘럼, 강연자, 교육 대상, 장소와 시간, 수강료 등이 교육기획에서 중요하다. 며칠 동안 합숙하면서 진행하는 교육은 준비할 게 많아서 교육기획을 담당하는 직원 여럿이 일을 나눠서 한다. 하루 동안 진행하는 과정은 기획자 혼자 또는 보조 인력과 준비하는데 교육 시작 전까지도 계속 변동 사항이 생긴다. 여럿이 일을 하면, 기밀이 아닌 이상 업무에 관한 정보가 어떤 식으로든 공유된다. 내가 일하던 팀에는 말수가 적은 기획자가 있었다. 담당 기획자가 한 명이면, 그 기획자가 말하기 전에는 동료나 상사가 진행 상황을 알 수 없다. 업무를 진행하는 상황을 공유하지 않은 채로 교육이 2주일 앞으로 다가왔는데 주간 보고서에는 교육 장수아 강연자기 '미정', '섭외 중'이라고 적혀 있었다. 점찍어둔 장소는 교육일 전후로 공사를 한다고 했고 다른 곳을 찾아봤지만 다른 기관에서 이미 대관 예약을 한 상태였다. 엎친 데 덮친 격으로 교육을 의뢰해 둔 강연자도 학회에 발표자로 선정되어 출강이 어렵다고 했다. 결국, 부서 전체 인원이 분담해서 강연자와 장소를 섭외해서 계획대로 교육을 마쳤다. 이런 일이 있은 후에도 비슷한 상황을 몇 번 더 겪었다. 비상 상황을 겪는 동안 말수가 적은 기획자는 요주의 인물로 찍

했다. 동료들과 상사는 말수가 적은 기획자가 하는 일을 자주 확인했다.

말수가 적을 수는 있다. 하지만 자기가 하는 일에 관해서 동료와 상사에게 자주 이야기할 필요가 있다. 형식을 갖춘 보고가 아니라도 은연중에 보고서에 넣을 정보를 드러내는 게 바람직하다. 나는 준비 중인 일에 관해서 종종 이야기한다. 그러면 동료와 상사가 이전에 겪었던 일을 이야기하면서 주의사항과 팁을 알려준다. 동료와 선배가 경험으로 익힌 팁은 문서나 책에는 없지만 틀림없이 도움이 된다.

내가 하고 있는 일을 구두로 알린 다음 보고서에 쓴다. 사무실 밖에서 이야기한 내용, 구두로 보고한 사안도 보고서에 쓴다. 나중에 보고서를 제출했을 때, 업무에 관한 정보를 공유했기 때문에 상사는 짚고 넘어갈 부분만 확인하고 결재한다. 수시로 구두 보고를 하면 업무를 어려움 없이 진행할 뿐만 아니라 보고서 결재를 수월하게 받을 수 있다. 직장인이 일상에서 업무에 관한 이야기를 하면서 자연스럽게 정보를 공유하고 보고하는 것은 노하우다.

형식을 갖춰서 하는 구두 보고에서 지켜야 하는 사항을 네 가지로 정리했다. 첫째, 인사말-보고 내용-결론과 문제 해결 방안 및 대안-강조할 내용 다시 언급, 네 단계로 구분하고 단계별 주요 내용을 간략하게 종이에 적어서 참고하면서 보고한다. 직장에서 구두 보고를 하는 사람은 전문 프리젠터가 아니다. TV 토론 프로그램에 출연한 패널도 아니다. 방송 진행자와 뉴스 앵커도 대본을 본다. 대본을 대놓고 보는 건 아니지만 중간에 확인한다. 대본을 확인하는 모습을 감추려고 하지 않는다. 경영진 앞에서 대면 보고를 할 때, 경험이 적은 사람은 발표 자료를 전부 외우려고 한다. 중요한 보고라서 그럴 수도 있다. 하지만 보고서에 쓴 글자와 문장을 외우기보다 보고 자료의 흐름을 파악하는 게 더 중요하다. 보고 자료를 여러 번 읽어서 내용과 흐름을 파악한 다음 간략하게 대본을 만들어서 참고하면 무리 없이 보고를 마칠 수 있다.

둘째, 제일 처음에 하는 말에 핵심을 넣는다. 보고서 작성 시에 맨 앞에 요약과 결론을 배치하라고 했다. 대면 보고·구두 보고도 마찬가지다. 결론과 핵심을 먼저 언급한다. 문제·해결방안에 관한 보고에서 모두가 알고 있는 문제라면 원인을 짧게 설명하고 해결방안과 대안을 제시한다. 문제가 발생한 상황을 알려야 한다면 개요에서 짧게 설명한다. 여기서 피해 상황, 해결하지 않을 경우 예상되는 피해를 비용으로 환산해서 제시한다. 그런 다음 해결방안과 대안, 해결방안을 실행했을 때 예상되는 부작용을 설명한다. 구두 보고는 핵심으로 시작해서 앞으로의 할 일, 즉 계획으로 끝낸다.

셋째, 대면 보고, 구두 보고를 하면 질문과 반대 의견이 나온다. 피드백 없이 끝나는 대면 보고는 거의 없다. 상사가 예상하지 못한 의견을 제시할 때도 있다. 보고자는 자기 생각과 계획에 매몰되는 것을 경계하면서 결론과 대안에 관한 장·단점, 실행한 후에 얻는 이익과 손실을 예상해야 한다. 구두 보고에서 가장 나쁜 대답이 "확인해서 다시 보고하겠습니다"라는 말이다. 대면 보고를 하기 전에 동료, 선배 사원과 보고 내용을 공유하면 상사가 할 수 있는 질문을 예상할 수 있다.

넷째, 정확한 발음과 리액션이다. 구두 보고는 상사와 한 공간에서 얼굴을 보면서 한다. 일상적인 보고는 대부분 상사의 책상 또는 작은 회의실에서 이루어진다. 경영진 대면 보고는 큰 회의실에서 여러 명의 상사 앞에서 한다. TV 뉴스에 종종 대통령 보고, 장관 대면 보고 소식이 나온다. 부서 담당자는 발표 자료를 화면에 띄우고 대통령, 장관, 각료 앞에서 보고한다. 보고받는 사람 앞에는 유인물이 있다. 보고서 전문 또는 요약본을 나눠준다. 보고자가 화면에 나온 발표 자료 또는 유인물을 보면서 그대로 읽으면 전달력은 떨어진다. 보고자는 보고 내용을 꿰뚫고 있어야 한다. 그래야 보고받는 사람의 눈을 보면서 정확한 발음으로 자신 있게 이야기할 수 있다. 교과서적으로는 이렇지만 실제로 대면 보고하는 모습은 보고자, 보고받는 사람 모두 출력한 유인물만 본다. 시선을 맞출 기회는 별로 없다. 시선을 마주치지 않으니 눈을 볼 수 없고 보고받는 사람이 내용을 이해했는지 확인하기 어렵다. 보고자는 한두 번 눈을 마주칠 기회를 강제로 만들고 리액션과 피드백을 받아야 한다. 보고 내용 중에 상사에게 의견을 묻거나 과거에 유사한 일을 할 때 있었던 일을 알려달라고 하면 자연스럽게 눈을 마주치고 이야기를 나눌 수 있다.

이상의 네 가지만 지키면 대면 보고, 구두 보고를 무리 없이 마칠 수 있다.

6

보고서가 업무를 관리한다

일정을 관리하는 보고서

일정을 관리하는 방법론은 많다. 간트차트, 파이프라인, 시나리오 플래닝 등은 결과물의 품질을 높이고 효율적으로 일하기 위한 일정 관리 방법론이다. 다양한 산업에 활용하기 위해 고안된 일정 관리 방법론은 일정과 프로세스, 자원인력, 비용, 시간 등을 효율적으로 활용하는 데 초점을 맞춘다. 일정 관리 방법론은 저마다 장단점이 있다. 만병통치약처럼 모든 상황에 적용할 수 있는 단 하나의 방법론은 없다. 상황에 맞는 방법론을 적용한다면 분명히 효율을 높일 수 있다. 하지만 수많은 방법론을 배워서 상황에 맞게 적절하게 적용하는 것은 어렵다.

규모가 큰 기업에서는 프로젝트를 작업 단위로 구분해서 철저하게 관리하는 작업분할구조WBS, Work Breakdown Structure를 이용한다.

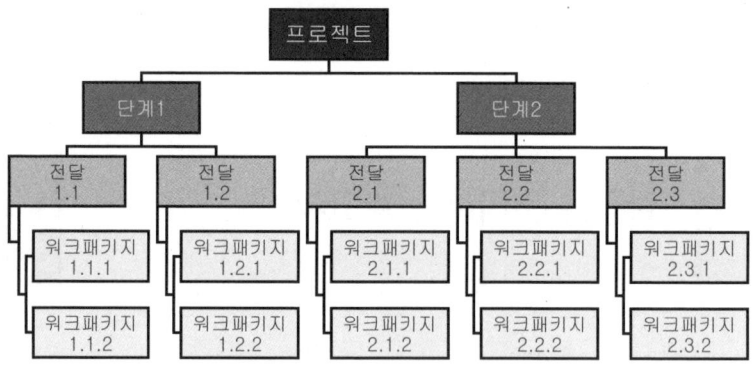

작업분할구조는 큰 프로젝트를 관리하기 쉽게 업무를 작은 단위로 나누는 것이다. 업무를 작게 나누면 목표를 달성하기 위한 활동과 업무에 필요한 일정, 비용, 위험, 인력, 장비 등을 체계적으로 관리할 수 있다. 과학적으로 일정과 자원을 관리하는 방법론은 상황에 맞게 적용할 때 효과가 나타난다. 상황에 맞지 않는데 억지로 방법론을 동원해서 업무와 일정을 관리하면 관리자와 실무자는 할 일만 늘어난다. 결국, 업무 효율은 떨어진다.

계획을 세우는 단계부터 일정 관리에 포괄적으로 적용할 수 있는 원칙이 있다. 바로 3분법이다. 모든 업무를 세 개로 나눠서 관리하는 것이 3분법의 핵심이다. 문서작성은 아이디어 구체화, 초안 작성, 편집·퇴고, 세 단계로 나눈다. 기획서, 보고서, 제안서, 회의록, 품의서 등 문서를 쓸 때도 3분법을 적용한다. 첫째 단계는 아이디어를 구체화다. 문서에 쓸 내용을 생각한다. 둘째 단계는 초안을 쓴다. 셋째 단계는 초안을 여러 번 고쳐 쓰면서 문서를 완성한다. 이와 같이 모든 업무를 3단계로 나누면 일정을 관리하기 쉽다.

3분법은 모든 업무에 적용할 수 있다. 대강의 일정을 세우고 업무를 진행하는 동안 일정과 할 일 등을 수정하는 원칙이다. 3분법은 융통성 있는 관리 방법이다. 언제든지 고칠 수 있어서 융통성이 있지만 계획부터 정교하지 못하다는 것이 단점이다.[1]

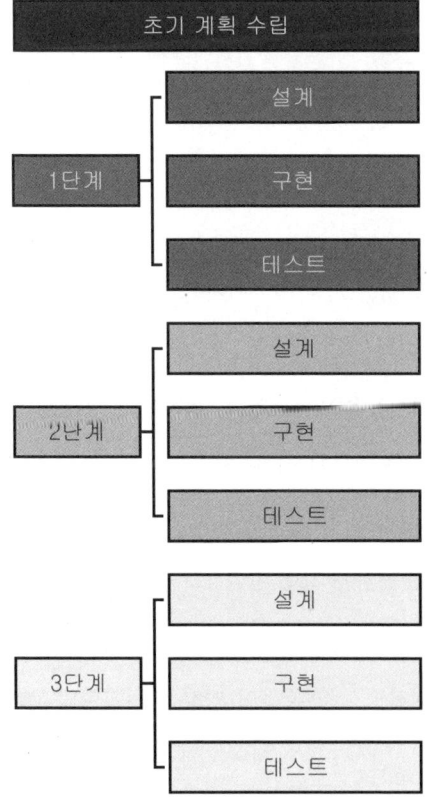

3분법을 적용한 일정 관리
큰 프로젝트는 작은 프로젝트로 나눠서 관리한다

3분법은 단순하다. 효율도 높다. 제조업에서는 3분법에 따라 공정을 설계, 구현, 테스트로 나눈다. 할 일을 파악하는 단계계획,설계, 계획한 일 또는 설계한 작업을 수행하는 단계구현, 일을 검증, 분석, 개선하는 작업테스트로 구분한다. 일에 따라서 단계를 나타내는 이름은 다를 수도 있고 일부 단계는 겹치기도 한다. 모든 일정은 계획-구현-테스트 세 단계로 구분해서 단계별로 진행률을 파악하고 보고서를 써서 관리한다.

마감기한이 6일이라면 계획에 2일, 구현에 2일, 테스트에 2일을 균등하게 배분해서 일정 계획을 세운다. 구현하는 데 더 많은 시간이 필요하다고 해서 계획 또는 테스트 일정을 줄이거나 빼면 안 된다. 필요하다면 세부 단계를 줄이거나 늘릴 수는 있다. 일정을 변경하는 데는 합당한 이유가 있어야 한다. 어떤 일이든지 합리적인 계획을 세우면 실제로 일하는 시간과 오류를 줄일 수 있다.

일정, 공정에 3분법을 적용해서 계획하고 그 내용을 보고서로 만든다. 일을 단순히 3등분 해서 대강 계획하는 것처럼 보이지만 보고서로 쓰면 대강의 계획이 아니라는 것을 알 수 있다. 머리로만 생각하면 일주일이면 끝낼 수 있을 것 같은 일도 업무를 작은 단위로 나누고 완료할 때까지 할 일을 3등분하면, 생각한 것보다 할 일이 많고 시간이 부족하다는 것을 인지한다.

제출용 보고서를 쓰면서 작업을 완료하기까지 과정을 머릿속으로 시뮬레이션한다. 시간이 부족하다면 어떤 단계에 시간을 얼마나 추가할지 생각해본다. 시간이 절대적으로 부족하면 일정을 수정한다. 작업량을 줄이거나 완성도품질를 낮춘다. 완성도를 높게 유지해야 한다면 인력 충원 또는 팀에게 협조를 부탁할 수 있다. 3분법으로 일정을 계획하고 보고서를 쓰면 현실적으로 일정을 살펴볼 수 있다.

혼자 일할 때도 3분법을 적용해서 일정 계획을 세우고 보고서를 만든다. 제출용 보고서처럼 구성을 고민하지 않더라도 형식은 갖춰서 쓴다. 어떤 일을 하든지 3분의 1은 계획·설계, 3분의 1은 구현, 3분의 1은 테스트·수정에 할애해서 전체 계획을 세우고 실행한다.

규모가 크고 기간이 긴 프로젝트도 3분법을 적용하면 관리하는 데 문제가 없다. 대형 프로젝트는 업무가 복잡하게 얽혀있다. 여러 가지 업무를 시간 순서 또는 공정 순서로 나누고 3분법을 적용한다. 각 공정을 계획, 구현, 테스트로 나눠서 정리하면 복잡한 업무도 단순해진다. 단계마다 중간목표를 정하고 일주일 또는 한 달 단위로 보고서를 써서 일정을 점검한다. 변동사항이 많고 불확실성이 높은 프로젝트는 업무 단계별로 중간목표를 정해야 일정이 바뀔 때 혼란을 덜 겪고 위험을 줄일 수 있다.

실수와 문제, 개선책을 간략하게 적는다

직장인의 기억력은 어느 정도일까?

> 기억할 수 있는 전화번호 개수가 몇 개인지를 질문한 결과,
> '4~6개'라는 응답자가 41.8%로 가장 많았다.
> △7~9개(23.2%) △10~12개(13.7%) △3개 미만(13.6%)
> △13~15개(3.9%) △16개 이상(3.6%) △없다(0.2%) 순이었다.

　직장인을 대상으로 기억력 수준을 측정하기 위해 기억하는 전화번호 개수를 질문했다. 그 결과, 4~6개라는 응답자가 41.8퍼센트로 가장 많았다. 7~9개 기억한다고 응답한 직장인은 23.2퍼센트, 10~12개 기억하는 직장인은 13.7퍼센트로 나타났다. 기억하는 전화번호 개수와 함께 "기억력이 감퇴됐다고 느낄 때가 언제인가"라는 질문에는 '지금 당장 해야 할 일이 생각나지 않을 때'가 응답률 59.4퍼센트로 가장 많았다.[2]

휴대폰에 전화번호 저장 기능이 있어서 전화번호를 기억하지 않아도 된다. 외우지 않아도 되는 걸 굳이 외울 필요는 없다. 하지만 스마트폰이 '디지털 치매'라는 새로운 병명을 만들어냈다는 데는 이견이 없다.

"어제 일도 기억나지 않는데"라는 말을 가끔 한다. 어제 퇴근하기 전에 내일 출근해서 마무리하겠다고 생각한 일인데, 다음날 출근하면 어제 마무리하겠다고 생각한 일이 무엇인지 기억하지 못한다. 아침에 급하게 처리할 일이 있으면 그 일을 하다가 마무리하기로 한 일은 기억에서 완전히 사라진다. 일주일, 한 달 전에 한 일은 다이어리를 펼쳐봐야 겨우 기억해낸다. 인간의 기억은 시간이 갈수록 급속도로 희미해진다. 희미해지는 기억보다 더 경계해야 하는 것은 기억의 왜곡이다. 인간이라면 누구에게나 작용하는 자기합리화로 인해서 시간이 지나면 자기가 한 일에 관한 기억이 변한다. 기록은 변하지 않는다. 누군가 조작하기 전에는 써 놓은 그대로 보존된다. 기록과 보존, 과거에 한 일을 돌아보고 잘못을 바로잡는 것이 보고서가 가진 기능이다.

회사에서는 하나의 프로젝트를 여러 부서에서 나눠서 진행한다. 자금을 관리하는 부서는 지출과 이익, 기획팀은 상품·서비스를 만드는 과정, 마케팅팀은 홍보와 고객, 영업팀은 유통과 거래처를 관리한다. 각각의 부서 담당자는 자기가 한 일, 팀에서 한 일, 완료한 일, 계획, 결정된 사안, 문제 상황과 원인 등을 매일 기록한다. 일일보고서에 잘못한 일과 문제가 발생한 상황은 자세히 쓰지 않는다. 문제가 커져서 여러 부서에서 수습해야 할 지경에 이르면 비로소 문제가 발생한 상황과 원인, 미흡한 대처 등이 수면 위로 드러난다.

문제 해결 보고서가 아니면 문제가 발생한 상황을 자세히 쓰지 않는다. 업무보고서에 실수와 문제를 공식적인 보고서에 기록하는 직장인은 거의 없다. 대부분 그렇다. 문제가 발생하기 전에 다양한 전조 현상이 나타난다는 하인리히 법칙이 있다. 여러 가지 사례를 분석해서 법칙으로 만들었지만 실수와 문제를 공유하지 않는다. 결국, 작은 실수를 반복하다가 나중에 큰 문제가 생긴다.

문제가 발생한 상황을 보고서에 쓰지 않는 이유를 하버드 경영 대학원에서 조직 행동론을 연구하는 에이미 에드먼슨 교수 연구진이 밝혀냈다. 에이미 에드먼슨 교수는 목표가 명확하고 자원이 충분할 때 의료사고를 일으킬 확률이 낮다는 가설을 세우고 병원 의료진을 대상으로 연구했다. 그런데 이들이 세운 가설과 반대의 결과가 나타났다. 업무에 필요한 조건을 충족한 상태에서 직원들은 실수를 적게 하기는커녕 오히려 더 많은 실수를 했다. 조직 행동론 분야에서 오랫동안 연구한 자료를 뒤집는 결과였다. 연구진은 차근차근 조사 자료를 분석해서 원인을 찾아냈다. 좋은 환경에서 일하는 직원들이 더 많은 실수를 하는 게 아니라 더 자주 실수를 보고한다는 사실을 밝혀냈다. 보통의 환경, 즉 효율이 낮은 조건에서 일하는 의료진은 더 많이 실수했지만 실수를 알리지 않아서 사고가 일어나지 않은 것처럼 보였다. 반면, 좋은 업무 환경에서 일하는 의료진은 자기가 한 실수를 보고했기 때문에 보통의 환경에서 일하는 의료진보다 실수가 많은 걸로 연구 자료에 기록되었다.[3]

경영컨설턴트 톰 피터스는 "지금 우리에게는 보다 빠른 실패가 필요하다"라고 했다. 작은 실패를 숨기면 나중에는 더 큰 실패를 한다. 실패를 공유하고, 실패를 분석해서 더 나은 방법을 찾으면 '최선의 방법'에 도달한다. 실수로부터 특별한 것을 발견하거나 새로운 것을 발명한 사례는 많다. 토마스 쿤은 《과학혁명의 구조》에서 실수가 중요한 역할을 한다고 주장했다.

이성적으로는 실수를 공유하면 발전적인 결과를 만들 수 있다고 배웠지만 보고서에는 자신의 실수와 문제를 쓰지 않는다. 과거에 실수를 감추거나 대충 얼버무리고 넘어갔다면 이제부터라도 업무일지에 실수를 기록해야 한다. 짧게 써도 상관없다. 실수를 간단히 기록하기만 해도 효과가 나타날 것이다. 실수를 기록하면 실수가 줄어들고 나중에 다른 문제를 파악하기도 쉽다.

큰 실수는 아무런 징조 없이, 날벼락처럼 생기지 않는다. 사소한 실수를 대수롭지 않게 여기다가 치명적인 사고가 생긴다. 허버트 하인리히는 《산업재해 예방: 과학적 접근》에서 '하인리히 법칙'을 소개했다. 산업재해 사례 분석을 통해서 발견한 통계적 법칙이다. 내용은 이렇다. 산업재해가 발생하여 중상자가 1명이 나오면 그전에 같은 원인으로 경상자 29명, 같은 원인으로 부상을 당할 뻔한 잠재적 부상자가 300명이 있었다. 그래서 하인리히 법칙을 1:29:300법칙이라고도 부른다.

날마다 실수를 기록하면, 실수는 줄어든다. 왜냐하면 실수를 기록하면 뇌는 그 실수를 분석해서 개선하는 명령을 실행하기 때문이다. 기록하지 않은 실수는 기억하지 못하거나 빨리 잊힌다. 기억하지 못해서 뇌는 실수를 분석하지 않는다. 그래서 같은 실수를 되풀이한다. 작은 실수를 대수롭지 않게 생각하면 나중에 큰 실수를 하게 된다. 때로는 실수가 혁신을 만들기도 한다. 실수로 특별한 것을 발견·발명한 사례가 많다. 최초의 항생제 페니실린, 사진의 전신인 다게레오타이프, 접착식 메모지 포스트잇은 실수와 우연을 계기로 세상에 나왔다.

  실수를 개선하려고 궁리하다가 좋은 아이디어가 나온다. 대부분 실수를 감추려고만 하는데, 실수를 보고서에 공개하는 문화를 만들면 회사가 발전한다. 적어도 큰 손실은 막을 수 있다. 사소한 실수, 실수가 발생한 상황을 보고서에 쓰면 된다. 실수한 사람은 실수한 내용과 함께 개선책, 대안을 쓴다. 문제 해결 보고서가 아니라면, 실수한 내용과 개선책을 자세하게 쓸 필요는 없다. 짧게 한두 줄 정도로 쓰고 공유한다. 사내에서 '실수 보고' 캠페인을 시행해도 좋다. 실수와 개선책을 가장 많이 제시한 직원에게 인센티브를 주는 것이다. 실수와 문제가 발생한 상황은 쓰기 싫어도 기록하기 바란다. 실수를 보고해서 개선하고 큰 사고를 예방하면 장기적으로 회사에 이익이 된다.

인정욕구를 충족한다

직장인이 한 일, 할 일, 의견을 공식적으로 보여주는 방법은 '기록'이다. 상사가 읽든 안 읽든 상관없이, 자기 자신을 위해서 기록해야 한다. 나는 업무일지에는 공식적으로 일한 내용을 기록하고 다이어리와 노트북 메모장에는 잡다하고 사소한 것들을 적는다. 다이어리 한 페이지를 세로로 반을 접어서 2등분 하고 왼쪽에는 업무와 관련해서 할 일과 일정을 쓴다. 오른쪽에는 개인적으로 할 일, 뉴스에서 보고 들은 내용, 책·광고·라디오·TV에서 봤던 장면과 문장, 기억하고 싶은 것을 적는다. 일하다가 잘 안됐던 것, 곤혹스러웠던 상황도 간략하게 쓴다. 준비가 부족해서 진행하기 어려웠던 일, 차선책을 생각하지 않고 처음에 떠오른 생각대로만 실행하다가 미완성으로 방치해둔 일, 시간이 지난 후에 새로운 방법으로 다시 시도해서 어렵지 않게 완료한 일 등을 적어둔다. 그러면 다음에 비슷한 일을 할 때, 전에 했던 실수를 반복하지 않는다. 비슷한 일을 할 때 같은 실수를 하더라도 신속하게 수습할 수 있다.

업무적으로, 개인적으로 한 일, 할 일, 생각, 느낌 등을 적어두면 무의식에서 실수를 분석하고 해결책을 찾는다. 의식적으로 실수를 되짚어보는 게 아니라 머리에서 저절로 그 당시 상황을 떠올리고 무엇이 잘못됐는지 생각한다. 자기가 한 일, 성과, 생각, 교훈 등을 매일 기록하면 자신도 모르는 사이에 통찰력이 생긴다. 다이어리에 '오늘의 실수', '오늘의 교훈'처럼 제목을 적지 않아도 한 일에 관해서 꾸준히 써두면 자축 또는 반성하는 계기를 갖는다. 그러는 동안 일에 대한 열정이 생긴다.

직장인은 중요한 일을 자기 능력으로 완료해서 성과를 내고 인정받기를 원한다. 출근하는 동안 이놈에 회사를 오늘까지만 다니겠다고 다짐하지만 출근해서 자리에 앉으면 능력을 인정받고 싶은 욕심이 생긴다. 이런 마음을 심리학에서는 '인정욕구'라고 한다. 인정욕구는 식욕, 수면욕처럼 생리적 욕구와 함께 인간이라면 누구나 갖고 있는 본성이다. "일을 잘한다", "그 사람이 하면 틀림없다"라는 말을 들으면서 직장인은 존재가치를 확인한다. 사회에서 가치 있는 존재로서 믿음, 자존감을 느끼고 목표까지 생기게 만든다.

인정욕구는 식욕처럼 인간이 가진 기본적인 욕구다. 하지만 직장에서 인정욕구를 충족시키기는 매우 어렵다. "잘 한다", "능력 있다"라는 말에 인색하기 때문이다. 사적으로 동료들 사이에서는 능력이 있다는 말을 종종 한다. 하지만 공식적인 자리에서 능력을 인정하는 경우는 그리 많지 않다.

승진, 보너스는 고사하고 칭찬에도 인색한 직장에서 능력을 인정받으려면, 우선 내가 잘한 일을 공식적으로 알려야 한다. 그래야 '잘 했다', '능력 있다'라는 칭찬을 듣는 기본 조건을 갖춘다. 내가 잘 한 일을 알리지 않았는데 누가 칭찬을 해주겠는가?

'공치사'라는 말이 있다. 자기가 잘 한 일을 스스로 칭찬하고 자랑한다는 뜻인데 실제로는 좋지 않은 의미로 통한다. 인정욕구를 충족시키려면 공치사를 해야 한다. 회사에서 공치사할 수 있는 채널이 바로 보고서다. 어릴 때부터 겸손하라는 교육을 받아서 공치사를 멋쩍게 생각하는 사람이 많다. 지나친 공치사는 문제가 되지만 자기가 한 일, 좋은 성과를 낸 일을 보고서에 쓰는 건 정당한 공치사다. 어려운 일을 잘 수행해서 성과를 냈다면 반드시 보고서에 써서 알린다. 어려운 일을 수행해서 훌륭한 성과를 낸 후에 보고서에 'OO업무 완료'라고 쓰고 몇 글자만 간략하게 적는 건 좋은 방법이 아니다. 어려운 일, 힘든 일, 누구도 해결하지 못한 문제를 완료한 후에 보고서에 간략하게 적고 넘어가는 것도 제대로 된 보고는 아니다. 인정욕구를 충족시키기 위해서라도 우수한 성과를 낸 일은 공치사해야 한다.

공치사를 해도 되는 '잘 한 일'의 기준

공치사를 반드시 한다	기대를 크게 웃도는 성과 Outstanding 기대 이상의 성과 Very good
공치사를 해도 된다	기대한 만큼의 성과 Good
공치사를 할 수 없다	노력을 요하는 성과 Need development 기대 이하의 성과 Below expedition

6 보고서가 업무를 관리한다

오랫동안 노력해서 성과를 낸 일을 보고서에 몇 글자 적고 끝내는 건 겸손이 아니라 자기 비하다. 성과를 내고도 해야 할 일이니까 끝내는 게 당연하다는 식으로 보고하면 자기가 한 일에 열정이 없어 보인다. 완료한 일이 구체적으로 무엇인지, 어떤 노력을 했는지, 일을 해서 어떤 결과가 있는지, 배운 점은 무엇인지 등을 보고서에 쓴다.

특히 '지원 부서'라고 부르는 부서에서 일하는 직원은 반드시 자기가 한 일과 그 일의 결과를 명확하게 써야 한다. 부서에서 처리한 일을 알리기 위해서, 자원을 아끼고 더 유용하게 이용하는 방법 또는 의견을 보고서에 쓴다. 예를 들면, 전문 제조기업에서 회계·총무를 담당하는 관리부서 직원은 상품의 매입·매출 자료를 만들고 수금 자료, 입출금 자료 정리와 예산·비용을 결재한다. 매일 시재표^{자금일보}를 만들고 주간·월간 손해·이익에 관한 분석을 한다. 자금 흐름에 관한 자료를 만드는 데 들인 노력, 자금 관리에 관해서 문제점을 해결한 내용, 손익을 분석하면서 문득 떠오른 비용을 줄이는 아이디어, 관리부서 입장에서 이익을 늘리는 방안 등을 보고서에 간략하게 쓴다. 회계·총무 담당 부서는 엄밀히 말하면 지원하는 부서가 아니다. 자금을 운용하고 손익을 관리하는 관리부서는 이윤을 추구하는 회사에서 가장 중요하다.

모든 부서가 중요하지만 자동차 회사에서는 자동차를 만드는 부서, 유통하는 회사에서는 판매하는 부서만 중요하다고 생각한다. 하지만 특정 부서를 지원만 하는 부서는 없다. 모두가 중요한 일을 한다. 자기가 하는 일에 관한 열정을 알리는 것도 보고서의 기능임을 기억해야 한다.

80퍼센트 완성 단계에서
할 일

회사에서 추진하는 사업은 여러 부서가 협업해서 완료한다. 1인 기업도 마찬가지다. 혼자 모든 일을 처리하는 1인 기업도 어떤 일은 아웃소싱으로 외부 인력에게 맡기고 전문가에게 도움을 받는다. 기획, 제작, 디자인을 담당하는 부서는 제조 과정에서 일어나는 일은 꿰뚫고 있다. 판매, 유통, 매출, 이익, 점유율, 반품률 등에 관해서는 매출 안다. 제작 부서 담당자가 보고서를 쓰다가 시장 점유율과 매출, 이익에 관한 자료가 필요하면 마케팅, 영업, 회계 부서에 협조를 구한다. 영업 부서는 매출 보고서를 작성할 때, 비용과 이익에 관한 자료는 재무부서의 협조를 받는다. 혼자서 모든 공정을 처리하고 보고서를 쓴다면 모르는 내용이 없을 것이다. 하지만 실제로 그럴 수 있는 일은 별로 없다.

모든 업무에 마감기한이 있듯이 보고서는 제출 기한이 있다. 며칠 안에 써야 하는 보고서가 있고 한두 시간 안에 제출해야 하는 보고서도 있다. 어떤 일이 발생한 후에 신속하게 보고해야 하는 일도 있다. 몇 분 안에 제출하는 보고서는 정해진 양식에 내용을 간략하게 정리해서 전달한다.

상황이 발생한 후에 즉시 써서 제출하는 보고서는 예외로 하고, 일반적인 보고서 제출 기한은 상식적이다. 1년 동안 추진한 사업의 완료 보고서를 며칠 만에 쓰라고 하지는 않는다. 하루 일정으로 진행한 세미나 보고서는 2~3일 내로 제출하면 된다. 수개월 동안 진행한 프로모션 보고서는 온라인·오프라인 영향력, 매출, 이익, 장단점, 기대효과 등 정리할 내용이 많다. 여러 부서에서 지원을 받았다면 해당 부서에서 정리한 자료를 받아야 보고서를 완성할 수 있다. 관련 부서에 자료를 요청하고 해당 자료를 취합해서 보고서를 쓰려면 통상적으로 일주일 정도 시간이 걸린다.

관련 부서에 업무 협조 요청은 최대한 빨리해야 한다. 자료를 요청할 때는 자료의 정확한 명칭[제목]으로 요청할 자료 목록을 만든다. 비슷한 이름으로 부르지만 내용이 다른 자료가 있으므로 유의한다. 협조를 구하는 부서 담당자에게 요청하는 자료 목록과 받아야 하는 날짜를 명시해서 메일이나 메신저로 요청한다. 협조를 구하는 부서 담당자가 옆자리에 앉아 있어도 메일이나 메신저를 이용해서 필요한 자료를 요청한다. 수신자에게 메시지가 확실히 전달되었는지 확인할 수 있기 때문이다. 수신자가 메일이나 메시지를 확인하지 못해서 보고서 제출 기한까지 자료를 받지 못하는 일이 종종 있다. 여러 부서에서 자료 협조를 받아서 쓰는 보고서는 한두 부서에서 자료를 받지 못하면 완성도가 떨어진다. 때로는 회사 전체에 문제가 생기고 기한에 맞춰서 자료를 준비한 담당자에게 폐를 끼치게 된다.

해당 부서에서 요청한 자료를 받기 전까지 혼자서 정리할 수 있는 내용은 미리 써둔다. 보고서를 쓰는 게 주요 업무인 사람도 있지만 거의 모든 기업에서 보고서 작성은 부수적인 일이다. 오늘 당장 처리해야 하는 일이 있고 내일도 처리할 일이 있다. 보고서 작성에 따로 시간을 할애하기 어렵다. 시간이 날 때마다 보고서에 쓸 내용을 정리해두거나 다이어리에 대강의 내용을 적어둔다.

'일정에 관한 보고서'에서 3분법을 설명했다. 어떤 문서든지 작성하는데 걸리는 시간을 3등분 하고 구체화, 초안 작성, 편집에 각각 3분의 1씩 할당한다. 제출 기한까지 6일 남았다면 이틀씩 나눠서 시간을 분배한다. 처음 이틀은 보고서의 틀을 만들고 관련 부서에 자료 협조를 구한다. 중간 이틀 동안 대강의 내용을 정리한다. 초안을 완성하는 것이다. 마지막 이틀은 요청한 자료를 취합해서 분석하고 보고서를 편집한다. 각 부서에 요청한 자료를 받아서 보고서를 단락별로 정리하고 처음에 생각한 구성에 따라 작성한다.

80퍼센트 이상 보고서를 완성하면 상사에게 확인을 받는다. 보고서를 제출하기 전에 상사에게 보고서를 쓰는 목적·방향성에 관해서 조언을 듣고 추가·수정할 부분에 관한 의견을 구한다. 그러면 완성도 높은 보고서를 쓸 수 있다.

보고서를 작성하는 데 주어진 시간이 10일이라면 늦어도 7~8일째에는 80퍼센트 정도 완성해서 상사에게 중간 검토를 요청해야 한다. 80퍼센트 정도 완성한 보고서를 상사에게 보여주면, 상사는 작성자가 생각하지 못한 부분, 준비하지 않은 자료, 다시 점검해야 하는 내용 등을 알려준다. 경영진이 결재하는 보고서를 상사의 검토를 거치지 않은 채로 제출일에 임박해서 상사에게 보여주면 잘못된 부분이 있어도 수정할 시간이 부족하다. 작성자는 보고서를 검토한 상사의 반응을 잘 읽어야 한다. 완성도가 떨어지면 수정해야 하고 완성도가 높아도 보완할 부분이 있다. 잘 쓴 보고서도 나중에 추가·보완할 부분이 생긴다. 보고서 작성자가 미처 생각하지 못해서 추가해야 하는 내용이 있고, 결정권자가 보고서를 검토하고 심층 보고를 요청하기도 한다.

보고서를 잘 썼다면, 그걸로 끝인데 왜 보완해야 하는지 이해가 가지 않을 수도 있다. 보고서를 수정하는 경우는 두 가지다. 첫 번째, 보고서에 오류가 있어서 수정해야 하는 경우부터 생각해보겠다. 상사 또는 결정권자가 보고서를 검토한 결과, 내용에 이상이 있거나 논리에 오류가 있다면 어떻게 할까? 십중팔구 다시 써오라고 한다. 잘못된 부분을 직접 알려주기도 한다. 잘못된 부분이 왜, 어떻게 잘못됐는지 설명해주는 상사도 있고 작성자가 직접 오류를 찾으라는 의도로 일부러 가르쳐주지 않는 상사도 있다. 두 번째, 특정 부분을 보완해서 더 자세히 보고하라고 지시한다면 내용이 나쁘지 않다는 의미다. 오류가 없고 문제 해결 방안 또는 투자 대비 수익과 투자비 회수 기간도 타당하다. 과거 실적과 통계를 살펴보고 현재 가용할 자원으로 비추어볼 때 보고서가 현실성, 객관성을 갖추었다면, 상사가 작성자를 칭찬할까? 상사마다 다르지만 우리나라 회사 정서에서 아직까지 보고서를 잘 썼다고 칭찬하는 경우는 드물다. 보고서를 잘 썼을 때 상사는 질문을 한다.

보고서 내용을 파고드는 심층적인 질문 또는 보고서에 쓴 대로 실행해야 하는 이유를 묻는다. 때로는 철학적인 질문을 하는 상사도 있다. 작성자가 보고서 내용에 확신을 갖고 있는지 확인하려는 목적으로 질문을 한다. 이런 질문을 한다면, 보고서 내용에 문제가 없다는 의미로 받아들여도 좋다.

상사의 질문은 경험과 직관에서 나온다. 때로는 상사가 직관적으로 한 질문에 답을 찾으면 그 답이 최선의 해결책이거나 새로운 기획으로 이어지는 경우가 많다. 작성자는 보고서를 검토한 상사가 물어볼 만한 질문을 미리 생각해두어야 한다. 상사는 개인적으로 궁금한 부분, 작성자가 추가로 확인해야 하는 내용을 짚고 넘어가기 위해서 질문한다. 보고서를 쓰면서 상사의 질문을 예상하고 답변을 준비한다. 중요한 보고서를 쓴다면 중간 검토에서 지적한 논리적인 오류는 당연히 바로잡아야 하고, 완성한 보고서를 제출한 후에 심층 질문, 철학적인 물음에도 답할 준비를 한다.

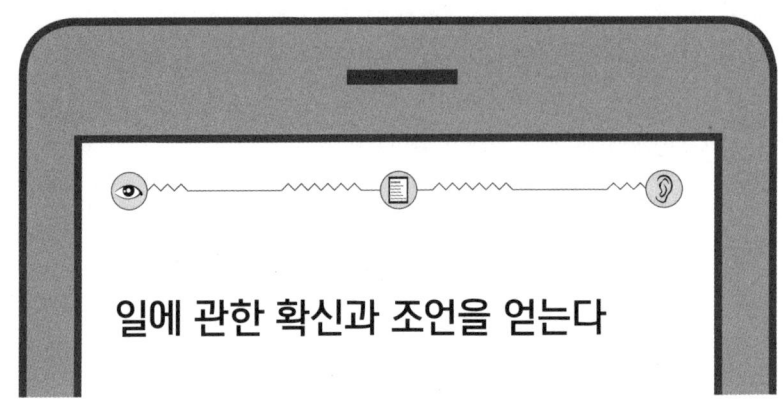

일에 관한 확신과 조언을 얻는다

눈코 뜰 새 없이 바쁜 와중에 보고서를 매일 써야 하냐고 푸념하는 직장인이 많다. 나는 첫 직장에서 업무일지를 써서 출력한 다음 직속 상사 책상 옆 캐비닛에 꽂혀 있는 직원업무일지 파일에 철해놓고 퇴근했다. 외근을 하다가 현지에서 퇴근하면 다음날 아침에 업무일지를 제출했다. 모든 부서 직원이 그렇게 했다. 직속 상사가 업무일지를 꼼꼼히 확인하는 것 같진 않았는데 종종 업무일지를 제때 제출하지 않은 직원에게 주의를 주었다. 몇 년 후에는 회사에 인트라넷이 생겨서 부서별 업무 게시판에 일일보고서를 썼다. 제목은 [이름-날짜-주요 메시지] 형식으로 정했다. 특정인이 확인해야 하는 보고서는 제목에 읽을 사람 이름과 함께 '필독'이라고 썼다. 주간보고서, 월간보고서도 부서별 업무 게시판에 썼다. 출력해서 철하던 보고서가 인트라넷에 쓰는 형태로 바뀌었다.

업무보고서를 쓰라고 해서 억지로 쓰면 상당히 귀찮은 일이 된다. 어차피 매일 쓰는 문서라면 유용하게 활용하는 편이 낫다. 보고서를 효율을 높이는 도구로 이용하려면 어떻게 해야 할까?

요즘 직장에서는 자기가 할 일을 찾아서, 능동적으로 일한다. 내가 첫 직장에 입사했을 때는 할 일을 스스로 찾아서 해야 한다고 생각했지만 실제로는 그러지 못했다. 팀별로 진행할 프로젝트를 정하고 기획안이 통과되면 부서장은 팀원에게 업무를 할당한다. 기획팀에서는 자료조사, 아이디어 구체화, 개발 계획, 목업 제작, 시뮬레이션, 시제품 테스트까지 업무 단계별로 모든 팀원이 자기에게 주어진 일을 했다. 당시에는 업무 계획표에 해당 업무를 담당하는 팀원 이름이 적혀 있었다. 자기에게 주어진 일만 하면 됐다.

지금은 직원마다 담당하는 일의 범위와 역할이 정해져 있다. 일을 찾아서 하고 조직에서 부여한 일을 하면 된다. 내 경험에 비추어 20여 년 전과 비교하면 지금 직장인은 할 일을 스스로 기획하고 결과를 만들어낸다.

업무 계획표에서 자기에게 할당된 일에 형광펜으로 표시하고 그 일만 했던 과거와 자기 일을 찾아서 하는 현재는 여러 가지가 달라졌다. 과거의 직장인은 주어진 일을 완료하면 그걸로 끝이었다. 맡은 일을 끝내면 한숨 돌렸다. 일의 시작과 끝이 분명했다. 지금은 '자기 일은 스스로 찾아서 한다'라는 능동적 자세를 요구한다. 그런데 일의 시작과 끝이 분명하지 않다. 상사는 직원이 할 일을 자세히 알려주거나 지시하지 않는다. 직원은 조직 내 자기 역할 범위 안에서 일을 찾는다. 하나의 일이 완전히 끝나기 전에 자기가 할 새로운 일을 발견한다. 일이 끝나기도 전에 새롭게 할 일이 계속 생긴다.

결국 일은 계속된다. 휴식을 강조하는 52시간 근무 제도는 이런 직장 문화 때문에 나왔다고 할 수 있다.

　자기 일을 스스로 찾아서 하는 직장 문화가 정착하면서 직원과 상사는 편해졌을까? 오히려 불안해졌다. 직원은 할 일을 찾아서 열심히 하면서도 그 일을 하는 게 회사에 도움이 되는지, 제대로 하고 있는 게 맞는지 확신하지 못한다. 상사는 부하 직원이 기획한 일을 시작하라고 했지만, 그 일이 정말 해야 하는지 의구심이 든다. 직원이 스스로 기획해서 한 일이 성과를 낼 수 있는 일인지, 과거에 경험하지 못한 일이라서 어떻게 진행하는 게 옳은지 판단할 수 없다. 일당백으로 일하는 시대에 상사는 관리만 하는 게 아니다. 상사로서 할 일이 따로 있다.

　능동적으로 일을 찾아서 열심히 하는 데 확실한 게 없다. 자기가 하는 일이 회사에 기여할 수 있는지 확신을 주고 좋은 결과가 나올 수 있게 조언해주면 좋겠는데 모두가 자기 일로 바쁘다. 처음 경험하는 일에 관한 해답은 누구도 알지 못한다. 확신을 갖기 위해서, 해답을 찾기 위해서 한동안 멘토링 열풍이 불었다. 외부에서 전문가를 초빙하거나 선배사원과 신입사원이 짝을 이루어 조언을 해주는 멘토-멘티 캠페인을 시행한 회사도 있었다. 선배가 가르치고 후배가 배우던 시대는 지났다. 멘토링의 시대는 가고 소통의 시대가 왔다.

　보고서를 쓰면, 상사와 선배에게 멘토링을 받으면서 동시에 소통을 할 수 있다. 현재 하고 있는 일의 진행 상황을 매일 기록하면 그것을 본 상사는 어떤 식으로든 조언을 한다. 상사는 과거에 유사한 일을 하면서 겪었던 실수와 주의사항을 알려준다. 부하 직원이 어떤 일을 하는지 속속들이 알게 된 상사는 더 이상 불안하지 않다. 상사와 소통하면서 자기가 하는 일에 관해서 확신이 생긴 직원도 불안하지 않다.

요즘 신입사원은 능력이 출중하다. 모바일과 IT 기술을 빠르게 습득하고 업무에 활용한다. 아쉬운 점은 선배나 상사가 조언하거나 도움을 주려고 하면 "제가 알아서 할게요"라고 대답하는 태도다. 개인주의에 길들어서 또는 혼자 일하는 게 편해서, 일명 '꼰대'가 싫어서 등 여러 가지 이유가 있다.

회사는 공동의 목표를 위해 함께 일하는 조직이다. 동료, 선배, 상사와 소통은 필수다. 협업과 개인주의가 공존하는 사회가 바로 회사다. 이런 문화는 회사에도 영향을 준다. 공협업과 소통과 사개인주의는 엄격하게 구분해야 한다. 내가 하고 있는 일을 알리는 공적인 수단으로 업무보고서를 활용하면 일에 대한 불확실성을 해소하고 선배의 과오를 되풀이하지 않게 돼서 좋은 결과를 얻을 확률이 높다. 조직에서는 개인의 상황을 인지하고 구성원이 하는 일을 서로 공유하는 데서 문제 해결이 시작된다. 직원은 업무보고서를 통해서 자기가 하는 일을 구성원에게 알리고 동료의 선배의 가르침을 배우며 소통해야 한다. 상사는 누가 어떤 일을 하는지 인지하고 경험에서 나오는 노하우와 성과를 내는 자기만의 방법을 전수한다.

형식적인 업무 보고가 아니라 하루의 업무 진행 상황을 정리해서 공개하면 조언과 도움을 자연스럽게 받을 수 있다. 업무보고서를 쓸 때, 중요한 팁이 있다. 상사와 동료가 궁금하게 생각하는 내용을 강조해서 쓰는 것이다. 그러면 그 일을 빠르고 성공적으로 끝낼 수 있다.

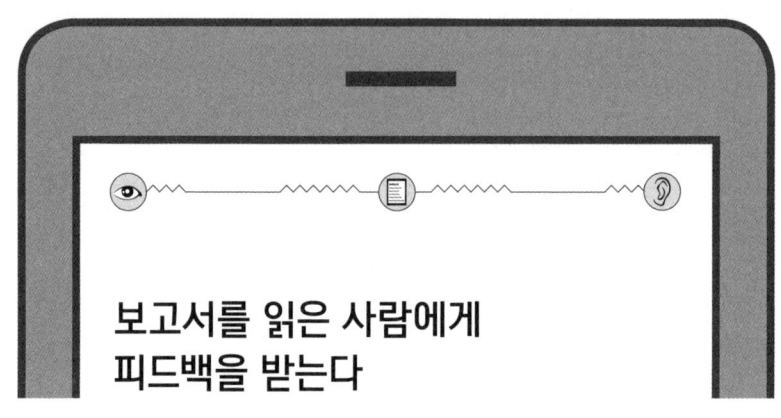

보고서를 읽은 사람에게 피드백을 받는다

소통은 내가 가진 생각, 의견, 정보를 전하고 상대방의 생각, 의견, 정보를 듣는 것이다. 보고서에 정보, 아이디어, 의견을 쓰는 이유는 작성자의 생각을 전달하기 위해서다. 이 책에서 말하는 '소통하는 보고서'는 회사에서 쓰라고 해서 형식적으로 써서 제출하는 문서가 아니다. 보고서는 써서 제출하는 걸로 끝나지 않는다. 소통은 정보가 쌍방향으로 오고 가야 하기 때문이다. 보고서 작성에 관한 책과 교육에서 간과하는 부분이 바로 쌍방향 소통이다.

내가 쓴 보고서를 부서 직원 전체가 회람했는데 아무도 피드백을 주지 않는다. 대면 보고나 회의할 때는 "이해가 안 되는 부분 있어요?", "진행하는 데 더 필요한 내용이 있나요?"라고 물어볼 수 있다. 필요한 자료를 받기 위해서 보고서에 "영업부: 며칠까지 판매 분석 보고서 회신 요망"이라고 썼지만 그날까지 필요한 자료를 받을 수 있는지는 따로 확인해야 한다. 이메일에 수신, 참조로 나눠서 보고서를 보내면 해당 업무와 관련 있는 사람만 메일을 열어본다. 보고서를 읽고 자기 의견을 회신하는 사람은 많지 않다. 메일에 '수신확인' 기능이 있다. '수신확인' 기능에 '읽음'으로 표시된다고 보고서를 읽었다고 생각하면 오산이다. 수신자가 메일만 열어보고 첨부한 보고서를 열어보지 않기 때문이다.

보고서 작성 교육과 책에서 설명하는 내용은 크게 네 가지다. 첫째, 보고서를 쓸 때는 독자^{동료, 상사, 경영진}을 분석한다. 둘째, 보고 목적에 맞게 차례를 만들고 내용을 구성한다. 셋째, 이해하기 쉬운 표현, 효과적인 표현, 전달력이 높은 표현으로 쓴다. 넷째, 용어와 줄임말 사용이 적절한지, 전문용어와 문장에 오류가 없는지 확인한다. 이 외에도 논리적인 표현, 출처가 분명한 근거 제시, 객관적인 자료 첨부, 관념적인 말보다 구체적인 사항을 넣으라고 권한다.

네 가지 지침은 보고서를 쓸 때, 꼭 염두에 두어야 한다. 이런 지침이 피드백을 받는 데 도움이 될까? 내 경험에 비추어 보면, 보고서 자체의 완성도를 높이는 지침임에는 틀림없다. 하지만 피드백을 받는 것과는 무관하다. 작성자가 보고서를 쓰는 데 들인 노력을 알고 있다면 사람도 보고서 내용에 관심을 가져야 한다. 보고서로 의사소통하려면 피드백은 필수다.

읽는 사람에게 피드백을 받으려면 어떻게 해야 할까?

보고서를 읽은 사람의 의견이 궁금하다면, 논리적인 구성, 구체적인 설명, 명확한 문장은 기본이고 읽는 사람이 받는 이익, 영향 등을 알리는 데 집중한다. 연구 보고서, 동향 보고서, 타당성 조사 보고서 등을 작성하려면 적지 않은 노력과 시간, 비용이 들어간다. 특히 외부에 공개하는 보고서는 리서치 회사에 조사를 의뢰하고 여러 명의 전문가에게 자문을 구해서 작성한다.

보고서를 읽은 동료와 상사는 메시지가 제대로 전달되었는지, 구성이 적절한지, 논리에 오류가 있는지 등을 말해주지 않는다. 오랜 시간 공들여 쓴 보고서를 완성해서 동료와 상사에게 보여주면, "내용 괜찮은데", "마음에 드는데", "자료 어디서 찾았어?", "이 부분 내가 쓰는 보고서에 인용해도 될까?" 이런 대답만 돌아온다. 피드백을 제대로 해주는 사람은 극소수다.

작성자는 의도를 갖고 보고서를 쓴다. 내가 한 일, 시장 동향, 자료 분석의 결과 등을 '알리기 위해서'가 작성자의 의도다. 보고서를 읽은 사람에게 받아야 하는 피드백은 "그래서 어떤 효과가 있는가?", "우리는 무엇을 어떻게 해야 하는가?"이다. 단어 선택, 오탈자 등의 단편적인 피드백보다 중요한 것은 'So What'이다. 나는 《문서작성 최소원칙》에서 "보고서의 핵심은 앞으로의 계획이다"라는 단락에 다음과 같이 썼다.

지금까지 이렇게 진행되었다는 내용으로 보고서를 끝내면 안 된다. 앞으로 어떻게 하겠다는 내용을 구체적으로 기술해야 한다. 보고서를 읽는 사람이 핵심 메시지를 명확하게 이해했다면 더 구체적으로 알아야 하는 내용이나 자료를 요청한다. 작성자에게 더 깊이 있는 자료를 요구하거나 새로운 가능성을 발견한 부분이나 문제를 효율적으로 해결하는 방법 등을 추가로 물어본다면 보고서는 제 역할을 했다고 볼 수 있다.[4]

보고서의 핵심은 앞으로 어떻게 할 것인가, 즉 계획실행 방안이다. 보고서를 '미래형'으로 쓰고 그 계획이 보고서를 읽는 사람상사, 경영진, 독자 등에게 어떤 이익이 있는지, 결과를 만들기 위해서 어떤 행동이 필요한지, 목표를 설정하고 실행한 결과·성과, 예상되는 효과를 구체적으로 제시한다. 그러면 긍정 또는 부정, 보류, 보완, 더 상세한 내용 요청 등 어떤 형태로든 피드백이 나온다. 추가로 자료를 요청하거나 실행 계획, 이익을 내는 방법에 관한 의견, 해결책을 함께 고민하는 것도 피드백이다.

'앞으로 어떤 일을 해야 하는가'처럼 계획에 관한 질문, '이렇게 하는 게 좋겠다' 경험에서 나온 조언, '효과가 있을지 의문이다'처럼 회의적인 의견이라도 작성자와 회사 모두를 위해서 피드백이 필요하다.

문장이 좋다, 구성이 좋다, 오탈자가 있다 등의 형식 측면의 피드백도 필요하다. 더 중요한 피드백은 어떤 결과를 예상하는가, 언제, 무엇을, 어떻게 해야 더 큰 성과를 얻을 수 있나 등의 실제적인 질문 또는 요청이다. 하지만 보고서 내용에 관한 평가와 판단에 관한 피드백은 매우 적다. 읽는 사람은 '점수 매기기'에서 벗어나야 하고 발전적인 방향으로 피드백을 해야 한다. 보고서를 검토한 상사가 문장력, 오탈자, 자료의 가공 여부를 묻기도 한다. 작성자는 출처가 분명한 자료와 분석에 기초하여 논리적으로 막힘이 없게 쓰고 보고서를 읽은 사람은 앞으로 할 일과 그 일을 해서 좋은 결과를 얻는 방법을 심층적으로 질문하고 경험에 기초해서 의견을 피드백해야 한다.

피드백이 부정적이든 긍정적이든 상관없다. 작성자가 피드백을 생산적으로 이용하면 된다. 보고서에 대한 반응이 부정적이라도 보완해서 '새로운 것'을 보여주면 된다. 피드백을 받고 보고서를 수정하고 다시 피드백을 받아서 수정하는 과정을 반복하면 새로운 아이디어를 끌어내고 구체화해서 결국, 발전적인 방향으로 나아간다.

긍정적인 관점에서 피드백을 달라고 요청한다

보고서 작성자는 정보, 의견, 지금까지 한 일, 앞으로 할 일 등을 전달하고 읽은 사람은 경험과 통찰력에서 나온 의견을 피드백해야 한다. 교과서적으로는 이렇지만 현실에서 보고서는 전달할 내용을 주어진 항목에 맞게 입력하고 제출하면 끝났다고 여긴다. 상대방이 보고서를 보든지 말든지 제출만 하면 된다고 생각한다.

보고서를 써서 '쌍방향 소통'이 이루어지려면 어떻게 해야 할까? 가게에서 상품을 사려고 돈을 내면 상품과 영수증을 받는다. 영수증은 돈을 내고 상품을 구입했다는 증거다. 상품을 여러 개 구입했는데 실수로 하나를 장바구니에 담지 않았다. 나중에 상품을 빠트린 걸 알게 되었다. 영수증이 있다면, 영수증 내역과 대조하거나 CCTV를 확인해서 빠트린 상품을 받을 수 있다. 만약, 영수증이 없다면 이 상황을 구구절절 설명해야 한다.

직장에서는 어떨까? 시간과 노력을 들여서, 정보 또는 상황을 전달하려고 보고서를 쓴다. 보고서를 메일로 보내고 출력해서 전달한 다음 회의실에서 얼굴을 보면서 보고서에 쓴 내용을 다시 말로 설명한다. 각자 자기 자리에서 읽어도 충분히 이해할 수 있는 보고서를 얼굴을 보면서 설명하는 이유는 '보고서를 전달했습니다'라는 영수증을 받기 위해서다.

보고서를 검토하고 '이해했다'라는 피드백을 보내지 않아서 이런 절차를 거친다. 나는 콘텐츠 기획자로 일하면서 업무보고서와 주간보고서, 업계 동향·이슈 등을 정리한 보고서를 관련 부서 담당자에게 메일로 보낸다. 이 외에도 업무에 필요한 여러 가지 정보를 메일로 전달한다. 메일을 보내고 퇴근하기 전에, 다음날 출근해서 이메일의 '수신확인'을 눌러본다. 내가 보낸 메일을 읽은 사람과 읽지 않은 사람의 비율은 50:50 정도다.

한 번은 주간보고서를 메일로 보내면서 며칠 뒤에 열리는 콘텐츠 기획 관련 세미나 소식도 첨부했다. 메일에 보고서 파일을 첨부하면, 파일을 열어 보지 않는 사람이 있어서 꼭 알려야 하는 내용은 메일 본문에 넣는다. 세미나 소식은 파일로만 첨부하고 본문에는 넣지 않았다. 세미나가 열리는 날, 세미나에 신청했으면 같이 가자고 했더니, 직원들은 그런 세미나가 있는지도 몰랐다는 반응이었다. 메일을 받은 사람 모두 본문에 넣은 주간보고서만 보고 첨부 파일은 확인하지 않은 것이다. 기획팀 직원에게 도움이 되는 세미나였는데 첨부파일을 열어보지 않아서 세미나에 신청한 사람은 나 혼자였다. 유용한 세미나 정보를 메일에 첨부하고 수신자들에게 피드백, 즉 영수증을 받지 않아서 벌어진 일이다.

이메일 '수신확인' 기능은 메일 제목을 클릭했다는 사실을 나타낸다. 메일 내용을 확인했다는 의미는 아니다. 내용을 제대로 살펴봤는지, 첨부문서를 확인했는지는 알 수 없다. 보고서를 출력해서 책상에 올려놓으면 확인할까? 메일에 첨부한 보고서보다 확인할 가능성이 높다고 생각하겠지만 실제로는 그렇지 않다. 보고 내용에 촉각을 곤두세우고 기다리지 않는 한, 일상적인 보고서는 제대로 읽지 않는다.

작성자는 보고서를 제출하고 끝났다고 생각하면 안 된다. 보고서를 검토하는 사람이 어떤 식으로든 반응하게 만들어야 한다. 그러려면 언제까지 검토하고 의견을 달라고 명시한다. 선배든 동료든, 경영진이든 관계없이 피드백이 필요한 경우에는 의견을 달라는 내용과 함께 담당자 이름과 부서를 명시한다. 여기에, '변동 사항이 있는 경우', '다른 의견이 있는 경우'처럼 조건을 나타내는 문장을 넣으면, 선별적으로 피드백을 받을 수 있지만 이런 문장을 악용할 소지가 있기 때문에 보고서 내용과 관련 있는 모든 사람에게 피드백을 요청하는 편이 바람직하다.

일상적으로 쓰는 보고서, 반복해서 하는 업무에 관한 보고 내용에도 피드백을 받는 게 좋다. 이전에 비슷한 프로젝트를 진행한 선배나 상사 이름을 명시하고 조언을 구하는 메시지를 넣는다. 메일로 전달한다면 다음과 같이 피드백을 요청하는 사람 이름을 쓰고 보고서 주제, 대강의 내용을 전달한다.

"이 보고서는 현재 진행 중인 ○○○ 상품 기획·제작에 관한 내용입니다. 상반기에 □□팀에서 완료한 △△△ 프로젝트와 같은 경로로 유통할 예정입니다. 당시에 프로젝트를 담당한 ○○○, □□□, ◇◇◇에게 후반 제작 과정과 유통사 계약에 주의할 점 등 조언 구합니다."

피드백 중에는 부정적인 내용도 있다. 작성자는 부정적인 피드백을 비판으로 받아들이기보다 생산적으로 활용할 방법을 고민해야 한다. 이게 말처럼 쉽진 않다. 하지만 부정적인 피드백은 새로운 측면을 바라보는 기회다. 부정적인 피드백을 반박하려고 하기보다 어떻게든 유리하게 활용해야 한다.

꼭 짚어서 '완전한 피드백'을 주는 사람은 거의 없다. 긍정적인 피드백은 좋은 내용을 더 좋게 만들고, 논리에 맞지 않거나 실현하기 어려운 내용에 관한 대안을 함께 고민하는 것이다. 직장에서 받는 피드백은 대부분 잘못된 부분을 지적하는 것으로 끝난다. 대다수의 보고서 작성자는 부정적인 피드백을 받는 걸 두려워한다. 이럴 때는 긍정적인 방향으로 피드백을 달라고 요청한다. 나는 진행하는 방향에 초점을 맞춰서 피드백을 달라고 요구한다. 비판이 없는 피드백을 달라는 게 아니라 잘못된 내용을 바로잡고 부족한 부분을 보충하는 데 필요한 피드백을 요청하는 것이다. 상황을 바라보는 시각은 언제든지 긍정적으로 바꿀 수 있다. 조사 보고서, 아이디어 단계의 보고서, 사업을 계획하는 동안 작성한 보고서는 접근 방향이나 주제에 관한 논의가 더 필요하다. 이런 경우에는 발전적인 방향으로 나아가기 위한 피드백을 요청한다. 작성자는 보고서를 검토한 선배, 상사, 경영진에게 조언을 구하는 내용, 즉 피드백이 필요한 부분을 명확하게 제시하면 발전적인 방향의 의견을 받을 수 있다.

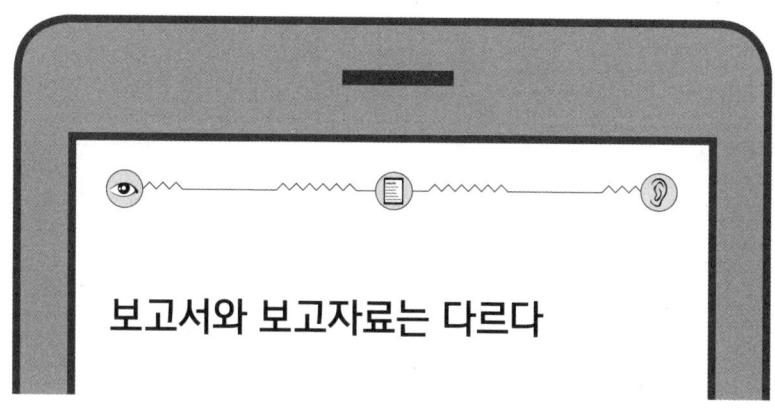

보고서가 가진 소통과 업무관리 기능을 제대로 이용하면 업무 효율을 높이고 효과를 볼 수 있다. 보고서를 써서 인트라넷에 올리고 메일로 전달하고 그 내용으로 회의를 한다. 이렇게 보고서를 제출하는 목적은 보고서가 가진 업무관리 기능을 이용하기 위해서다.

모든 회사에서 주간·월간보고서를 쓰고 정기적으로 회의를 한다. 회의 문화는 달라도 회의하는 모습은 비슷하다. 직장에서 회의하는 모습을 살펴보면, 직원은 자기가 쓴 업무보고서를 읽으면서 한 일을 보고한다. 회의에 참석한 상사와 동료, 후배는 보고 내용 중에서 자기가 맡은 일과 관련 있는 업무에 관해서 의견을 말해야 하지만, 작성자가 보고서를 다 읽으면 질문 없이 다음 사람으로 넘어간다. 내가 팀장으로 일할 때 이런 일이 있었다. 직장생활 4년차 송 대리 밑에는 사원이 한 명 있었는데 1년쯤 일하다가 적성에 맞는 일을 찾겠다며 퇴사했다. 회사에서 적당한 후임자를 구하지 못해서 송 대리는 6개월 넘게 부서에서 막내로 생활했다. 자잘한 일은 대부분 송 대리 차지였다. 그가 맡은 일은 꼭 필요한 일이었지만, 몇 분 정도 할애하면 처리할 수 있을 정도로 어렵지 않았다. 성취감을 느낄 만큼 중요한 일은 드물었다. 송 대리는 일주일 동안 처리한 자잘한 업무를 보고서에 쓰고 그 내용을 회의 시간에 읽었다. 꼭 필요한 일을 하느라 수고하는 건 모두 이해했지만 보고 방식이 적절하지 않다는 데는 이견이 없었다.

정기적으로 쓰는 업무 보고서에는 진행한 일을 모두 써도 무방하다. 보고서에는 기록의 기능이 있기 때문이다. 일일보고서에는 하루에 한 일, 주간보고서에는 일주일, 월간보고서에는 한 달, 연례보고서에는 일 년 동안 한 일_{사업, 프로젝트}를 쓴다. 일일보고서 내용을 복사/붙여넣기 해서 주간보고서를 만들고 주간보고서를 복사/붙여넣기 해서 월간보고서를 만들지는 않는다. 일간보고서는 한 일을 낱낱이 쓰되 일상적으로 하는 일, 정기적으로 하는 일은 주간·월간보고서에서 '완료', '진행 중', '보류'로 분류해서 정리한다. 특이 사항, 구성원 사이에 공유해야 하는 업무만 상세하게 적는다.

보고자료를 만드는 게 귀찮아서 업무보고서를 그대로 보고자료에 옮기는 사람이 더러 있다. 업무보고 회의에서 보고자료를 나눠줘야 한다면, 회의 참석자 또는 구성원이 알아야 하는 내용을 위주로 정리한다. 자기가 한 일을 모두 나열한 보고자료는 의미가 없다. 업무보고서에는 자기가 한 일을 낱낱이 쓰되 회의에서 참석자가 읽는 보고자료에는 주요 사항과 설명이 필요한 부분만 쓴다. 타부서와 협업이 필요한 업무, 전달 사항은 자세히 쓴다.[5]

업무보고서와 보고자료는 기능 면에서 공통점과 차이점이 있다. 직장인 가운데 상당수는 두 가지를 같다고 생각한다. 업무보고서와 보고자료를 구분하지 않는 일은 정부부처에서도 있었다. 2005년에 정부업무관리 시스템을 구축하고 몇 곳을 시범 부처로 지정했다. 이 시스템은 국정과제, 정책과제, 지시 업무 등 정부에서 진행하는 모든 업무를 실시간으로 관리하기 위해 만들었다. 효율적인 업무와 체계적인 평가를 위해서 시스템을 구축했지만 시범 부처로 지정된 기관의 직원들은 업무관리 시스템을 문서 관리 기능으로만 인식하고 기존에 사용하던 전자결재 시스템처럼 사용했다.

이 시스템의 장점은 업무 시작 단계에서 보고서를 한 번만 입력하고 이후에는 수정·보완하는 내용만 추가하면 되는데, 시범 부처 직원들은 업무보고서에 항목을 쓰는 단계마다 같은 내용을 반복해서 입력했다. 업무를 실시간으로 관리하는 이 시스템은 직원들이 사용법을 익히는 데 시간이 걸린 탓에 한동안 자리를 잡지 못했다. 시범 부처에서는 시스템을 이용하기보다 대면보고 관행을 지속했다. 이런 문제를 해결하기 위해서 업무관리 시스템에 단순한 보고 사항은 다시 입력하지 않도록 하고 간략하게 메모 형식으로 보고하도록 권장했다.[6]

실제로 직장에서는 일일보고서에 쓴 내용을 주간보고서에 옮겨 쓰고, 주간보고서 내용을 다시 월간보고서에 쓴다. 보고서에 쓴 내용에 기초해서 보고한다. 일정과 업무를 기록하는 기능의 '보고서'와 정보 전달을 목적으로 하는 '보고'는 개념이 다르다. 기능과 목적이 다르다는 개념을 정립하지 못한 채, 두 가지 기능을 하나의 시스템으로 구현하고 이를 이용하게 했으니

시범 부처 직원들은 똑같은 내용을 여러 번 작성했고 비효율적이라는 불만을 제기했다.

정부업무관리 시스템은 시범운영을 거쳐서 다음 해 '온-나라On-nara 업무관리 시스템'이라는 이름으로 본격 가동했다. 업무관리 시스템은 업무 자료 수집·보존·보존 등 전 과정을 표준화·체계화하여 관리하는 기능을 수행한다. 직원이 업무를 과제관리카드에 입력하고 진행 사항을 업데이트하면 시스템에서 진행 사항과 실적을 미리 설정해둔 기준을 적용해서 평가·관리한다. 과제를 완료하면 축적된 자료는 정보·지식화를 거쳐서 이후에 진행하는 과제의 실적 분석·평가 기준으로 활용된다.

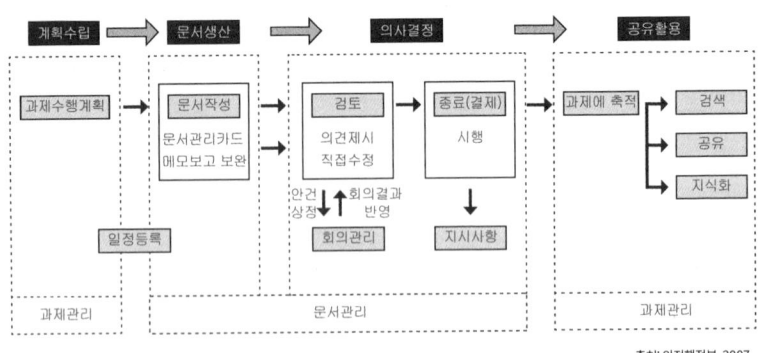

10여 년 전에 구축한 정부의 업무관리 시스템은 BSC Balanced Scorecard 개념에 기초해서 만들었다. BSC를 우리말로 '균형성과평가제도'라고 한다. 1990년대 르네상스 솔루션이라는 컨설팅 회사와 하버드 비즈니스 스쿨이 공동으로 개발한 BSC는 성과를 평가할 때 재무적 성과, 즉 이익과 지출 외에 고객, 내부 프로세스, 학습과 성장 등의 성과를 종합적으로 평가하는 성과측정 기록표다. 소비자·기업·혁신과 학습의 관점에서 성과를 측정해서 단기적인 재무상 이익 외에 궁극적인 목표에 초점을 맞출 수 있게 도와준다.

업무보고에 이런 개념을 왜 알아야 하냐고 묻는 사람이 있다. 정부업무관리 시스템 기본 구조 그림을 보면 문서관리 단계에 해당하는 문서 생산과 의사결정에 '보고'가 있다. 개념도를 보면, 보고서와 대면보고자료에 쓰는 내용이 왜 달라야 하는지 이해할 수 있다. 과제 수행계획을 수립하면 그 일을 언제부터 언제까지, 누가, 얼마의 자원[비용, 인력, 시간 등]을 들여서 어떻게 할 것인지 등의 내용을 입력한다. 이 단계에서 보고서 초안에 해당하는 문서관리카드[BSC]를 쓴다. 추가·수정할 내용이 있으면 업데이트하고 메모보고로 보완한다.

문서관리 카드에 기록했기 때문에 이후에 보고할 때는 추가·수정한 내용만 간결하게 입력한다. 보고서를 검토한 상사는 의견을 제시하고 필요하면 업무에 관한 수정을 담당자 또는 실무진에게 요청하거나 직접 수정한다. 회의로 결정해야 하는 내용은 안건을 상정하고 회의 결과를 검토 단계에 반영한다. 회의에서 결정된 사항과 수정·보완할 사항을 업데이트하고 시행계획을 수립한다. 시행계획은 각 부서 담당자에게 전달되고 각각 수행한 내용을 작성한 보고서는 축적된다. 과제관리에서 축적된 자료를 지식으로 만든다. 축적된 자료와 지식은 구성원과 공유하여 유사한 프로젝트에서 실수를 줄이고 개선하는 기능을 한다.

정부의 시스템이라서 체계적인 흐름을 갖는다고 생각하면 오산이다. 조직의 규모와 관계없이 업무관리 시스템은 동일하게 적용할 수 있다. 혼자 일해도 업무관리 시스템을 적용할 수 있다. 프로젝트 구상·준비 단계에는 시장조사, 벤치마크, 논리를 만들기 위한 스토리라인을 준비하고 보고서를 쓴다. 프로젝트를 시작하려고 논의하는 계획 수립 단계부터 여러 가지 보고서를 쓴다. 실제로 프로젝트를 시작하고 계획한 대로 순조롭게 진행하면 보고할 내용은 그리 많지 않다. 진행 사항을 알리는 보고서는 앞서 만든 보고서에서 내용을 가져다 쓴다. 업무관리 시스템의 개념을 이용하면 같은 내용을 반복해서 보고서에 쓰지 않아도 된다. 시스템을 제대로 이용하면 계획과 다른 점, 특별한 사항, 문제가 발생했을 때, 그 내용만 업데이트하고 시급한 사안은 메모, 전화, 메시지 등 즉시 보고할 수 있는 수단을 이용해서 전달한다.

업무 평가에도 업무관리 시스템은 긍정적인 기능을 한다. 기업에서는 예상한 목표와 이익을 달성 여부로 평가하는 데 반해, 업무관리 시스템은 일하면서 얻은 정보, 노하우, 축적한 정보의 지식화 등을 학습과 성과 측면에서 평가하기 때문이다.

문서관리 카드에 기초한 업무보고는 구성원이 모두 알고 상황을 매번 보고서에 기술할 필요가 없다. 업데이트된 내용, 특이점, 꼭 알려야 하는 사항만 간결하게 전달한다. 기존에 작성한 보고서에 진행 상황을 업데이트해서 보고자료를 만들기 때문에 작성하는 시간이 줄어들고 업무 효율이 향상된다.

7

보고서 문체와 작성법

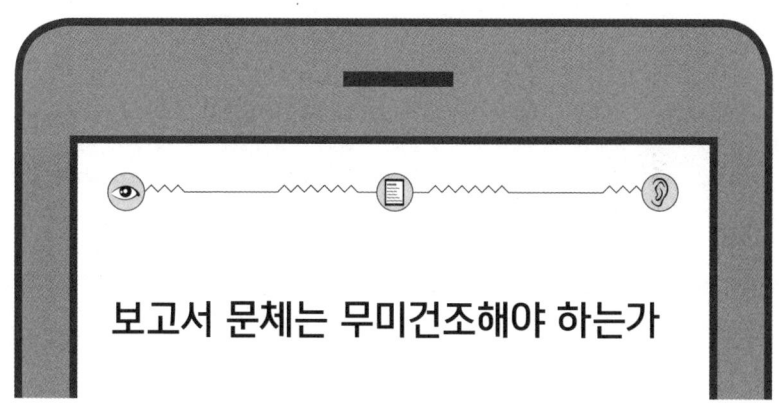

보고서 문체는 무미건조해야 하는가

회사에서 오랜 기간 함께 일하면, 보고서 작성자 이름을 안 봐도 몇 줄만 읽으면 누가 썼는지 안다. 사람마다 특유의 '문체'가 있기 때문이다. 자주 사용하는 어구, 조사에 나타난 특색을 문체라고 한다. 글을 구성하는 방식도 사람마다 다르다.

문체와 구성은 작가의 사상과 감성, 즉 개성을 보여준다. 문학에서 일반적으로 사용하는 문체는 여덟 가지다. 간결체, 강건체, 건조체, 만연체, 우유체, 화려체, 문어체, 구어체. 이 가운데 보고서에 주로 쓰는 문체는 간결체, 강건체, 건조체다.

보고서는 대부분 개조식 표현으로 간결하게 쓴다. 내러티브 하게 쓴 보고서도 있다. 작성자의 주관적인 생각이나 느낌을 전달해야 한다면 제한적으로 만연체를 쓰기도 한다. 회의 보고서에는 참석자의 말을 그대로 옮겨 적어서 구어체가 종종 나온다. 다음은 문체의 종류별 특징이다.

문체	특징
간결체	문장을 짧게 끊어서 표현한다. 간결해서 읽기 쉽다. 단순하고 직설적이어서 전달력이 높다. 인간미가 느껴지지 않는다. 문학에서 함축적 표현은 간결하지만 독자가 의미를 해석해야 한다.
강건체	웅변하는 것처럼 호소력 있다. 억양으로 말의 강약을 표현한다. 비슷한 의미를 가진 여러 개의 단어를 사용해서 핵심을 강조한다.
건조체	꾸미는 말을 없애고 꼭 필요한 단어만 쓴다. 매뉴얼은 대부분 건조체로 쓴다.
만연체	작성자의 느낌을 자세히 전달하기 위해서 문장을 길게 쓴다. 정보를 더 자세하게 전달하기 위해서 느낌과 함께 길게 쓴다. 단, 문장이 길다고 모두 만연체는 아니다.
우유체	온화하고 다정한 말투처럼 친근하다. 강건체와 반대되는 문체로 동화, 수필 등의 문학 작품에 사용한다.
화려체	운율, 시각·청각·촉각 등의 느낌을 꾸미는 말과 함께 쓴다. 수식어를 배제한 건조체와 대비된다.
문어체	'문어(文語)'는 글에서만 쓰는 문체다. 말할 때는 사용하지 않지만 문장에서 쓰는 단어로 표현한다.
구어체	'구어(口語)'는 말할 때 쓰는 표현을 그대로 문장으로 옮긴 것이다. 문학에서 등장인물의 대화를 구어체로 쓴다. 사투리나 특유의 억양을 글로 표현하는 게 특징이다.

보고서에 주로 쓰는 세 가지 문체는 꾸미는 말을 제한한다. 꾸미는 말은 의미를 강조하는 데 도움이 되지만 핵심을 과장 또는 축소해서 본질을 흐리게 하는 단점이 더 크게 작용한다. 때문에 보고서에는 꾸미는 말을 쓰지 않

는 게 원칙이다. 문장에서 특정 단어를 강조하기 위해서 '매우', '상당히', '적지 않게' 등의 꾸미는 말을 쓴다. 나도 습관적으로 이런 단어를 사용한다. 꾸미는 말을 넣는다고 강조되는 건 아니다. 꾸미는 말이 많으면 문장이 길고 산만하다. 주어와 서술어가 멀어지면 명쾌함도 사라진다. 꾸미는 말은 읽기에 방해가 되고 객관성과 신뢰도까지 의심하게 만든다.

꾸미는 말이 없는 건조체, 간결체는 읽기 쉽고 의미 전달에 더 효과가 있을까? 그렇지 않다. 꾸미는 말관형어, 부사어은 문장을 구성하는 필수 성분이 아니다. 꾸미는 말이 없어도 문장은 성립한다. 문법적으로 문제가 없어도 문장이 무미건조하면 읽고 싶은 마음이 생기지 않는다. 예를 들면, 이런 식이다.

개조식 표현	서술식 표현
- 회원이 즐기는 공간 마련 - 거점별 구간에서 비눗방울 공연, 버스킹 진행	거점별 구간에서 비눗방울 공연과 버스킹을 진행하여, 회원이 즐길 수 있는 공간을 마련해서 즐거운 분위기 조성

두 가지 표현은 꾸미는 말이 없는 간결체다. 이 경우 개소식 표현보다 서술식 표현이 잘 읽히고 이해하기 쉽다. 꾸미는 말을 쓰지 말라고 하는 이유는 모호한 의미의 단어 사용을 제한하면 정확한 정보를 전달할 수 있기 때문이다. 꾸미는 말과 꾸밈을 받는 말이 어울리면 보고서를 읽는 사람은 내용을 정확하게 이해한다. 전달력을 높일 수 있다면 적절한 선에서 꾸미는 말을 사용해도 좋다.

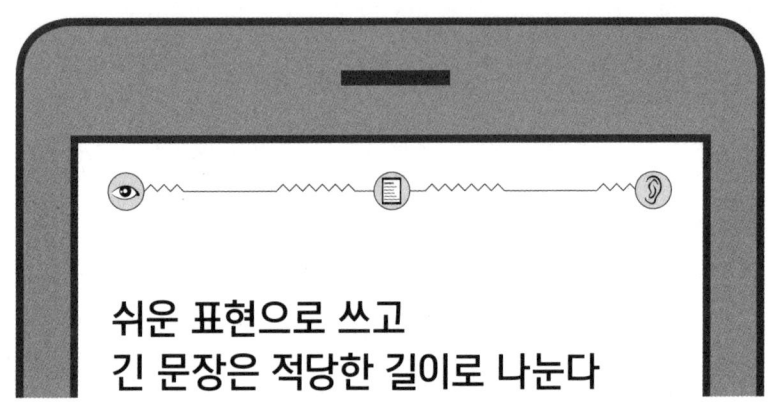

쉬운 표현으로 쓰고
긴 문장은 적당한 길이로 나눈다

 거래처 담당자 중에 평소에는 말수가 적은데 문제가 생기거나 AS를 요청하면 이런저런 말을 늘어놓는 사람이 있다. 문제가 심각할수록 거래처 담당자는 말이 많아진다. 직접 만나서 또는 전화로 얘기를 들어보면 문제와 직접 관련이 없는 내용을 전문가만 사용하는 용어와 은어까지 동원해서 설명한다. 전문 용어와 은어를 설명하느라 이야기는 더 길어진다. 때로는 문제와 상관없는 이야기를 계속 늘어놓기도 한다. 이 거래처 담당자와 함께 일하던 직원이 부서를 옮기면서 후임자에게 인수인계를 하는데, 인물의 특징을 콕 짚어서 설명했다.
 "이 분이 말수가 많아지면 큰 문제가 생긴 겁니다."
 보고서를 읽는 사람이 문제가 발생한 이유를 납득할 수 있게 글로 정리하면 현장에서 쓰는 용어가 나온다. 전문가만 사용하는 용어로 상황을 설명하면, 용어의 뜻까지 설명해야 한다. 그러면 문장이 길어진다. 심각한 문제가 발생한 상황에서 내 잘못이 아니라는 변명을 하기 위해서 필요 이상으로 설명이 길어질 수도 있다. 여기서 명심할 것은 설명이 길어지면 핵심이 모호해진다는 점이다.

내용을 명확하게 전달하는 원칙은 단순하다. 이해하기 쉬운 말로 짧게 쓰면 된다. 일상적으로 사용하는 말로 보고서를 쓴다면 문제 될 게 없다. 이해하기 쉬운 말로 쓰라고 해서 무조건 어려운 말을 피하는 것도 올바른 단어 선택은 아니다. 보고서를 보는 사람이 모두 이해하는 용어라면 보고서에 써도 괜찮다. 문서에 쓰는 용어는 보는 사람의 지식과 이해도를 고려해서 선택한다.

문서를 읽는 사람의 배경지식, 성향 등을 사전에 파악해서 그에 맞게 써야 한다. 요즘은 업계에서 10년 넘게 일하면 '전문가'로 불린다. 2000년 이전에는 한 직장, 같은 업계에서 20~30년 넘게 일하는 사람이 많았다. 지금은 그렇지 않다. 이직하지 않고 10년 동안 한 직장에서 일해도 10년 동안 같은 일을 하지 않는다. 트렌드가 바뀌는 속도만큼 업무가 변하는 속도도 빠르다. 업무 환경이 빠르게 바뀌면서 신조어, 전문용어 외에도 줄임말이 계속 나온다.

전문직에 종사하는 사람들은 약어와 전문용어, 신조어를 자주 쓴다. 보고서를 읽는 사람이 모두 전문가라면 일반인이 이해하기 어려운 용어와 약어가 자주 나와도 소통하는 데 문제없다. 하지만 일반인이 보는 문서에 약어를 사용하면 문제가 된다. 무역회사는 약어를 유난히 많이 사용한다. 드라마 〈미생〉에 나온 것처럼 무역회사는 항공업체, 선박업체, 화물 운송사, 관세사 등 관련 업계와 기관에서 사용하는 용어를 그대로 쓴다. 업계 관계자는 전문 용어를 이해한다. 하지만 무역업계에서 사용하는 용어로 쓴 보고서를 해외 운송을 요청한 고객이 읽고 이해하지 못하면 문제가 된다.

주식·펀드 가입자에게 보내주는 보고서도 마찬가지다. 금융회사에서 고객에게 보내주는 '운용 보고서'에는 일반인이 이해하기 어려운 용어가 많다. 주식투자의 대가 워런 버핏이 버크셔 해서웨이 연례 보고서를 읽는 사람이 이해할 수 있게 써달라고 요구한 일화는 유명하다. 그는 명료한 커뮤니케이션, 즉 읽는 사람이 이해하도록 하려면 전문가가 격식을 따지는 용어를 버리고 인간적으로 접근해야 한다고 했다. 워런 버핏은 누이들을 떠올리며 보고서를 쓴다고 했다. 누이들을 회계·금융에 관해서 잘 모르는 사람이라고 설명하면서 금융 보고서를 쉽게 쓸 것을 권했다. 읽는 사람 입장에서 생각하면 보고서를 쉽게 써야 하는 이유를 알 수 있다. 아서 레빗 미국 증권거래위원회 전 위원장도 고모를 떠올리며 글을 쓴다고 했다. 그는 '고모가 과연 이해할 수 있을까?'라는 물음에 '아니다'라고 생각되면 쉬운 표현으로 다시 썼다. 아서 레빗은 재임 기간에 '쉬운 영어 쓰기 운동'을 벌였다.

쉽게 쓰는 방법은 다음 네 가지 원칙만 지키면 된다.

첫째, 문장을 짧게 쓴다.

둘째, 전문 용어는 일상적인 용어로 바꾼다. 일반인이 읽는 문서에 전문 용어를 사용한다면 설명과 용례를 추가한다.

셋째, 쓰는 사람은 '나', 읽는 사람은 '여러분'이라는 칭호를 쓴다. 그러면 문장이 더 친숙하게 읽힌다.

넷째, '된다'와 같은 수동 표현보다 '한다'처럼 능동 표현을 쓴다.

어려운 용어, 일반적으로 사용하지 않는 단어는 지양하고 문서를 읽는 사람, 그 사람이 속한 집단에서 사용하는 표현을 쓴다. 어려운 용어나 현학적인 표현만 자제하면 읽기 쉬운 보고서를 쓸 수 있다.

쉬운 표현으로 쓰라고 권하는 이유는 의미를 확실하게 전달하기 때문이다. 다음은 일상에서 자주 사용하지 않는데, 문서에는 종종 사용하는 표현이다. 이런 표현은 쉬운 표현으로 바꿔서 쓰는 게 바람직하다.

어려운 표현	쉬운 표현
찬동하다	찬성하다
개량하다	좋게 만들다
유첨된 문서	첨부 문서, 붙임 자료
규명하다	알아내다
증진하다	늘리다
경감시키다	줄이다
분두하다	애쓰다
집행하다	실행하다
용이하게	쉽게
소재지	장소
가시화하다	나타내다
숙련도	능력
실증하다	보여주다

업무보고서 작성하기

직장인은 업무보고서, 출장보고서, 회의보고서 등 업무적으로 보고서를 쓴다. 현재 상황을 알리는 보고서를 읽는 사람은 대부분 상사다. 상사가 읽기 때문에 잘 써야 한다.

  직장에서 자주 쓰는 보고서 내용과 작성법을 살펴보겠다. 매일 쓰는 보고서는 업무일지다. 일일보고서라고 부른다. 일일·주간·월간보고서는 거의 모든 직장인이 쓴다. 업무보고서에는 하고 있는 일, 완료한 일, 앞으로 할 일을 구분해서 쓴다. 일일보고서에는 오늘 한 일과 완료한 일, 내일 할 일을 쓴다. 주간보고서에는 이번 주에 한 일과 다음 주에 할 일을 쓴다. 월간보고서는 한 달 동안 진행한 일을 마무리하기 위해서 쓴다. 업무보고서를 쓰는 목적은 업무 진행 사항과 소요된 시간을 파악해서 계획대로, 효율적으로 진행되는지 확인하는 것이다.

업무보고서를 쓰는 목적은 분명하다. 일일보고서에는 '일'을 중심으로 쓴다. 문제점, 해결방안, 제안은 주간보고서, 월간보고서에 쓰는 편이 낫다. 일주일, 한 달을 정리하는 보고서를 읽으며 업무 진행 상황을 점검하고 문제점, 개선할 부분에 대해서 의견을 나눈다.

일일보고서의 확장판이 주간보고서다. 월간보고서는 주간보고서를 확장한 버전일까? 월 초에 계획한 일과 진행사항을 비교·분석해서 완료한 일, 진행 중인 일을 정리하는 기능만 보면 주간보고서와 같다. 월간보고서가 일일·주간보고서와 다른 점은 성과와 전망을 넣는 것이다. 월간보고서는 업무 성과 측정, 할 일에 관한 전망에 초점을 맞춘다. 진행 중인 일은 진행률, 완료한 일은 성과 분석, 앞으로 추진할 일은 계획을 쓴다. 일일보고서와 주간보고서를 매일·매주 제출하는 숙제에 비유한다면 월간보고서는 성적표다. 한 달 동안 추진한 일에서 어떤 성과를 냈고 의미 있는 성과를 냈는지, 계획한 목표를 달성했는지 등을 월간보고서에 쓴다. 월간보고서에는 성과 분석과 담당자의 의견, 문제점과 해결방안 등을 정리한다.

일일·주간·월간보고서에는 업무를 요약하고 진행률, 마감기한까지 남은 공정, 타부서 협조사항 등을 쓴다. 업무보고서를 공유해서 구성원이 서로의 업무를 파악하면 자원을 효과적으로 활용하고 업무 효율을 높일 수 있다.

매일 업무보고서를 쓰고 같은 내용을 주간·월간으로 업무보고서에 다시 써야 하냐고 묻는 직장인이 많다. 회사에서는 업무와 구성원을 관리하는 근거자료로 업무보고서를 활용한다.

업무보고서 기능과 주요 내용

구분	일일보고서	주간보고서	월간보고서
목표·기능	업무 계획과 관리	업무 계획과 관리	업무 성과 공유 결제, 결산 자료 정리
주요 내용	금일 업무 / 미처리 업무 내일 예정 업무 업무 목표 및 진행률 특이 사항 건의 사항	지난주 업무 (진행 업무) 이번주 업무 (계획 업무) 업무 내용, 현재 상황, 진행률 및 결과 기타 보고사항	업무 진행사항과 결과 보고 업무 목표와 결과 분석 다음 달 업무 계획 및 목표 결제 및 정산

작성자는 업무보고서를 쓰면서 자기 업무를 자세히 들여다보고 진행 상황에 관한 근거를 남긴다. 업무에서 발생하는 실수를 예방하는 효과도 있다. 충실하게 쓴 업무보고서는 잘 활용하면 여러 모로 도움이 된다. 업무보고서 작성은 부수적인 문서작업이 아니라 그 자체로 중요한 일이다.

시장조사보고서와 출장보고서 작성하기

시장조사보고서와 출장보고서는 시장조사와 출장을 다녀와서 쓴다. 특정 업무를 수행한 결과를 쓰는 보고서도 이런 유형에 포함된다. 시장조사보고서는 조사 목적에 따라 조사 내용과 결과를 보고하는 문서다. 새로운 시장을 개척하기 위해서 또는 구매·판매할 상품의 장단점, 가격 정보, 구매처·판매처(판매 경로), 시장 반응 등을 자료로 만들기 위해서 쓴다. 조사개요에 조사 대상과 목적, 조사 방법, 분석 방법을 정리한다. 목적에 따라 상세 내용은 바뀐다. 모든 시장조사보고서에서 공통적으로 지켜야 하는 사항은 세 가지다. 첫째, 시장조사 결과를 객관적인 관점에서 쓴다. 둘째, 시장조사 자료를 검증된 방법으로 분석한다. 셋째, 작성자 의견을 덧붙인다.

　시장조사 결과는 도표·그래프로 만들어서 정량적인 지표로 보여준다. 마지막에 작성자 의견을 명확하게 밝힌다. "이건 이래서 좋고 저건 저래서 좋다"라는 의견은 삼가야 한다. 직접 시장조사를 수행한 작성자가 가장 많은 정보를 갖고 있다. 때문에 의사결정에 도움이 되는 의견을 명확하게 제시해야 한다.

출장보고서는 현장에서 업무를 수행하기 위해 일정 기간 회사를 떠나서 일할 때 쓴다. 출장은 국내, 국외 출장으로 구분한다. 보통은 회사에서 지시를 받고 출장을 떠난다. 업무상 필요에 의해 담당자가 출장을 신청하는 경우도 있다. 출장을 신청해서 가는 경우에는 출장 계획을 정리해서 품의서를 제출하고 결제를 받은 후에 떠난다. 출장 목적에 따라 현장에서 진행하는 업무와 출장지에서 만난 사람, 일정, 성과, 현지에서 얻은 정보 등을 쓰고 지출한 경비 내역을 정리한다. 현지에서 찍은 사진을 첨부하고 성과를 쓴다. 출장이 길어지면 현지에서 일일보고서를 쓴다. 일일보고서를 메일로 제출하거나 ERP 시스템에 입력하면 더 좋다. 출장에서 돌아와서 현지에서 쓴 일일보고서를 참고하면 출장보고서를 쓰기가 수월하다.

회의보고서와 완료보고서 작성하기

회의보고서는 회의 내용, 회의 결과, 협의·합의 사항 등을 정리한 보고서다. 회의보고서를 '회의록'이라고 한다. 핵심만 간결하게 써서 회의에 참석하지 않은 구성원에게 회의 결과를 알리는 게 목적이다.

회의보고서는 회의 주제에 관해서 나눈 이야기와 결론을 짧은 문장으로 쓰고 회의한 당일에 구성원에게 전달한다. 회의한 내용을 정리하는 문서라서 쓰기가 어렵지 않다. 구성원이 돌아가면서 쓰기도 한다. 회의보고서는 신입 직원이 쓰는 경우가 많다. 신입 직원은 회의보고서를 쓰면서 업무 전반을 익힌다. 회의보고서 항목은 회의 일시, 장소, 참석자 이름, 담당 부서, 직책, 회의 주제, 결론논의 사항, 협의 또는 합의한 내용, 다음 회의 일정과 주제다. 회의 주제가 두 개 이상이면 각각의 주제를 소제목으로 넣고 세부 내용을 정리한다. 회의 결과와 협의·합의 사항은 객관적으로 쓴다. 작성자 개인의 의견은 배제한다. 회의에서 찬성과 반대 입장을 가진 구성원이 의견을 조율해서 결론을 내기도 한다. 이때 합의와 협의를 구분한다. 합의는 어떤 문제에 관해서 의논하고 의견을 하나로 만드는 것이다. 협의도 합의의 의미와 비슷하다. 사전에는 '여러 사람이 모여서 의논함'으로 나와 있지만, 통상적으로 상대방에서 통보만 해도 '협의했다'라고 한다. 일상에서는 합의와 협의를 혼용하더라도 회의록에는 구분해서 기록한다.

완료보고서는 업무가 종료되었음을 공식적으로 알리는 문서다. 수십 혹은 수백 명, 때로는 그보다 더 많은 인원이 각자 주어진 일을 처리해서 프로젝트를 완료한다. 프로젝트 시작 단계에만 참여하는 직원도 있고 여러 공정에 걸쳐서 참여하는 직원도 있다. 대부분 자기에게 주어진 일을 완료하고 다음 공정으로 넘어가면 맡은 일이 끝났다고 생각하는데, 실제로는 완료보고서를 제출해야 공식적으로 프로젝트가 끝난 것이다. 프로젝트가 끝났다고 공표하기 전까지 공정에 참여한 직원은 수정·보완을 요청할 수 있기 때문에 해당 업무에 관한 자료를 삭제 또는 정리하지 말고 준비 상태로 대기한다.

완료보고서에는 프로젝트 수행 기간, 진행한 업무와 담당자, 목표와 성과, 문제점과 해결책, 비용, 유통 또는 납품하는 경우에는 판매처·납품처, 해당 업체 담당자를 쓴다. 사후 관리가 필요하면 사후 관리 기간과 조건을 명시한다. 공정에 참여한 직원은 작업한 문서, 증빙 자료, 컴퓨터 파일 등을 정리해서 백업하고 파일명, 보관 장소 등을 완료보고서에 기록한다. 업무 중 발생한 문제점과 해결책, 참고사항, 주의사항 등을 기록해서 다음 프로젝트를 진행할 때 원활하게 공정이 진행되도록 한다.

매출보고서와 결산보고서 작성하기

매출보고서는 영업·마케팅 부서에서 쓴다. '돈'이 주요 내용인 보고서는 숫자로 이루어진다. 매출보고서도 일일, 주간, 월간으로 나눠서 쓴다. 하루의 매출이 모여서 주간 매출이 되고 주간 매출을 더해서 월간 매출이 된다. 매출보고서는 세 개의 표로 구성한다.

첫째, 목표와 실적이다.

목표에는 예상 매출, 실적에는 실제 매출을 쓰고 달성률을 계산해서 넣는다. 엑셀의 수식 기능을 이용하면 목표와 실적에 따라 달성률이 자동으로 계산된다.

전월, 당월, 익월로 기간을 구분해서 3개월 치를 한 번에 볼 수 있게 만든다. 실적에 입금^{수금}액을 말일 기준^{주간은 금요일 기준}으로 쓴다.

목표 및 실적

구분	항목	전월	당월	익월
매출	목표			
	실적			
	달성률			
수금	수금액			
	잔액(미수금)			
합계				

둘째, 판매처, 매입처 등 유통사 정산이다.

유통사 정산

구분	항목	판매건수	매출	비고
오프라인	유통사1			
	유통사2			
	유통사3			
	유통사4			
온라인	유통사A			
	유통사B			
합계				

유통사$^{판매처, 매입처}$ 별로 판매^{매입}건수, 금액을 확인한다. 예를 들어, 오프라인 5곳, 온라인 5곳, 총 10곳의 유통사와 거래한다면 각각의 유통사에서 발생한 판매 건수와 매출액을 정리한다. 유통사 별로 정리해야 잘 팔리는 곳과 팔리지 않는 곳을 알 수 있다. 정산 자료에 기초해서 유통사 성격에 맞는 마케팅과 이벤트를 준비한다. 유·무형의 상품을 판매하지 않아도 판매와 수입 항목을 정리하고 합계를 표시한다.

셋째, 정산내역과 입출금 현황이다.

정산내역 및 입출금 현황

구분	항목	수금	미수금	잔액
오프라인	유통사1			
	유통사2			
	유통사3			
	유통사4			
온라인	유통사A			
	유통사B			
합계				

상품을 유통하면 판매해서 얻는 수입과 원재료 또는 상품을 구입한 비용이 발생한다. 수입과 지출 내역을 거래처별로 구분해서 정리한다. 판매 총액, 입금 내역, 미수금, 출금 내역을 구분해서 입출금 현황에 쓴다. 요일을

정해서 주간 정산하고 월 말에 합계를 내서 전체 수입과 지출 현황을 정리한다.

회계·자금을 담당하는 부서에서는 '시재표'라고 부르는 자금일보·금전출납부를 매일 작성한다. 시재표를 근거로 매출보고서를 만들면 수입·지출 내역과 자금의 흐름을 알 수 있다. 시재표를 철해두고 정기적으로 검토하면 불필요한 지출, 중복되는 지출을 가려낼 수 있다. 불필요한 지출을 줄이고 매출이 많은 판매처에 판촉활동을 집중해서 이익을 늘린다. 그뿐만 아니라 매출이 저조한 판매처는 원인을 분석해서 판매를 늘리는 방안을 실행한다.

결산보고서는 일정 기간 또는 회계연도 내의 매출·매입, 수입·지출, 재정 상태를 정리해서 경영실적을 보여준다. 세무·회계 담당자가 예산 항목, 지출처 별 은행거래내역, 법인카드 지출, 세무자료, 계정과목 등을 정리해서 결산보고서를 만든다. 회계감사를 받는 기업에서는 세무사·회계사의 도움을 받아서 작성한다. 결산보고서는 계정과목별로 수입과 지출, 이익 등을 알 수 있게 쓴다. 이를 통해서 결산 현황을 파악하고 다음 예산편성에 기초자료로 활용한다.

매출보고서와 결산보고서 양식은 다양하다. 인터넷에서 검색해서 회사의 매입·매출을 정리하는 데 적합한 양식을 선택하거나 변형해서 사용한다.

사업성 평가·예측 보고서 작성하기

미래에 추진할 사업의 성공 가능성을 예측하는 일은 매우 어렵다. 아직 시작하지도 않은 일을 트렌드 자료와 몇 가지 지표를 가지고 사업의 성공과 실패를 예측하기는 불가능하다. 회사의 이익 외에도 여러 사람, 관련 기업의 이해관계가 얽혀 있고 변수가 많기 때문이다. 과거에 수행 실적이나 경험이 없는 사업은 참고할만한 평가 기준이 없다. 하지만 경영자는 객관적으로 평가한 보고서를 보고 싶어 한다. 사업성과 가치를 평가하는 보고서에 필요한 내용은 시장 매력도와 내부 수행능력 두 가지다. 소비자·사용자가 원하는 상품·서비스를 내부에서 만들어낼 능력이 있고 지출보다 수입이 많다고 예상할 경우 '사업성이 있다', '가치 있다'라고 평가한다.

사업성 평가 보고서는 정해진 형식이 없다. 항목도 정해지지 않았다. 형식과 항목이 없으면 문서를 작성하기 어렵다. 따라서 항목과 형식을 만드는 게 제일 처음 할 일이다. 항목은 객관적이어야 한다. 경영학에서 학문적으로 분류한 체계에 따라 항목을 정하면 객관적이면서 타당한 사업성 평가 보고서를 쓸 수 있다.

사업성을 평가·예측하려면 시장에서 사업이 어느 정도 매력이 있는지 살펴봐야 한다. 이것을 '시장 매력도'라고 한다. 시장 매력도는 산업 구조를 만드는 다섯 가지 요소의 상호 작용을 통해서 결정된다.[1]

- 신규 진출 기업의 위협
- 기존 기업 사이의 경쟁
- 대체품 개발
- 구매자의 능력
- 공급자의 능력

시장 매력도를 판단하는 첫 번째 요소는 신규 진출 기업의 위협이다. 사업을 처음 시작할 때는 진입장벽을 넘어야 한다. 기존에 없었던 상품을 내놓는다면 소비자·사용자에게 상품의 효용 가치와 필요성을 알리는 게 진입장벽이 된다. 시장에 진입하는 기업은 규모가 크든 작든 기존 기업이 만들어 놓은 선점에 의한 우위를 극복해야 한다. 이를 극복하기 위해 시간과 비용을 들인다. 진입장벽을 넘는 데 필요한 시간과 비용을 예상하고 상품·유통의 차별화 방안 등을 제시한다. 이런 내용은 시장 조사에서 대부분 밝혀진다.

두 번째 요소는 기존 기업 사이의 경쟁이다. 시장에 새롭게 진출한 기업을 견제하기 위해서 기존에 시장에 진입한 기업은 가격을 낮추고 광고와 이벤트를 한다. 판촉 활동을 강화해서 시장에 진출한 기업이 성장할 기회를 차단한다. 후기 성장기 또는 쇠퇴기에 접어드는 시장에서는 경쟁이 더 치열하다. 시장 규모가 더 이상 확대되지 않는 시점에는 이미 시장에 진출한 기업의 점유율을 빼앗아야 매출을 올릴 수 있기 때문에 출혈 경쟁이 일어나기도 한다. 시장 매력도를 조사하면서 쇠퇴기에 접어들었다고 판단한다면 시장에 진입하는 계획을 재고한다. 이것이 사업성 평가·예측 보고서를 작성하는 이유다.

세 번째 요소는 대체품이다. 현재 시장에 나온 상품, 점유율, 소비자 동향 등에 기초해서 몇 달, 몇 년 뒤에 진출할 시장을 판단한다. 현재 시점에는 대체품이 없을 수도 있다. 보고서 작성자가 대체품과 경쟁할 가능성을 미처 생각하지 못하는 경우도 있다. 시장 조사에서 대체품은 대안품^{Alternative}과 대체품^{Substitute}으로 구분한다. 대안품은 사용자·소비자 관점에서 접근하는 개념이다. 대체품은 기능은 같고 형태가 다른 것이다. 자동차의 대체품으로 버스, 지하철, 자전거, 오토바이 등이 있다. 대안품은 형태와 기능이 다르지만 목적이 같은 상품·서비스다. 레스토랑과 영화관은 서로 대안품 관계다. 형태와 기능은 완전히 다르지만 레스토랑과 영화관은 즐거운 시간을 보내기 위한 상품이다. 사용자·소비자 입장에서 효용성이 같다. 소비자의 행동 양식을 관찰하면 대안품과 대체품을 알 수 있다.

네 번째 요소는 구매자의 능력이다. 상품·서비스를 소비할 수 있는 재력을 '구매력'이라고 한다. 구매력은 소비자 조사 결과를 참고한다. 소비자의 구매 형태와 생활습관, 인구구조, 트렌드의 변화를 보면 3~5년 이후를 예측할 수 있다. 뉴스와 신문기사만 꼼꼼히 읽어서 구매력을 가진 소비자 집단을 파악한다. 시장에서 판매 중인 상품의 판매량과 잠재 구매력을 분석해서 신제품의 판매 가능성을 예측한다. 구매력에 대한 조사 결과에 따라 가격과 품질에 대한 마케팅 전략을 세운다. 소비 패턴이 다양해지면서 완성도가 높은 고가의 상품뿐만 아니라 제 기능을 하는 낮은 품질의 제품도 판매가 된다. 저가 상품도 소비자에게 가치를 제공하는 시대로 바뀌었다. 다양한 시각에서 시장을 분석하여 매력도가 높은 시장을 찾는다.[2]

가격과 품질에 대한 마케팅 전략

품질\가격	낮은 가격	적정 가격	높은 가격
고급	가치우월전략	침투전략	우등전략
중급	가치상위전략	평균전략	초과가격전략
저급	가치하위전략	기만가격전략	착취가격전략

다섯 번째 요소는 공급자의 능력이다. 공급자의 능력은 양질의 제품을 같은 가격에 지속해서 판매하는 능력을 말한다. 시장에 진입해서 판매량이 늘어나면 설비를 늘리고 재료를 대량 구입하면서 일시적으로 자금난을 겪기도 한다. 이 시기에 제조원가를 적정 수준으로 유지하려고 가격을 올리거나 기능을 줄이고 품질을 낮추는 기업이 있다. 시장 진입 초기와 비교해서 품질을 낮추거나 가격을 높이면 소비자는 즉시 대체품을 찾는다. 기업 이미지

도 타격을 받는다. 나빠진 기업 이미지를 원래 수준으로 돌려놓기는 어렵다. 매력도가 높은 시장에 진입해서 자리 잡기까지 안정적으로 상품을 공급할 수 있는지, 사업을 꾸준히 유지할 수 있는지 등의 공급자 능력도 점검한다.

시장이 성장기에 있고 매력적이어도 공급자가 능력을 갖추지 못하면 사업성 평가에서 좋은 점수를 기대할 수 없다. 공급자가 상품을 개발해서 시장에 유통할 수 있는지 알아보는 도구가 있다. 가치사슬$^{Value\ Chain}$ 분석과 7S 분석이다. 두 가지 프레임워크는 수행능력을 평가하는 도구로 사용한다.

가치사슬 분석과 7S 분석은 매우 정교한 도구다. 기업의 활동을 본원 활동$^{Primary\ Activity}$와 지원활동$^{Support\ Activity}$로 구분하여 생산·재고·물류·판매·서비스 관리에 이르기까지 전 부문에서 기업이 가진 능력을 분석할 수 있다. 각 부문별 분석 결과에 따라 경쟁력을 파악하는 데 유용하다.

공급자의 수행능력 평가를 위한 가치사슬 분석

프레임워크	구분	분석 요소
가치사슬 분석	지원활동	Firm Infrastructure: 경영능력, 전략경영시스템, 조직구조, 기업 이미지, 정보화시스템 Human Resource Management: 관리자·경영자의 경험과 능력, 인력 조달 능력, 복리후생 등 Procurement: 자본조달비용, 자금동원령, 내부가용자금, 관리회계 시스템 등 Technology Development: 기술개발 투자, 기술수준, 기술혁신능력, 개발능력
	본원활동	Inbound Logistics: 원자재 조달, 부품 조달, 자원 관리 Operations: 생산설비, 가동률, 상품의 품질 Outbound Logistics: 공장입지, 물류센터, 유통비용 Market & Sales: 시장점유율, 시장조사, 판촉활동, 영업력, 광고, 충성고객 Services: 고객서비스, 서비스 품질, 고객 인식

7S 분석 모델

프레임워크	구분	분석 요소	내용
7S	하드 4S	Strategy: 강점에 집중한다. 보통 이하의 특징은 버린다. Structure: 조직·구성원의 역할과 권한, 책임이다. System: 조직의 관리체계와 제도, 운영 절차다. Skill: 조직 보유하고 있는 능력·기술수준이다.	제품·서비스의 차이, 고객·용도·지역의 차이, 수익의 차이, 사업성의 차이 전략에 따라 구조는 바뀐다. 구성원의 수행 업무는 유동적이다. 용도, 가격, 지역, 소비자 가치 성과 관리, 인사제도, 의사결정 지원, 경영정보 시스템 등 제조기술, 운영 능력, 리스크 관리 등
	소프트 3S	Shared Value: 조직의 구성원이 공유하는 가치관, 이념 등 Staff: 인력 구성, 인력자원의 특징·보유 스킬 Style: 고유한 경영방식과 조직문화	비전, 미션, 목표. 공유하는 가치는 상품·서비스 개발에 영향을 준다. 경력, 구성원이 가진 능력, 포트폴리오 등으로 인력자원의 능력을 평가한다. 리더십, 구성원 관계처럼 시간을 들여서 만든 특징은 쉽게 바뀌지 않는다.
자료조사 4S		Strategy: 시판 중인 책, 회사의 IR 자료, 신문 기사 Structure: 경제 전문지 기사, 연구소 보고서, 회사 IR, 시장조사 회사 자료 Statistics: 공공 기관 통계, 업계(협회) 통계, 회사의 IR 자료, 신문 기사 Share: 업계 지도, 연구소 보고서, 회사 IR 자료, 신문 기사	경쟁사의 정보·시장조사에 관한 공식적인 자료를 구하는 경로를 자료조사 4S라고 한다.

상품을 만들 능력이 있는지, 품질을 유지할 수 있는지, 유통·마케팅에 필요한 자원을 조달할 능력이 있는지 등을 객관적으로 평가한다. 하지만 기업에서는 사업성을 평가할 때 시장에 진출하는 능력을 생산시설, 마케팅 자

원만으로 평가하는 경향이 있다. 신규 시장에 진입하려면 기술력, 조직 구조와 인력 등의 유형 자산과 기획력과 자본조달 및 경영능력 등의 무형 자산도 평가해야 한다.

  시장 분석과 함께 업무 수행 능력을 객관적으로 평가해야 시장에서 기회를 잡을 수 있다. 앞에서 설명한 다섯 가지 요소와 가치사슬, 7S 분석모델을 적용해서 조사·분석한다. 기존에 증명된 프레임워크를 이용하여 시장 규모, 성장률, 변화 가능성, 경쟁 강도 등을 객관적으로 평가한다.

  기업의 역량은 프레임워크를 적용해서 평가하고 정량적인 시장 지표를 조사하면 객관적으로 점유율, 예상 수익, 성장 가능성까지 예측한다. 여기에 정부의 정책 기조가 지원 또는 규제인지 파악하고 각종 경제지표를 분석하여 외부 요인에 대한 사업성 평가·예측 보고서를 쓴다.

  사업성 평가·예측 보고서는 직장인이 자주 쓰는 보고서는 아니다. 새로운 사업을 시작할 때, 또는 아이폰을 처음 개발할 때처럼 시장에 없었던 상품을 기획할 때 시장조사 결과와 사업성 평가·예측 보고서를 쓰면 확신을 가시고 사업을 진행할 수 있다.

보고서 양식과 구성 요소

보고서는 정해진 양식에 내용을 채워 넣으면 어렵지 않게 작성할 수 있다. 아무것도 정해지지 않은 백지상태에서는 어떤 문서든지 쓰기가 어렵다. 목적에 맞게 항목을 정하고 양식을 만들면 어떤 보고서든지 쓰기가 수월하다.

보고서는 분량이 많아서, 첨부할 자료 또는 조사할 게 많아서 쓰기가 어려운 게 아니다. 어떤 보고서든지 구성 요소를 정하고 양식을 만드는 게 우선이다.

인터넷에서 검색하면 거의 모든 종류의 보고서 양식을 다운로드할 수 있다. 다운로드한 보고서 양식을 그대로 쓰기보다 업무에 맞게 고쳐서 쓰면 된다. 필요하면 양식은 언제든지 바꿀 수 있다. 보고서 위에 제목과 작성자, 작성일, 결재 사인하는 표를 넣고 아래에 구성 요소를 항목과 내용으로 나눠서 쓴다. 보고서 양식은 일반적으로 표를 이용해서 만든다. 왼쪽에는 항목을 넣고 오른쪽에 내용을 적는다.

보고서는 컴퓨터 파일로 보관하든 하드카피를 철해서 보관하든 상관없이 공통으로 들어가는 제목, 작성자 작성일, 결제 영역을 하나의 양식으로 통일한다. 통일한 양식을 모든 문서에 적용하고 모든 구성원이 공유해야 레이아웃이 일정한 보고서를 쓸 수 있다. 양식을 통일하면, 보고서를 철해두었다가 나중에 필요한 자료를 찾을 때 편하다.

기업에서 작성하는 모든 문서는 효율·효과에 초점을 맞춰서 쓴다. 보고서는 내용뿐만 아니라 양식도 효율·효과에 초점을 맞춘다. 양식과 항목을 정하면 보고서에도 '투입한 노력과 성과$^{SEA, Service\ Effort\ \&\ Accomplishment}$'가 적용된다.[3]

기업의 활동을 이익 추구 활동과 이익 이외의 목적을 추구하는 활동으로 구분하는 데, 기획, 제조, 마케팅 등은 직접적인 이익 추구 활동이고 보고서 작성과 같은 업무는 이익 이외의 목적을 추구하는 활동에 포함된다. 보고서 양식을 한 가지로 통일한다고 직접적인 이익이 늘어나지 않지만, 작성하는 시간을 줄이고 정보가 필요할 때 신속하게 찾을 수 있기 때문에 투입한 노력에 비해서 큰 성과를 얻는다.

양식을 통일하고 항목을 언제든지 바꿀 수 있다는 점만 명심하면 노력에 비해 큰 성과를 얻는 '소통하는 보고서'를 작성할 수 있다.

보고서의 쓸모

《문서작성 최소원칙》을 펴낸 지 벌써 4년이 지났다. 당시에 맺음말에 원고를 쓴 계기를 적었다. 프로젝트 완료보고서를 제대로 쓰지 못했던 직원에게 문서를 '작성'하는 방법을 알려주면서 참고한 내용을 바탕으로 원고를 썼다. 《소통하는 보고서 최소원칙》 원고를 쓰면서 나는 '작성', 즉 쓰기 방법과 함께 '쓸모'에 초점을 맞췄다. 보고서를 써서[작성] 도대체 어디에 쓸지[사용], 보고서를 쓰는 목적에 관해서 생각했다. 콘텐츠를 기획하는 일이 직업[職業]인 나는 문서작성을 어려운 일로 생각하지 않는다.

지식의 저주에 빠져 있어서 그랬는지 몰라도, 대다수의 직장인도 나처럼 문서를 쓰는 게 어렵지 않을 거라고 생각했다. 하지만 교육을 하면서 생각이 바뀌었다. 문서작성 워크숍에서 해당 기관에서 자주 쓰는 문서 양식에 내용을 작성하는 실습을 했다. 교육을 의뢰한 기관에서 제공하는 문서 양식을 컴퓨터에서 열였다. 문서작성 전문가에게 컨설팅을 받아서 양식을 만든 흔적이 역력했다. 보고서 양식에는 내용을 입력하는 곳에 쉽게 작성할 수 있게 빨간색 작은 글씨로 설명이 있었다. 보고서 요약 항목에 "1페이지로 작성할 것[핵심 내용을 중심으로]", 대상 항목에 "사업 대상[Who], 대상의 특성[문제, 욕구, 필요, 상황 등] 설명", 지원 필요성 항목에 "지원 배경[Why, What], 지원 목적[배경, 이유, 목표, 기대 효과] 정리" 이렇게 보고서 항목마다 작성 내용이 명시되어 있었다. 입력할 내용을 친절하게 안내해서 보고서 작성은 어려울 게 없었다.

　문제는 보고서 작성이 아니라 활용하는 방법에 있었다. 문서 작업에 서툰 현장 직원이 시간·노력을 들여서 보고서를 쓰면 관리자는 대금을 결제하기 위해서 비용 부분만 확인했다. 그런 다음 보고서를 철해서 캐비닛에 보관하다가 보존 기간이 지나면 폐기한다고 했다. 현장 직원이나 담당자가 열람하는 일은 거의 없다고 했다. 다음에 유사한 사업을 할 때, 이전에 써둔 보고서를 참고하면 실수를 되풀이하지 않고 개선할 수 있음에도 불구하고 현장 담당자가 바뀌면 똑같은 시행착오를 반복했다.

　보고서를 잘 쓰기 위해서 노력해야 하고 동시에 사용하는 방법도 고민해야 한다. '다음에 이렇게 하겠다'라는 결론과 함께 더 잘 하기 위해서 무엇을 바꿔야 하는지, 다음 사업으로 이어지는 화두를 제시하고 앞으로 할 일을 도모해야 보고서를 제대로 활용했다고 할 수 있다.

　오늘도 어제와 같은 일을 하고 내일도 그 일을 한다. 매일 같은 일을 해도 그냥 반복만 하기보다 내일부터 달라지기 위해서, 더 나아지기 위해서 보고서에 기록하기 바란다. 그 기록을 보고 더 나은 방법, 새로운 방법을 실천하면 틀림없이 큰 변화가 일어날 것이다.

정 경 수

참고문헌

1

1. 시미즈 구미코 지음, 박재현 옮김, 《보고서 잘 쓰는 법》, (21세기북스, 2013), 16쪽
2. 크리스 아지리스 외 지음, 심영우 옮김, 《효과적 커뮤니케이션》, (21세기북스, 2008), 66쪽
3. 강미라·허미연 지음, 《스마트하게 일하라》, (가디언, 2011), 156쪽
4. 강상원 지음, 《글쓰기 마법사》, (더난출판, 2007), 131쪽
5. 임정섭 지음, 《글쓰기 훈련소》, (경향미디어, 2009), 305쪽
6. 노무라 토시오 지음, 양영철 옮김, 《엔지니어를 위한 보고서 작성 기술》, (삼양미디어, 2007), 45쪽
7. 최종학 지음, 《숫자로 경영하라》, (원앤원북스, 2009), 253쪽

2

1. 이경숙 지음, 《산타와 그 적들》, (굿모닝미디어, 2013), 136쪽
2. 가와세 마코토 지음, 현창혁 옮김, 《경영전략 워크북》, (케이펍, 2011), 239쪽
3. 강원국 지음, 《회장님의 글쓰기》, (메디치미디어, 2014), 73~74쪽
4. 로버트 버트릭 지음, 이랜서 프로젝트 매니지먼트 연구소 옮김, 《성공적인 프로젝트 관리》, (파프리카, 2008), 249쪽
5. 맹명관 지음, 《생존경쟁력》, (행간, 2008), 230쪽
6. 오마에 겐이치 지음, 박화 옮김, 《글로벌 프로페셔널》, (이스트북스, 2008), 124쪽
7. 스콧 버쿤 지음, 박재호, 이해영 옮김, 《The Art of Project Management 마음을 움직이는 프로젝트 관리》, (한빛미디어, 2006), 39쪽
8. 로보트 볼튼, 도로시 그로버 볼튼 외 지음, 이종원 옮김, 《피플 스타일》, (길벗, 2008), 73쪽

3

1. 하영목, 최은석 지음, 《프레젠테이션의 정석》, (팜파스, 2007), 96쪽
2. BUSINESS 집필진 지음, 바른 번역 옮김, 《탑 비즈니스 리더의 자기계발》, (비즈니스맵, 2009) 131쪽
3. 유병률 지음, 《딜리셔스 샌드위치》, (웅진윙스, 2008), 93쪽
4. 주간무역, [봉제업체는 스리랑카로], 〈한국무역신문, 2014년 11월 1일〉

5 조미나·이경민, [잘못된 보고서 한장에… 비용 팍팍 늘고, 社運까지 영향 미친다], (조선일보 위클리비즈, 2011)
6 메리 카이트 맥키 지음, 조성일 옮김,《지금 당장 글 잘 쓰기》, (시간여행, 2018), 44~58쪽
7 조엘 살츠먼 지음, 김홍탁 옮김,《머리 좀 굴려보시죠》, (김영사, 2007), 179쪽
8 하상주 지음,《펀드보다 안전한 가치투자》, (국일증권경제연구소, 2005), 109쪽

1 노동형 지음,《최강 기획팀장의 기획노트》, (경향미디어, 2007), 180쪽
2 하야시다 마사미쓰 지음, 김정환 옮김,《NO라고 말하지 않는 서비스》, (미래의창, 2007), 130쪽
3 김승용 지음,《회사에서 거침없이 성공하기》, (무한, 2008), 48쪽
4 마크 매코맥 지음, 구은영 옮김,《비즈니스 현실감각》, (길벗, 2005), 303쪽
5 로버트 크리텐든 지음, 박수철 옮김,《똑똑한 사장들의 9가지 경영원칙》, (청년정신, 2003), 111쪽
6 제이 설리번 지음, 도지영 옮김,《심플하게 말하기》, (매일경제신문사, 2017), 58~59쪽
7 리아즈 카뎀 지음, 이용철 옮김,《실행천재가 된 스콧 - 1분 경영 실천편》, (다산북스, 2005), 134쪽
8 Sonja Lyubomirsky and Susan Nolen-Hoeksema, Stanford University, 〈Effects of Self-Focused Rumination on Negative Thinking and Interpersonal Problem Solving〉, (Journal of Personality and Social Psychology Vol.69, 1995)
9 레일 라운즈 지음, 김나연 옮김,《최강의 일머리》, (토네이도, 2019), 240쪽

1 마틴 셀리그만 지음, 유진상 옮김,《심리학의 즐거움》, (휘닉스, 2008), 299쪽
2 박준영 외 공저,《보고서 작성 및 발표》, (교보문고, 2007), 27, 105쪽
3 박준영 외 공저,《보고서 작성 및 발표》, (교보문고, 2007), 105~106쪽
4 강미라·허미연 지음,《스마트하게 일하기》, (가디언, 2011), 165쪽
5 행정안전부, 행정업무운영편람 중 '공무원 문서 작성법', (2017)
6 월터 J. 옹 지음, 임명진 옮김,《구술문화와 문자문화》, (문예출판사, 2018), 33쪽
7 월터 J. 옹 지음, 임명진 옮김,《구술문화와 문자문화》, (문예출판사, 2018), 39쪽

1 스콧 버쿤 지음, 박재호·이해영 옮김,《The Art of Project Management 마음을 움직이는 프로젝트 관리》, (한빛미디어, 2006), 55쪽
2 이경재 기자, [직장인 기억력, 기억하는 전화번호 수 4~6개], (서울투데이, 2012년 8월 31일)
3 탈 벤 샤하르 지음, 서윤정 옮김,《하버드대 52주 행복 연습》, (위즈덤하우스, 2010), 230쪽
4 정경수 지음,《문서작성 최소원칙 개정증보판》, (큰그림, 2018), 175쪽
5 박준영, 이동욱 외 3명 공저,《보고서 작성 및 발표》, (교보문고, 2009), 133쪽
6 BCS 연구회 지음《한국형 BCS 성공사례 11》, (삼성경제연구소, 2006), 425쪽

1 윤현철 지음,《기업가치를 알면 투자가 보인다》, (시대의창, 2000), 101쪽
2 채수명 지음,《마케팅 박사의 마케팅 여행》, (한국경제신문사, 1996), 77쪽
3 이동규 지음,《사립대학의 경영과 회계》, (선학사, 2001), 69쪽